中国成品油市场
厂商策略行为的经验研究

ZHONGGUO CHENGPINYOU SHICHANG
CHANGSHANG CELÜE XINGWEI DE JINGYAN YANJIU

张 蕾 著

知识产权出版社
全国百佳图书出版单位
—北京—

图书在版编目（CIP）数据

中国成品油市场厂商策略行为的经验研究/张蕾著. —北京：知识产权出版社，2022.11

ISBN 978 – 7 – 5130 – 8341 – 6

Ⅰ.①中… Ⅱ.①张… Ⅲ.①成品油—石油市场—经营策略—研究—中国 Ⅳ.①F724.741

中国版本图书馆 CIP 数据核字（2022）第 164396 号

内容提要

成品油市场的效率是整个石油产业链运行效果的体现。成品油厂商的策略竞争行为是认识我国成品油市场的微观基础，也是油气体制改革及相关政策制定、完善和提升的重要依据。本书基于新实证产业组织框架（NEIO），围绕中国成品油市场厂商的策略行为展开讨论：包括区域企业竞争模式的讨论、企业"产能—价格"竞争策略的经验研究、企业博弈行为对限价政策的影响及石油特别收益金与成品油价格关系分析，并基于实证分析和结果讨论，得出相关的结论和政策建议。

本书可供石油行业从业人员、产业经济研究人员、能源政策管理及研究人员阅读参考。

责任编辑：曹婧文　　　　　　　　　　责任印制：孙婷婷

中国成品油市场厂商策略行为的经验研究

张　蕾　著

出版发行：知识产权出版社 有限责任公司	网　　址：http://www.ipph.cn
电　　话：010 – 82004826	http://www.laichushu.com
社　　址：北京市海淀区气象路 50 号院	邮　　编：100081
责编电话：010 – 82000860 转 8763	责编邮箱：laichushu@ cnipr.com
发行电话：010 – 82000860 转 8101	发行传真：010 – 82000893
印　　刷：北京中献拓方科技发展有限公司	经　　销：新华书店、各大网上书店及相关专业书店
开　　本：720mm×1000mm　1/16	印　　张：18.75
版　　次：2022 年 11 月第 1 版	印　　次：2022 年 11 月第 1 次印刷
字　　数：330 千字	定　　价：98.00 元

ISBN 978 – 7 – 5130 – 8341 – 6

前　言

近年来，在"一带一路"倡议、供给侧改革等国际国内背景下，能源的作用举足轻重。其中，石油作为传统能源，在经济、环境、贸易等各方面的发展中占有重要地位，石油行业的市场化运作对于维持国民经济稳定运行、提升能源利用效率等至关重要。但是，受中国"富煤贫油少气"的资源禀赋影响，原油及其相关衍生品市场具有非常明显的政府管制特点，具体包括三个方面：一是对成品油的价格管制；二是对原油以及成品油进出口的管制；三是对原油产业链中各环节市场主体进入（获取资质）的管制。在石油市场目前"从管制到市场"转化的过程中，越来越多的厂商介入市场竞争，对其行为策略的研究是未来市场监管、政策指导的重要基础；同时，基于历史数据对厂商行为的理论和实证分析，对于进一步深入认识成品油市场也具有重要意义。

成品油是石油产业链的终端消费产品，其市场效率也是整个石油产业链运行效果的体现。因此，研究成品油厂商的策略竞争行为是认识我国成品油市场的微观基础，也是油气体制改革以及相关政策制定、完善和提升的重要依据。在上述环境下，分析中国成品油市场厂商策略行为具有积极的现实意义和理论意义。第一，中国成品油市场是较为典型的寡头市场，对其厂商的策略行为分析是对现有产业组织理论的有效验证。第二，炼化产能持续增长，解决炼化产能过剩已经成为供给侧改革的重要内容，对成品油厂商策略行为的研究能够在一定程度上解释中国炼化产能过剩的原因。第三，能源价格改革以市场化为导向，而成品油市场的价格管制已经在一定程度上失灵，研究与分析厂商在这种情况下的策略行为能够为未来的改革提供研究依据。第四，中国特色社会主义市场经济体制在能源价格形成机制中得到了重要的体现，国内外市场环境和政策都会对厂商的策略行为产生影响，进一步影响政策实施效果。第五，对中国成品油市场中厂商策略行为的研究是对寡头市场竞争理论的重要验证，是以中国产业为案例进行的针对性经验研究，能够为现有理论研究提供典型案例。

本书梳理了寡头博弈理论、政策管制效果、成品油企业行为等方面的相关文献，总结来看具有以下特点：①研究涵盖范围较广，包括厂商的生产行为、销售行为、贸易行为、促销行为等多种方式，涉及多个区域、多个国家、多个行业的各种竞争策略。②研究方法主要包括两大类：一类是纯粹的理论推导，即对行业或者产业进行定性的描述和梳理后，通过相关假设和数学推导，得到厂商策略行为的主要动因，具体包括对经典寡头模型的推导、动态博弈模型理论衍生等；另一类是偏向实证的经验研究，在梳理行业基本信息的基础上，根据理论推导和回归等式，使用已有的宏观和微观数据进行定量的统计和计量分析，具体包括模型验证方法和假设参数验证等实证产业组织方法。③现有文献较多地针对某一种厂商策略或者行为进行理论验证，缺少基于行业背景的整体分析；同时受数据来源、行业管制等多方面因素的影响，基于成品油行业的深入研究较为缺乏，特别是对目前中国市场多重影响因素的复杂情况研究不足。

在前人研究的基础上，本研究的贡献主要体现在两个方面：一方面是通过理论分析，分三步构建了中国成品油市场厂商竞争策略行为模型，搭建了中国市场案例的分析框架。①从直观现象来看，成品油市场的价格情况与炼化市场的产能存在较为明显的矛盾：中国石油天然气集团有限公司和中国石油化工集团有限公司在炼化市场具有非常强的市场势力，可以通过合理的方式对新进入的企业产生威胁，从而将市场控制在"古诺"均衡的情况下。换言之，国企可以通过产量的竞争达到其效益目标。基于此，本书将炼化的产能考虑进模型体系，构建 KS 两阶段博弈竞争模型分析成品油厂商的竞争策略。②从成品油市场来看，价格竞争已经成为厂商的主要竞争策略，本书将现有的政策管制作为约束条件纳入模型，模拟成品油企业的博弈策略，并讨论不同地区之间的竞争差异。③中国的成品油市场并不是完全封闭的，随着石油对外依存度的提升以及中国经济在国际市场中的地位变化，国际环境对国内厂商的影响也越来越直接。因此，本书在分析企业成本差异的基础上，以美国为主要参照对象，分析中国"石油特别收益金"政策的效果，以便为政策的调整和优化提供参考。另一方面，在实证分析上，以地区、厂商为研究个体进行了宏观和微观两方面的经验性研究，为新实证产业组织方法提供了可借鉴的案例和经验。①首次使用"推测变分"（Conjectural Variation，

CV）方法对成品油行业的市场竞争模式进行识别，证明了行业的"伯川德竞争"，估计涉及需求和供应、弹性和边际成本等。②使用不同市场结构的比较静态分析结果来确定企业行为，考虑到我国区域结构的差异性，在全国整体研究的基础上以省（自治区、直辖市）为单位建立模型，便于进行地区之间的横向对比，更好地验证理论假说。同时，本书的研究在政策分析和行业应用中具有较为重要的创新作用，是典型行业的理论验证。①本书以中国成品油市场为寡头竞争案例进行了分析。中国成品油市场现如今正从"计划"转变为"市场"，是典型的"自然垄断行业"市场化过程，可以作为产业经济理论的典型案例进行分析。从中国经济市场化的层面进行分析，目前只有少数商品属于"价格管制"产品；从行业的发展来看，成品油行业的市场化已经经过了多个发达国家的经验验证。中国成品油市场的特殊性在于目前行业正处于"逐步放开"的动态化过程中，其中涉及价格竞争、产量竞争等产业组织理论的经典问题，是验证学科理论，明确行业发展规律的重要案例。②本书是中国炼化产能扩张的理论性解释和经验验证。近年来我国炼化产业产能快速扩张，但是整体开工率有所欠缺。这与成品油行业的整体发展之间关系密切：炼化是成品油生产的重要节点，其产量或者产能的竞争是终端市场开展竞争或者设置壁垒的有效方式；再加上炼厂生产规模较大，投资建设时间长，下游成品油价格管制，可能存在着"A－J效应"。本书意在从理论上对炼化产能的扩张进行解释，并使用实际数据进行经验验证。③本书对影响成品油市场价格的两个政策的效果进行了分析，以企业的策略行为切入，解释目前政策效果的机理，是进一步制定、优化、完善政策的参考；也从行业的角度对社会主义市场经济体制中通过政策影响市场的方式进行了描述和论证。

本书基于新实证产业组织框架（NEIO），围绕中国成品油市场厂商的策略行为展开了系统的讨论。

一是描述了中国成品油行业的现状。基于统计资料和相关背景资料分析，本书从石油生产、石油消费、成品油炼化、原油和成品油进出口、管制价格与实际价格、批发和零售等方面呈现了中国油品市场的实际情况，并梳理其历史发展脉络和重点政策。

二是探讨中国成品油市场厂商策略行为的原因，并对理论基础进行实证验证。主要包括四个方面的经验分析：①通过文献研究，将几大市场主体的价格策略行为进行理论推导，并提出"成品油终端市场以价格竞争为主"的假说。通过对关键变量"推测变分"的估计，得到以柴油市场为代表的成品油寡头市场竞争模式，完成经验性研究。②通过对成品油市场的分析和文献研究，提出中国成品油市场存在伯川德悖论的观点，并给出可能的解释，即厂商通过上游的产能竞争对下游市场产生影响。然后通过对柴油市场上各地区产能、价格情况的经验分析进一步验证假说，确定纵向一体化企业通过"产能—价格"两步完成整体市场竞争策略的行为。③对成品油最高限价管制的效果进行经验分析，提出并验证"企业博弈行为导致的市场结构变动是政府最高限价政策失灵的重要原因"，认为成品油市场具备价格市场化的条件。④对成品油市场"暴利税"（石油特别收益金）与成品油价格的关系进行经验研究。国际油价和国内政策对寡头厂商行为的影响，进而影响成品油价格波动和水平，由此提出中国石油特别收益金政策影响成品油价格水平和价格波动的假说。理论基础上，以经典的产业组织理论模型为基础，通过新实证产业组织方法将伯川德竞争模型、古诺竞争模型以及 KS 两阶段博弈竞争模型纳入研究体系，针对不同环节的厂商竞争行为完成假说验证。实证研究上，主要方法是面板数据模型、双重差分模型等，以量化验证假设并估计预测相关变量之间的相互影响程度。

　　三是基于实证分析和结果讨论，呈现出结论和相关政策建议。第一，在市场监管政策方面，建议加强油品质量监督，避免出现"劣币驱逐良币"现象；建议适当放开中上游环节，通过市场竞争引导全产业链效率提升；建议建立成品油库存调节机制，防止极端的供需失衡情况出现。第二，在成品油价格改革政策方面，建议以省（自治区、直辖市）为单位建立竞争性成品油市场，逐步放开政府指导价，允许企业自行定价。第三，在炼化产能管理政策方面，针对我国石油炼化产业产能过剩的情况，建议从"源"和"流"两方面开展做好监督管理工作。一方面，加快供给侧结构改革，严格控制炼化产能扩张，鼓励新技术、高质量的炼化产业发展；另一方面，针对国际市场情况，结合成品油贸易政策，适时扩大出口；同时，逐步淘汰对国内落后的产能，优化产业结构。第四，在油品贸易管理政策方面，建议继续有序放开第三方原油进口，保证上下游的协同竞争；建议适度放开成品油进出口贸易，在现有配额的基础上，鼓励非国有企业参与贸易，进一步消化国内过剩产能；与此同时，完善法律体系，建立贸易预警机制，充分发挥政府的宏观调控职能。第五，根据不同地区的竞争特点，提出针对性的区域性政策建议。

　　从改进方向来看，本研究在理论优化、假说设定、样本选择、计量方法等方面仍然有提升空间，在未来应该进一步深入，持续优化。

目　录

第 1 章

绪　论

　　长期以来，受制于石油"战略品"和"商品"的双重属性，中国的石油市场一直处于垄断、寡头状态，由少数市场主体（大部分是国有企业）完成勘探、贸易、炼化、销售等环节。随着改革开放的逐步深化以及勘探技术的进步，我国原油的来源渠道趋于稳定，一般情况下的石油供应安全能够得到保证，国内油品资源（主要指终端消费的成品油）的供求情况已经由"资源紧张"转化为"供大于求"；与此同时，国内原油产业链的中下游市场已经逐步向民营市场开放，原油以及成品油的贸易、炼化、销售环节市场主体逐步向多元化发展，石油产品特别是成品油作为国民经济建设以及人民日常生活用品，其"商品"属性更趋明显。在此背景下，如何规范成品油市场中厂商的行为，如何在市场竞争情况逐步变化的过程中做好政策监管、行为监管，已经成为目前能源创新中需要处理的棘手问题。对目前中国成品油市场中厂商策略行为的研究，是研究行业竞争方式的重要切入点，也是油气改革中充分发挥市场作用、提升产业效率、制定相关政策的基础。

　　从全球化视角来看，我国自 1992 年成为油品净进口国、1996 年起成为原油净进口国后，石油对外依存度继续增长，到 2017 年 12 月已经高达 68.41%❶，与 2007 年相比增加了 22 个百分点，进口原油已经成为我国成品油炼制的主要原料。随着进口原油使用权以及原油进口权向民营企业放开，成品油市场竞争主体的行为与国际市场进一步接轨，国际原油价格、局部区域（如东亚、东南亚）成品油价格的变化都对国内成品油市场主体的策略行为有重要的影响。因此，在全球化视角下，围绕中国成品油市场中厂商竞争策略行为的理论探讨和实证分析是非常有必要的。

　　同时，中国特色社会主义市场经济在运行过程中有其自身的特点，市场与政策对厂商的决策有着重要的影响。在全球化视角下，成品油市场的变化是中国特色社会主义市场经济发展中较为典型的案例，对厂商策略行为的研究有助于深入了解中国特色社会主义市场经济运行特点。在成品油市场逐步市场化的过程中，"最高限价""地板价""石油特别收益金"等政策都从不同角度对市场主体的策略行为产生了影响，进而保证了中国成品油市场"价格稳定"和"供应安全"；同时，国有企业的属性在一定程度上给了民营企业

---

❶ 数据来源：Wind 数据库（国内能源产品供需平衡表）。

发展和影响市场的空间。上述因素都是研究中国经济发展模式的重要切入点。

1.1 研究背景

中国经济经历了 30 多年的高速发展，能源消费总量同比增速逐年递增，在 2004 年达到 16.8% 的高点。❶ 此后，随着我国经济发展质量的提升，经济增长速度逐步放缓，经济结构改善进一步得到重视，长期经济增长的主要拉动因素劳动力、资本和全要素生产率增速都有所回落；从支出角度看，消费对 GDP 增加的作用越来越强，代替投资和外贸成为经济增长的主要动力来源；从生产角度看，第三产业大力发展，第一产业在经济总量中的占比继续下降；从收入角度看，劳动力获得的财富收入在 GDP 中所占比例增大，而企业利润和政府净收入占比有所下降。

能源是一个国家经济发展的重要战略物资，也是生产和制造必不可少的投入品。能源革命提出从能源消费、能源制度等五个方面进行推进❷，而我国经济增速的放缓以及经济结构的调整都对能源领域提出了新的挑战。随着我国经济增长速度的放缓和结构变化，能源消费量的持续增长速度有所放缓：2016 年中国能源消费总量为 43.6 亿吨标准煤❸，同比增加 1.4%，与 2007 年相比增长速度下降了 7.3 个百分点；其中石油类能源的消费量占比为 18.3%，与 2007 年相比增长了 1.3 个百分点。受到中国"富煤贫油少气"的资源禀赋影响，原油及其相关衍生品市场具有非常明显的政府管制特点，具体包括三个方面：一是对成品油的价格管制；二是对原油以及成品油进出口的管制；三是对原油产业链中各环节市场主体进入（获取资质）的管制。

成品油是石油产业链中的终端消费品，是原油类能源消费的主要形式。中国成品油价格一直受政府管制，但也在持续市场化。1998 年以前，成品油价格完全由政府制定，并长期保持不变；1998 年中国石油天然气集团有限公司（以下简称"中石油"）和中国石油化工集团有限公司（以下简称"中石

---

❶ 数据来源：国家统计局（Wind 数据库）。

❷ 新华网. 习近平：积极推动我国能源生产和消费革命［EB/OL］.（2014－06－13）［2018－04－16］. http://www.xinhuanet.com/politics/2014－06/13/c_1111139161.htm.

❸ 数据来源：国家统计局（Wind 数据库）。

化"）进行跨地域的整合和重组，国内原油、成品油价格按照新加坡市场油价相应确定；2001 年成品油价格参照国际油价进行调整（当时参考新加坡、鹿特丹、纽约三地价格）；2006 年对成品油实行政府指导价，允许企业在指导价基础上上下浮动 8% 确定具体零售价格；2008 年汽、柴油改为最高零售价格制；2016 年国家发展和改革委员会设置成品油价格的"天花板价格"和"地板价格"。❶

对于石油，持续偏高的进口依存度是能源供应安全需要考虑的关键因素。因此，一直以来政府对于原油及成品油的进口贸易都进行着较为严格的管制。但是随着世界经济的稳定以及国内资源过剩情况的出现，近年来原油产业链贸易的管制也有所变化：一是原油贸易管制的变化，主要体现在"原油进口权"和"进口原油使用权"，主要是指民营企业可以自主从国际市场进口原油或者使用进口原油，突破原有的只有少数国有企业才能进口原油的限制。❷ 截至 2018 年年初，共有 36 家炼厂斩获进口原油使用权或进口原油使用权处于公示期，总配额突破 1 亿吨/年关口，达到 10 429 万吨/年。❸ 二是成品油贸易管制的变化。成品油贸易由商务部统一进行资质审批以及配额管理❹，目前成品油出口的主力仍然是中石油、中石化等央企，但地方炼厂❺（如山东东明石化集团、中化弘润石油化工有限公司等）从 2015 年开始获得批准开展成品油出口业务，主要受到国内炼化产能过剩、成品油需求增速回落等因素的影响。

随着市场经济的持续深入，油品行业中的经营主体已经出现多元化特点。

---

❶ 调控上下限为每桶 130 美元（原油价格）和每桶 40 美元，即当国际市场油价高于每桶 130 美元时，汽、柴油最高零售价格不提或少提；低于 40 美元时，汽、柴油最高零售价格不降低；在 40 ～ 130 美元运行时，国内成品油价格机制正常调整。

❷ 长期看来，我国的原油进口主要包括国有贸易、非国有贸易，国营主要由中石油、中石化、中国海洋石油集团有限公司（以下简称"中海油"）、中国中化集团有限公司（以下简称"中化"）等企业控制，进口数量无上限限制。尽管每年国家会分配给非国有企业一些进口配额，但数量十分有限。2015 年 7 月 23 日，商务部发布《关于原油加工企业申请非国营贸易进口资格有关工作的通知》，民营企业获得原油进口资质正式获得批准。自 2015 年 2 月国家发展与改革委员会公布《关于进口原油使用管理有关问题的通知》。

❸ 笔者根据商务部相关公开信息整理。

❹ 参见《行政许可法》《成品油市场管理办法》（商务部令 2006 年第 23 号）和《原油市场管理办法》（商务部令 2006 年第 24 号）的有关规定。

❺ 地方炼厂简称"地炼"，又称独立炼厂。主要是指除三大石油公司及其他大型央企（如中化）之外的地方炼油企业，其初始资本为民营资本或地方国资。目前，国内炼油业形成了以中石油、中石化两大集团为主，中海油、中国化工集团有限公司、中化、兵器工业集团、地方炼厂、外资及煤基油品企业等多元化主体参与的竞争格局。

在具有成品油批发资质的企业中❶，中石油、中石化、中海油、中化等企业占比 18.25%，其他国有及民营企业占比 76.89%，合资/外资企业占比 4.87%。❷零售市场的多元化趋势更加明显：到 2017 年年底，中国市场保有加油站约 9.2 万座，中石油占比 22%，中石化占比 31%，其他国资、合资以及民营加油站的占比总计达到 47%。❸从炼化市场来看，地方炼厂在产能中的总体占比也在逐年上升，截至 2016 年年末，我国地方炼油厂总计 140 余家，地炼企业总产能 2.48 亿吨，在全国炼油能力中的占比为 32.85%❹；原油初次加工生产能力大约是 1.93 亿吨，达到全国炼油总能力的 25%。整体来看，原油产业链除了勘探仍然完全由国有企业把控，炼化和销售环节的市场主体已经在逐步多元化，非国有企业占比逐步增加，已经打破了中石油、中石化等国有企业的垄断。

虽然我国石油市场的管制程度随着市场经济本身的发展而逐步放松，但也存在着较为明显的问题。第一个问题是，在现今成品油的定价方式下，价格无法反映产业链的整体成本：一是国际油价的变化规律虽然在一定程度上反映了进口油气产品的价格，但是无法充分体现国内油气的供需情况，忽略了国内油气产业的供给情况；二是价格没有包含油气生产中产生的勘探以及环境成本；三是市场实际运行价格与指导价差异逐步扩大，批发、零售价格等通过折扣、促销等方式体现，价格不能真实反映市场供需变化，信号功能缺失。第二个问题是，政府重视对价格、资质等方面的审批，但是忽略了整体的监管，导致在市场竞争过程中出现监管"盲区"，引起资源错配：成品油的质检标准较低、安全税务等监管不够严格，同时受到最高限价影响，质量较高的油品、正规运营的公司成本偏高，企业缺少进一步创新的动力而导致"劣币驱逐良币"的现象。第三个问题在于，传统国有企业生产经营效率仍然偏低，影响行业进一步向精细化发展。在成品油市场上，纵向来看，上中下游一体化的经营机制在一定程度上限制了市场竞争，油品来源掌握在部分企业手中，且通过一体化产业链完成油品勘探生产、集输储运、炼化销售的生命周期，中游和下游竞争受限，市场价格无法反映各环节的供需情况；横向

---

❶ 依据《成品油市场管理办法》，2007 年以来商务部累计审批石油经营资质申请公司 660 家，其中成品油批发 410 家，成品油仓储 176 家，原油经营资质包括原油仓储 41 家及原油销售 33 家。

❷ 笔者根据商务部相关公开信息整理。

❸ 笔者根据相关市场调查信息整理。

❹ 笔者根据相关市场信息整理。

来看，垄断企业存在明显的"A-J效应"，在市场需求不足的条件下仍然出现过度投资的情况，最近几年来中国炼化企业产能过剩就是最为直接的例子，截至 2016 年 9 月，行业的产能利用率已经小于 70%。❶

综上所述，石油产业的市场化运作对于维持国民经济稳定运行、提升能源利用效率等至关重要。在石油市场目前"从管制向市场"转化的过程中，越来越多的厂商介入市场竞争，对其行为策略的研究是未来市场监管、政策指导的重要基础；同时，基于历史数据对厂商行为的理论实证分析，对于深入认识成品油市场、认识中国特色社会主义市场经济的运行特点也是必要的。

1.2 研究意义

石油是国民经济运行中必不可少的能源消费品和原材料。在经济结构转型过程中，如何保证石油市场的有序高效运行并进一步提升其效率，是经济发展、能源革命以及"一带一路"倡议中的重要课题。成品油是石油产业链的终端消费产品；其市场的效率也是整个石油产业链运行效果的体现。因此，在成品油市场中，厂商的策略竞争行为是认识我国成品油市场的微观基础，也是油气体制改革以及相关政策制定、完善和提升的重要依据。在上述环境下，分析中国成品油市场厂商策略行为有积极的现实意义和理论意义。

第一，中国成品油市场是较为典型的寡头市场，其厂商的策略行为分析是对现有产业组织理论的有效验证。在伯川德竞争中，寡头竞争策略以价格竞争为主，这与目前市场情况较为相似，也就是市场资源整体上供大于求，中石油、中石化甚至地方炼厂的成品油批发和零售以价格竞争为主。从理论上来看，价格竞争会导致利润为零，但是实际上石油企业的利润一直较高，与理论出现了一定的偏差。从事实上来看，成品油批发市场的竞争主体数量正在逐渐增长，受各种因素影响形成的"卡特尔"❷ 现象逐步解散，究其原因：一方面是整体资源紧张的形势有所缓解，市场已经从资源竞争转向价格竞争；另一方面是政府逐步放开批发、零售等相关资质，由行政力量形成的

---

❶ 新华网. 国内炼油行业产能利用率低于 70% [EB/OL]. (2016-09-04) [2018-04-20]. http://www.xinhuanet.com/fortune/2016-09/04/c_1119507958.htm.

❷ 卡特尔（cartel），又称垄断利益集团、垄断联盟、企业联合或同业联盟，是垄断组织形式之一。

"卡特尔"现象有所动摇；但同时，成品油上游资源仍然以"三桶油"为主，也就是说在炼化环节的产量竞争中，仍然属于古诺竞争；这就意味着行业利润较高，厂商进入该行业的动机较为强烈。

第二，炼化产能持续增长，解决炼化过剩产能已经成为供给侧改革的重要内容。对成品油厂商策略行为的研究能够在一定程度上解释中国炼化产能过剩的原因。截至 2017 年年底，中国炼油能力达到 7.72 亿吨/年，初步估计"在计入必要的出口后仍至少过剩 0.8 亿吨/年"❶。中国炼油能力过剩的情况，一方面是由于政策对原油以及成品油进出口的导向影响，另一方面是由于不同市场主体在竞争中的策略差异导致的。例如，纵向一体化企业通过炼化能力扩张对其竞争对手开展"威胁性竞争"行为、地方炼厂通过产能扩张以获得更多的贸易或者市场经营资质等行为。相关的企业策略行为研究都是政策分析、制定、修正的重要依据。

第三，能源价格改革以市场化为导向，而成品油市场的价格管制已经在一定程度上失灵，厂商在这种情况下的策略行为能够为未来的改革提供研究依据。近几年来，我国成品油销售市场出现了较为明显的价格偏离情况。2012 年以后，实际售价与最高限价之间的差异逐年扩大。从批发价格来看，2017 年 93#（92#）汽油最高限价与实际价格之间的价差为 31%❷，较 2012 年高出 27 个百分点；0#柴油最高限价和实际价格之间价差是 17%，与 2012 年相比高出 13 个百分点。从零售价格来看，2017 年 93#（92#）汽油最高限价与实际价格之间的价差为 7%，较 2012 年高出 3 个百分点；0#柴油最高限价与实际价格之间的价差为 8%，较 2012 年高出 3 个百分点。从统计检验结果来看，最高限价与市场实际价格的偏离基本是系统性的，而在实际的价格监管过程中，从政府到企业都投入了大量的人力和物力，监管在一定程度上失灵。在最高限价作用有限的情况下，不同市场主体在最优行为决策时考虑的侧重点存在差异，其研究结果能够对现有价格改革提供参考。

第四，在能源体制改革的要求下，从全球化视角探讨成品油厂商的策略行为，有益于厘清现有体制对国内和国际两个能源市场中企业行为的影响。受我国现有国情及石油市场历史沿革的影响，不同的市场主体本身的属性就有较大的差异，在面对国际环境变化时期策略和行为是不同的。以国有企业

---

❶ 数据源自中国石油天然气集团公司经济技术研究院《2017 年国内外油气行业发展报告》。

❷ 笔者根据全国各地市场调查数据统计得到。

中的中石油和中石化为例，两大集团在资质、经营、贸易等方面的权限资质可以认为是完全一致的。但是，由于历史沿革的差异，同样作为纵向一体化的大型国有企业，两者的禀赋属性也是不同的：中石油拥有的国内油气田占比偏多，因此原料中国内原油占比相对偏多，而中石化进口原油占比偏多。我国油气田由于本身的特点限制，原油勘探和开发成本相对偏高，且受环境、技术等各种因素影响，无法灵活关闭和重开油田。因此，一旦国际石油价格偏高，中石化油品的整体成本会偏高；如果国际原油价格偏低，中石油油品成本会偏高。成本差异会对两者的终端市场，也就是成品油批发和零售市场行为产生影响，如成本偏低的企业可以更多地降低价格获得相应利润。同样，地方炼厂、成品油批发零售企业的市场行为也受到国际环境和国内政策的影响，从而产生不同的竞争行为。

第五，对中国成品油市场中厂商策略行为的研究是对寡头市场竞争理论的重要验证，是以中国产业为案例进行的针对性经验研究，能够为现有的理论研究提供典型案例。目前来看，国内外关于寡头市场厂商策略行为的研究具有以下特点：①研究涵盖范围较广，包括厂商的生产行为、销售行为、贸易行为、促销行为等多种方式，涉及多个区域、多个国家、多个行业的各种竞争策略；整体来看大部分仍然在已有的产业理论涵盖范围内。②研究方法主要包括两大类：一类是纯粹的理论推导，即对行业或者产业进行定性的描述和梳理后，通过相关假设和数学推导，得到厂商策略行为的主要动因，具体包括对经典寡头模型的推导、动态博弈模型理论的推导等方式；另一类是偏向实证的经验研究，在梳理行业基本信息的基础上，根据理论推导和回归等式，使用已有的宏观和微观数据进行定量的统计和计量分析，具体包括模型验证方法和假设参数验证的实证产业组织方法。③已有研究较多地针对某一种厂商策略或者行为进行理论验证，缺少基于行业背景的整体分析；同时受数据来源、行业管制等多方面因素的影响，基于成品油行业整体的深入研究较为缺乏，特别是对目前情况下中国市场多重影响因素下的复杂情况研究不足。

已有研究成果为本书提供了坚实的基础，本书将做出以下完善：梳理我国成品油市场的发展和改革历程，描述不同厂商在现有管制和内外部因素影响下的策略行为；采用面板数据模型对我国成品油价格市场化趋势及对相关厂商的策略行为影响进行探讨；分地区对寡头竞争的模式进行理论推导和相应的经验分析，验证现有国际、国内环境下中国成品油市场厂商的策略动因；进一步，从企业竞争角度对影响中国成品油市场的"最高限价""石油特别收

益金"等政策的效果进行评估和分析。期望通过本书的研究，能够系统性地
呈现我国成品油市场厂商策略行为表现、原因和对行业政策的反馈作用和
影响。

1.3 研究对象

  成品油是经过原油的炼制加工形成的化工产品的统称，包括石油燃料以
及各种润滑剂。❶ 一般行业中所指的成品油是指汽油、柴油和煤油。由于煤油
在成品油中所占的比重较小，且主要用于航空燃料，应用范围不广，因此本
书对成品油市场的研究以汽油、柴油市场为主，本研究中提到的"成品油"
在没有特殊说明的情况下，也是指汽油和柴油。

  本书所涉及的研究对象主要是汽油、柴油市场中的厂商，对厂商在市场
竞争过程中的策略行为进行实证分析。需要说明的内容包括三个方面：一是
从产业链出发不同环节的市场；二是对市场中"量"和"价"的定义；三是
对市场主体的简单分类说明。

  本书研究的石油产业链市场涉及成品油的中下游环节：一是成品油的终
端销售，主要是批发市场和成品油零售市场；二是成品油的炼化环节，主要
是炼化市场。从石油产业来看，目前不同行业或者研究中的上中下游划分存
在差异，本书选用较为普遍的说法，按照上游、中游、下游将其分为三大环
节（图 1-1）：上游主要是指石油的生产和一次运输环节，包括勘探、地质
数据采集、物探打井、数据分析、钻井采油、输油储运等；中游主要是指石
油的炼化环节，包括炼化、集输；下游主要是指销售环节，包括成品油和化
工品的批发、销售等。本书的研究涉及的下游环节主要是汽油、柴油的批发
和零售。成品油批发包括两个方面：一方面是生产与零售之间的中间环节，
一般由批发企业（中间贸易商）或者炼厂直接来经营，每次批售的油品数量
较大，并按批发价格出售；另一方面是销售企业直接将大量的油品销售给机

---

  ❶ 按照《成品油市场管理办法》（商务部令 2006 年第 23 号）第四条的规定，成品油是指汽油、
煤油、柴油及其他符合国家产品质量标准、具有相同用途的乙醇汽油和生物柴油等替代燃料，主要包
括汽油、航空煤油、柴油、石脑油、燃料油、蜡油。

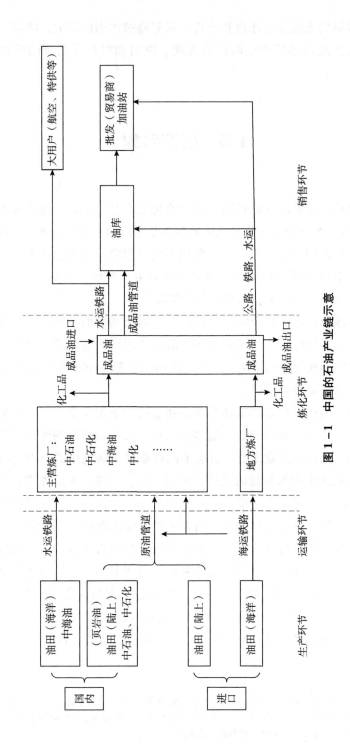

图 1 - 1 中国的石油产业链示意

构用户，按照批发价格或者低于零售价格的"直销"价格出售。成品油零售主要是企业通过加油站向最终消费者直接销售油品和服务，以供其作为个人性及非商业性用途的活动，具有交易数量少、交易次数频繁的特点；且由于一般通过加油站的加油枪销售，行业内又称成品油零售量为"纯枪量"。本书的研究涉及的中游环节主要是汽油、柴油的炼化活动。成品油的炼化产量可以视为终端市场销量的主要来源，再加上我国石油较高的对外依存度，可以将原油贸易作为影响炼化环节原料的重要因素。因此，本书对厂商或者企业策略行为的分析涉及终端销售市场、炼化产能以及原油进口等环节。

本书涉及的成品油价格包括成品油终端的价格，主要是汽油和柴油的批发价格和零售价格。批发价格是指批发活动中交易的价格，零售价格是指加油站出售油品的价格。一般来说，油品的批发价格低于零售价格，也就是说有批零差价，包括企业生产流通过程中的流通费用、税金、利润。由于我国成品油市场构成复杂，不同区域的政策环境、交通位置、资源禀赋、替代能源等存在差异，因此对价格数据的统计有一定的难点。本书使用的价格数据主要来源有三种：一是商务部统计的市场平均价格，是在统计抽样的基础上得出的全国平均价格；二是各地发展和改革委员会规定的零售和批发最高限价，主要通过价格文件对社会公布；三是通过加油站及各地销售企业普遍性调查得到的经营数据。本书涉及的"量"的概念主要是指炼化生产及终端销售的汽油、柴油量。在不同区域市场中，各经营主体的资源丰富程度存在差异，在实际经营过程中会存在相互购买、通过库存调节经营等较为特殊的情况，为了简化分析，假设纵向一体化企业中的销量与产量基本一致，独立终端油品来源为地方炼厂，以便较为清晰地体现上下游之间的策略行为关系。

本书对成品油市场厂商的分类主要包括两类三种：一类是纵向一体化的厂商，是指成品油终端销售与成品油炼化同属于一家企业集团，以供产、产销或供产销一体化开展经营。目前来看，这类企业以中石油、中石化、中化等国有企业为主。另一类是独立厂商，单独拥有一个环节或者以一个环节的经营为主的企业。可以按环节分为两种：一种是指国营炼厂以外的地方炼厂；另一种是中石油、中石化之外的终端销售公司，包括其他国有成品油批发公司以及加油站、外资合资批发企业和加油站、民营批发企业和加油站。

本书研究的厂商策略行为主要包括三类。第一类是成品油厂商的价格策略行为，主要是指成品油销售企业在价格管制条件下，使用价格作为主要竞争手段争夺市场份额的行为。第二类是厂商生产策略行为，主要是指在销售市场竞争激烈的情况下，厂商在产能投资、产能利用以及具体生产中的决策行为。第三类是厂商在全球化视角下由于成本差异产生的策略变化行为，主要从两个角度进行分析：一是通过对厂商具体行为进行估算；二是通过企业的行为解释政策效果。

综上所述，本书的主要研究对象是成品油行业的典型厂商策略行为。从销售市场来看，目前我国成品油市场的价格竞争已经成为主要手段：一方面，传统的中石油、中石化等企业具有资源、品牌、网络等优势；另一方面，民营、外资等新的市场主体逐步进入成品油销售，特别是成品油零售行业，各方竞争主体资源来源都较为充足，但是又无法单方面满足市场的全部需求，这就使得市场中两类"竞争武器"中的"资源或者产量"决策失效，只能通过价格竞争争取客户、扩大市场份额。也就是说，销售市场是较为明显的伯川德竞争。但是实际上，汽柴油市场的终端环节仍然存在一定的行业利润，这与伯川德竞争均衡结果存在明显的差异，也可以视为典型的"伯川德悖论"。从产业的上一环节炼化市场来看，纵向一体化企业的炼化产能仍然占有主导地位，从理论上来说完全可以将炼化产能作为可置信的威胁，与新企业在销售市场中展开竞争，实现有利于自身的古诺均衡(图1-2)。再加上国际环境和国内管制政策对行业本身的影响，成品油市场中厂商的经营策略行为具有明显的中国特色，是对现有产业组织理论的验证和解释。

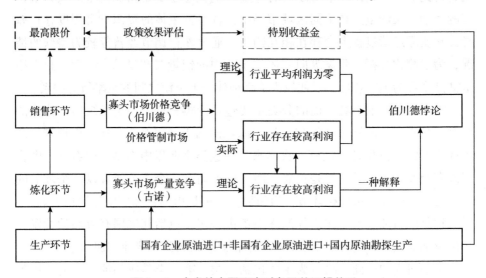

图1-2　本书的主要研究对象及其逻辑关系

1.4 研究框架

本书是针对成品油市场中厂商策略行为进行的经验性研究，是新实证产业组织方法在典型行业的具体应用。整体来看，本书在国内外文献研究和国内石油市场基本现状描述的基础上，通过构建理论模型、提出基本假说、开展经验分析、验证基本假说的总体思路完成研究，并在经验研究的基础上给出政策建议。研究内容安排如下：

第 1 章是绪论。主要从本研究的背景、意义、研究对象以及框架、创新等方面进行简单的介绍。

第 2 章是文献综述。文献分析是对当前产业组织实证研究领域以及市场主体行为探究领域的前沿总结。其一，关于企业博弈理论和竞争策略方面的文献：从寡头市场中企业博弈以及合谋行为的基本理论入手，对多种衍生模型和理论发展进行梳理和归纳；同时，针对"先产能竞争、后价格竞争"的两阶段博弈理论及其发展进行深入分析，并研究典型行业的实证分析案例。其二，关于石油价格波动以及价格管制方面的文献：从原油价格影响因素以及成品油价格影响因素的实证分析出发，研究油价波动与经济的关系、对政策影响以及影响机制、政策管制及放开管制前后的效果对比等。其三，关于寡头市场竞争理论模型的推导以及存在管制的行业内厂商策略行为的研究：寡头市场或者存在管制的市场具有与完全竞争市场不同的竞争特点，针对不同的管制政策或者不同的行业特点会导致厂商在博弈中的不同决策，特别是价格竞争模型、产量竞争模型以及两者相结合的动态博弈方法。归纳总结了不同行业中厂商策略行为的基本理论和实证方法。其四，对针对原油、成品油或者自然垄断产业的管制政策效果进行分析的文献：在一定时期或者情况下，政府对自然垄断行业的管制是必然的，但是在一定情况下会出现管制失灵的情况。这就需要对管制的原因、效果以及可能引起的其他方面影响进行分析评估。在文献研究中，本书归纳总结了国内外经济体在自然垄断行业如民航、油气、电信等方面政策的原因、效果，包括理论推导、实证分析等诸多方面。综合来看，本书通过文献研究对寡头市场中的厂商的价格策略行为、产量（产能）策略行为进行了系统的梳理，汇总了已有的思路、方法和经验性研究成果。同时，梳理总结了我国成品油市场博弈、政策效果、改革方向等相关研究。最后，在现有研究的基础上进行总结说明，提出本研究的重点和创新之处。

第3章是对中国石油行业的现状分析。基于统计资料和相关背景资料分析，从石油生产、石油消费、成品油炼化、原油和成品油进出口、管制价格与实际价格、批发和零售等方面翔实地阐述了我国成品油市场的现状，并回顾了我国成品油价格市场化改革的历程，总结了我国油品经营以及油品贸易中的重要政策和举措。最后，通过统计描述，呈现了我国成品油市场价格、炼化产能及产量、原油和成品油进出口贸易、批发和零售市场结构等方面的特点。

第4章—第7章探讨了我国成品油市场厂商策略行为的原因，并对理论基础进行实证验证，是本书的主体。其中，第4章是对成品油市场中厂商价格策略的理论分析和实证验证。该章通过文献研究，将几大市场主体的价格策略行为进行理论推导，并提出"成品油终端市场以价格竞争为主"的假说。在实证分析上，采用2013年1月—2017年12月各省（自治区、直辖市）的柴油数据进行分析，通过对关键变量"推测变分"的估计，得到以柴油市场为代表的成品油寡头市场竞争模式，完成经验性研究。第5章是对成品油市场中厂商产能策略的理论分析和实证验证，是对第4章的延续。通过对已有现象的分析和文献研究，提出我国成品油市场存在的"伯川德悖论"，并给出可能的解释，即厂商通过上游的产能竞争对下游市场产生影响。进而在实证分析中进行验证：采用2012—2017年各省（自治区、直辖市）产能、价格情况，确定纵向一体化企业通过"产能—价格"两步完成整体市场竞争策略的行为。第6章是对国内成品油市场售价的经验分析。使用2009年1月—2015年12月城市数据，分析中国成品油市价偏离最高限价情况，提出并验证该市场结构变动是导致政府最高限价政策失灵的重要原因，认为成品油市场具备了由市场决定价格的条件。第7章是对成品油市场"暴利税"（石油特别收益金）的分析。使用2003年7月—2018年12月周数据，分析国际油价和国内政策通过厂商行为对成品油价格波动和水平产生的实际影响。理论基础上，以经典的产业组织理论模型为基础，将伯川德竞争模型、古诺竞争模型以及KS两阶段博弈竞争模型纳入研究体系，针对不同环节的厂商竞争行为完成假说验证。实证研究上，主要方法是依据面板数据模型、双重差分模型等，以量化验证假设并估计预测相关变量之间的相互影响程度。

第 8 章在前文结论的基础上给出总结性分析和政策建议。针对性政策建议主要集中在成品油价格市场化改革、成品油市场监管、炼化产能优化、贸易政策优化等方面，为油气改革提供研究参考。

本书研究的主要技术路线如图 1 - 3 所示。

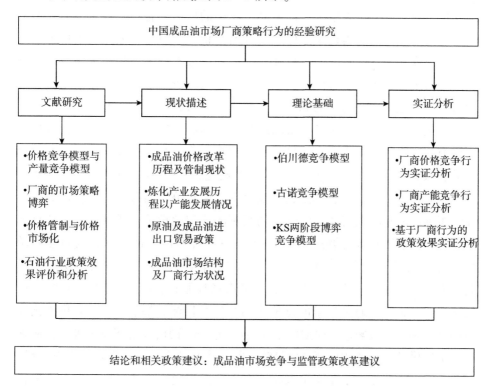

图 1 - 3　本书研究的技术路线

1.5　可能的创新

本研究的主要目的在于，通过对全球化视角下中国成品油市场中厂商策略行为的经验分析，发现国内外环境以及政策通过微观主体对油品市场整体价格、产量以及政策的影响。在供给侧改革、能源革命、油气体制改革以及"一带一路"倡议的背景下，为进一步发挥市场作用，促进产业有序发展，提出适当放松现有价格、进出口管制，加强市场运行监管的政策建议。在更广泛的视角下，以成品油市场中的厂商策略行为作为研究对象，研究结果将为油气体制改革进程中普遍关注的问题提供参考，例如成品油最高限价管制是否应该放开，炼化企业产能投资是否应该进一步严格，原油和成品油进出口资质、成品油行业企业进入资质是否应该放宽标准等。在实际的成品油市场竞争中，研究结果将为中国目前油品市场中的厂商、有意愿进入成品油市场的外资以及民营企业提供重要的理论和研究依据。例如，成品油市场中纵向一体化厂商和独立厂商间的策略和行为差异；进入中国成品油市场应该注意或者防范现存企业的哪些威胁，如何做好战略分析；中国成品油市场的市场化程度对新进入企业的机会如何等。在政策分析方面，本研究对行业价格管制、石油特别收益金等典型政策的影响方式和影响效果进行了评估，为进一步研究中国特色社会主义市场经济提供典型的实证分析。综合来看，对宏观政策和微观行业发展都极具参考意义。本研究的主要贡献包括如下两个方面。

一方面，分三步构建中国成品油市场厂商竞争策略行为模型，在经典产业组织理论的基础上实现了中国市场案例的典型性理论分析框架。①从直观现象来看，成品油市场的终端价格情况与炼化环节的产能存在较为明显的矛盾："两桶油"❶在炼化环节具有非常强的市场势力，可以通过合理的方式对新进入的成品油企业产生威胁，从而将市场控制在古诺竞争均衡的情况下。换言之，国企可以通过产量的竞争达到其效益目标。基于此，本书将炼化环节的产能和产量考虑进入模型体系，通过构建 KS 两阶段博弈竞争模型，从理论上推导成品油市场的厂商竞争策略。②从成品油市场的终端环节来看，价格竞争已经成为厂商的主要竞争策略，本书根据不同厂商的属性特点将其进行分类，并将现有的政策管制作为约束条件纳入经典模型，模拟出成品油销售市场的理论竞争模型，并讨论不同地区之间的竞争差异。③随着石油对外依存度提升以及中国能源在国际市场中的地位变化，国际环境对国内厂商的影响也越来越直接。因此，本书在分析企业成本差异的基础上，以美国为主要参照对象，分析中国"石油特别收益金"政策的效果，以便为政策优化提供研究参考。

另一方面，在实证分析上，以地区、厂商为研究个体进行宏观和微观两个方面的经验性研究。①考虑我国区域结构的差异性，在全国整体研究的基础上分别以省（自治区、直辖市）为单位建立模型，在充分考虑地区差异的情

---

❶ 指中石化和中石油两家企业。

况下验证理论假设,同时便于进行地区之间的横向对比,在经验上更好地验证理论假说。②将厂商进行分类,按照纵向一体化企业和独立企业的视角进行炼化产能竞争的分析,使用新实证产业组织(NEIO)方法更明确地辨别厂商之间的行为差异,并通过推测变分方法得到厂商的市场竞争特点参数。

　　同时,本书是对典型行业的理论验证,在政策分析和行业应用中有一定的创新。①本书以中国成品油市场为寡头竞争案例分析。中国成品油市场是典型的"自然垄断行业"市场化过程,可以作为产业经济理论的典型案例进行分析。从我国经济市场化的层面进行分析,目前只有少数商品属于"价格管制"产品;从行业的发展来看,多个发达国家的经验都表明,成品油市场是可以实现市场化的。而中国成品油市场的特殊性在于目前行业正处于"逐步放开"的动态化过程中,其中涉及价格竞争、产量竞争等产业组织理论的经典问题,是验证学科理论、明确行业发展规律的重要案例。②本书是中国炼化产能扩张的理论性解释和经验验证。近年来我国炼化产能快速扩张,但是整体开工率有所欠缺。从理论上来看,这与成品油行业的整体发展关系密切。从理论上来说,炼化是成品油生产的重要节点,其产量或者产能的竞争是终端市场开展竞争或者设置壁垒的有效方式;再加上炼厂生产规模较大,投资建设时间长,下游成品油价格管制,可能存在着"A-J效应"。本书意在从理论上对炼化产能的扩张进行解释,并使用实际数据进行经验验证。③本书对影响成品油市场价格的两个政策的效果进行分析,以企业的策略行为切入,解释目前政策效果的机理,是进一步制定、优化、完善政策的参考。

第 2 章

文献综述

非竞争性市场中厂商的策略行为对行业发展和政策制定有着重要的影响。从全球范围来看，自然垄断或者具有重要战略意义的行业都会受到一定程度的管制，无论是价格方面的管制还是贸易方面的管制，都是行业发展的重要影响因素。从历史发展来看，不同国家都针对本国的实际情况，对管制的方式方法进行调整，总体上向着"市场化"的方向发展，能交给市场的尽量交给市场，政府做好"市场秩序的维护者"，逐步区分"政府之手"与"市场之手"的作用。在这个过程中，涌现出大量的研究成果，包括对管制效果的探讨、管制政策前后的效果对比、市场中厂商策略行为的理论推导及实证研究。在石油方面，以石油及其相关产品为对象的研究成果也较为广泛，特别是美国、西班牙、韩国等经历了成品油市场由管制到市场化竞争的国家。就中国而言，能源行业特别是油气行业的改革迫在眉睫，如何处理政府与市场的关系，是需要解决的重要问题。因此，对油品市场政策对厂商行为的影响的研究、厂商本身的特点及行为策略研究必不可少。其中，对政策影响的研究成果颇为丰富；与之相比，鲜有研究涉及在政策约束情况下厂商的策略行为，特别是定量的实证研究成果几乎空白。本章对政策管制及厂商策略行为的研究进行了系统的梳理：一是寡头市场中厂商竞争策略的研究分析及在此基础上产生的产能过剩情况；二是价格管制、价格市场化的效果及油品价格相关的分析；三是成品油市场政策或者管制对市场及厂商行为的影响分析。

2.1 市场博弈和企业策略

2.1.1 国外研究

1. 竞争与合谋

早在 1838 年，学者奥古斯汀·古诺（Augustin Cournot）提出了古诺竞争模型，认为市场上产品价格相同，但不同公司会依据竞争对手的情况决定产量从而使利益实现最大化，但是古诺竞争模型中企业同时做出决策的假设在现实情况下很难满足。海因里希·冯·斯塔克伯格（Heinrich von Stackelberg）于 1934 年提出斯塔克伯格竞争模型，拓展了古诺竞争模型，其核心思想是企业行动顺序先后有别，因此该模型也被称作领导者 – 跟随者（Leader – Follower）模型。以两个企业为例：先入者不再把后入者的产量视为是给定的，而后入者则把先入者的产量看作是给定的，进而决定自身产量，以实现利润最大化。因此在完全信息条件下，博弈均衡总可以通过倒推法求得。古诺竞争模型和斯塔克伯格竞争模型关注的是厂商之间的产量竞争，市场价格只是起到保证市场出清的作用，然而产量的调整可能受到诸如企业的生产能力等多种因素的影响，所以短期之内让企业调整产量通常未必可行。这也是两种模型受到质疑的主要原因。相对于产量调整，价格调整的成本更低同时更容易实现。基于这一考虑，约瑟夫·伯川德（Joseph Bertrand）在其出版的著作中提出伯川德竞争模型，他认为不同的企业可以制定不同的价格，这一模型所得的结论是，在两个企业销售同质产品时，低价企业可以获得全部的消费者购买，高价企业则没有销量。价格调整和产量调整会产生不同结果。当然，正如很多经济学家所认为的那样，无论是产量竞争模型还是价格竞争模型对于理解、解释现实经济现象都很重要，两者不可偏废。寡头竞争模式的理论研究演进情况见表 2 – 1。

表 2 – 1　寡头竞争研究演进

时间	模型	特征	缺陷
1838	古诺竞争模型	市场上产品同价，不同企业根据竞争对手情况确定产量，实现自身利益最大化	企业同时决策难以满足
1883	伯川德竞争模型	针对同质产品，不同企业制定不同的价格，低价者获得所有市场份额	市场上所有产品并非完全同质
1934	斯塔克伯格模型	企业行动先后顺序有别，后入者先把先入者产量视为给定，进而确定自身产量实现利润最大化	产量调整未必可行
1988	动态伯川德竞争模型	观测上一期竞争对手的价格水平来决定当期的最优定价	企业需要有相同规模
2003	非相同规模动态伯川德竞争模型	两家企业规模差距过大，埃奇沃思周期存在，交点价格均衡不存在	

注：根据相关文献整理。

关于经济体的竞争与合谋行为的研究，已经有大量的文献从理论和实证方面进行了分析。较为典型的是，将石油输出国组织（OPEC）作为卡特尔进行的理论分析（Youhanna, 1994；Alhajji, Huettner, 2000；Kohl, 2002；Kaufmann et al., 2008；Huppmann, Holz, 2012；Alkhathlan et al., 2014）。关于企业合谋行为的分析文献也较多，大部分从政策、法律角度对行业中的企业合谋行为进行分析，并给出针对性的反垄断对策（Chen, 2003；Schinkel, Tuinstra, 2006；Frezal, 2006；Hinloopen, 2006；Hinloopen, Martin, 2006；Roos, 2006；Bolotova et al., 2008；Noel, 2016）。

2. 产能与企业竞争策略

寡头企业以价格作为主要决策方式时，伯川德均衡是理论上的市场均衡，也就是市场均衡价格与完全竞争情况下的市场价格一致，但是实际上寡头企业定价并不是完全竞争情况下的市场价格，寡头企业也总是能够获得相应的利润，其结果与古诺寡头模型的均衡相似，这也是伯川德悖论提出的直接原因。针对这一问题，很多研究都进行了探讨，其中克雷普斯和沙因克曼（Kreps, Scheinkman, 1983）提出了两阶段竞争的理论模型（即 KS 两阶段博弈竞争模型），认为产能约束对企业的决策产生了影响，因此虽然第二阶段企业以价格竞争为主，但是受到第一阶段产量竞争的影响，整体上来看企业的利润决定方式仍然是古诺竞争，也就是说企业的博弈竞争既取决于其本身的策略，也与上下游的影响相关。奥斯本和皮奇克（Osborne, Pitchik, 1986）同样研究了双寡头定价模型中的纳什均衡集，得到了相似的结论：该模型中各企业的生产能力有限，需求连续、递减，在此情况下如果在企业在价格决策之前同时选择产能，则均衡容量集与古诺量集一致。赫克（Herk, 1993）研究认为在双寡头的 KS 两阶段博弈竞争模型中，消费者转换成本可能会导致消费者并不一定选择低价的商品或者服务，这会对最终的均衡结果有所影响。莫雷诺和乌韦达（Moreno, Ubeda, 2006）进一步拓展了 KS 两阶段博弈竞争模型，证明了每一个纯策略均衡都会产生古诺结果，并且古诺结果可以由一个纯策略子博弈完全均衡来维持。莱波雷（Lepore, 2008）进一步对边际成本信息不完全的两阶段博弈进行了分析，认为当且仅当可能的最低边际成本相对于预期边际成本足够高时，博弈才具有古诺结果。阿西莫格雷等（Acemoglu et al., 2009）在 KS 两阶段博弈竞争模型的基础上，放松弹性假设后建立了纯策略寡头均衡的存在性，并刻画了这组均衡的特征。博卡尔和沃西（Boccard, Wauthy, 2010）考虑分析了"质量—产能—价格"三阶段博弈，认为当质量成本可以忽略时，产能的威胁能够消除质量差异化带来的影响。弗吕托和法布拉（Frutos，Fabra，2011）分析了需求不确定性在固定规模市场中的作用，在这种市场中企业在价格竞争之前会做出长期的产能决策。也有学者将 KS 两阶段博弈竞争模型原有的需求函数为凹进行了扩展，分析了严格降低边际（工业）收入、二次可微需求函数和凸成本等条件下的等价可能性，证明了在扩展背景下，结果仍然是古诺均衡，认为 KS 博弈可以作为研究"数量竞争"的基本形式者（Wu et al.，2012）。费雷拉（Ferreira，2014）认为古诺竞争模型可以被看作更现实的产能选择模型的简化形式，是价格竞争的先期决策。沃西和加布泽维奇（Wauthy，Gabszewicz，2014）总结评价了寡头竞争模型的相关理论分析，认为成熟的寡头竞争理论中企业战略决策核心的三个方面是生产什么、规模多大、价格如何。大部分已有文献研究了这两个核心问题，不能完整地给出理论结论。进一步地，马丁（Martin，2019）将"产能—价格"两阶段竞争模型拓展到不同产品的情况。

关于企业行为导致过剩产能的研究，国外学者的观点主要是要素窖藏理论和企业策略性竞争行为等观点。要素窖藏理论是指厂商为了减少跨期投资决策与宏观经济波动不一致造成的损失，提前投入比实际需求更多的要素，以应对市场需求的不确定性（Esposito，Esposito，1974；Paraskevopoulos et al.，1991）。

3. 成品油市场的厂商行为策略

具体到成品油企业的市场行为研究，目前较为深入的是针对汽油市场的企业竞争行为。受到西方国家汽油使用范围的广泛性和数据可得性的影响，汽油市场的企业合谋或者竞争已经成为产业组织或者博弈理论中涉及较多的研究话题。在厂商的市场决策过程中，主要考虑的仍然是本身成本条件下的利润最大化，但是针对具体的价格竞争行为，除了考虑本身的成本因素外，对竞争对手的估计以及合作、竞争策略也是重点考虑的内容。这既决定厂商的获利情况，也对市场价格产生整体的影响。

有文献对成品油市场的纵向一体化进行研究，如巴伦等（Barron et al.，1985）验证了炼油厂商与销售厂商之间的合谋提价行为。斯莱德（Slade，1998）研究发现因业务分离而提高价格/成本利润率的站点运营商，更有可能获得制定零售价格的权利。黑斯廷斯（Hastings，2005）研究了纵向合同对零售汽油价格差异的影响，发现独立站点市场份额的下降对当地零售价格有显著的正向影响，而纵向一体化炼厂市场份额的变化对当地市场价格没有显著影响。扎瓦和斯特凡（Zava，Stefan，2002）通过实证研究发现纵向止赎将使每加仑精炼汽油的批发价格上涨 0.2 ~ 0.6 美分。马努萨克（Manuszak，2010）提出了一个反应下游零售商与上游供应商之间分工的寡头供求实证模型，模拟了夏威夷汽油零售行业上游合并，评估合并对市场结果和福利的影响。肯迪克斯和沃尔斯（Kendix，Walls，2010）分析了美国炼油行业的纵向整合，实证分析结果显示只有部分石油企业的并购导致成品油价格出现统计上显著的上涨。

对成品油零售行业的寡头竞争与合谋策略的实证研究文献较为丰富。埃克特和韦斯特（Eckert，West，2005）使用温哥华的汽油零售价格数据对市场中隐性合谋和非合谋竞争进行评估，发现品牌效应、空间和产品特征、当地市场结构和时间序列变化会影响加油站的定价模式。诺埃尔（Noel，2007）研究了美国和加拿大地区的汽油零售情况，结合马尔科夫转移回归框架和参数估计，证实了埃奇沃思周期的存在性，并认为规模较小的企业在价格周期内应顺应价格变化。有学者研究了澳大利亚零售汽油卡特尔如何利用沟通来协调价格上涨（Wang，2008），进一步验证了马斯金和蒂罗尔（Maskin，Tirole，1988）所提模型的价格周期均衡总的合谋沟通和定价行为。卡西亚（García，2010）运用动态模型分析了西班牙汽油市场企业在重组过程中制定的价格是否符合隐性合谋均衡，发现企业的战略行为与默示的合谋价格策略是相容的，重组过程没有给西班牙成品油市场带来有效的竞争。古德温和梅特斯曼（Goodwin，Mestelman，2010）使用实验室方法研究了 KS 两阶段博弈竞争模型决策与古诺决策参与者的实证，发现 KS 市场中缺乏经验的参与者在实际操作中与理论预期差距较大，但是随着经验提升两者的决策结果趋于一致。波尔谢（Porcher，2014）通过对 20 多年来法国零售燃料利润率的调查，认为零售汽油行业合谋行为的证据有所减弱。伯恩和鲁斯（Byrne，Roos，2019）使用城市加油站 15 年的汽油零售数据对站点之间的寡头、竞争、价格领导、合谋等行为进行了实证研究，发现在一定的市场或者政策条件下，加油站市场主体的存在较为典型的合谋行为。其中，价格领导者通过不断的"价格实验"即价格试探行为对竞争对手的合作意愿或者成本进行"探索"，从而使合谋提升了市场的整体价格。

从更微观的角度来看，大量的文献将加油站之间的竞争作为策略博弈进行分析，对微观主体之间的策略行为影响进行了验证。一方面，针对微观主体之间的价格影响因素和定价策略进行研究。阿尔德里吉和包迪诺（Alderighi，

Baudino, 2015）以意大利数据研究了根据加油站周边竞争对手情况调整本身价格的方式，发现价格之间存在较为明显的相互影响关系，且距离 1.1km 左右的加油站之间存在空间依赖关系。菲戈等（Firgo et al., 2015）使用空间计量分析了加油站之间的价格竞争，结果表明加油站的价格与中心竞争对手的价格相关性更强。相似地，使用空间竞争模型对加油站定价策略进行分析的研究较多（Clemenz, Gugler, 2006；Houde, 2012），但较少涉及寡头模型。另一方面，针对加油站或者企业之间的合谋或者合谋行为进行研究。例如，安德烈奥利·范斯巴赫和弗兰克（Andreoli - Versbach, Franck, 2015）针对意大利汽油市场中领导者实行黏性定价和大幅度价格变动政策，对促进价格调整和协调价格变动的行为进行了合谋判断，认为是一种典型的推动合谋的做法。此外，也有相关学者从企业竞争和企业决策角度对市场的稳定和动态性进行了分析（Goto, McKenzie, 2002；Villena, Araneda, 2017）。

2.1.2　国内研究

1. 市场竞争、博弈理论和企业策略

国内关于寡头市场中企业博弈策略研究仍然以理论分析或者理论推导为主，可能的原因在于国内寡头市场的实证数据不易获取。从理论分析来看，针对不同行业、不同企业以及不同竞争点的分析较为丰富，包括对博弈阶段的讨论以及对合作模式的分析。实证分析方面，由于缺少实际的寡头数据，大部分研究以模拟计算或者虚拟算例为主进行预测分析（叶泽，喻苗，2006；王帆洲，2013；梁君业，2017；朱壮明，2018）。

从企业之间的博弈分析角度来看，主要包括三个方面：一是企业之间相互博弈的策略选择，如钟德强等（2007）针对企业拥有专利情况下的异质产品古诺寡头市场，建立了企业在固定费用与提成情况下的理论模型，并推导出其最优策略。李鹏等（2019）建立了新电改背景下零售电商之间的系统动力学博弈模型，并使用实际算例进行了实证分析。霍忻和刘黎明（2019）通过数理分析方法，并结合双寡头古诺博弈模型对跨国公司的定价转移问题进行了研究。庞建刚和张华鑫（2016）分析了完全信息情况下循环经济产业链上、下游企业的策略博弈。在产能约束情况下，企业博弈行为会出现更多变化；李铮和陈旭（2012）研究了产能约束情况下的制造商定价和零售商订货

策略；倪得兵和唐小我（2006）通过建立进入者决策的 KS 两阶段博弈竞争模型，发现进入投资成本、风险和在位者生产能力会对企业进入行为产生影响；张凯和李向阳（2009）研究了产能约束情况下的网络型寡头企业决策，认为下游企业的均衡产量不受策略影响，而上游企业在中间产品市场采取价格歧视策略将获得更多的收益。二是对厂商之间相互合作、合谋的研究。合作博弈也是目前企业竞争过程中的有效策略，如白让让（2005）对中国放开对外资管制后的轿车市场中中外企业的合作博弈进行了分析解释。林仁方和陈志俊（2006）对联盟以及最优进入策略进行了理论分析。三是对差异化的寡头竞争模式研究较多，这在实际的企业竞争过程中应用较为广泛。例如，石岿然和肖条军（2004）在研究双寡头零售市场发展史时，就以演变博弈论分析了价格策略的演变过程，最终得出在双寡头零售市场中，价格销售策略是唯一演变稳定策略这一结论。赵德余等（2006）在研究过程中则运用理论推断分析，对比了伯川德 – 斯塔克伯格市场价格竞争、产品差异化选址策略、伯川德 – 纳什市场均衡这三大阶段，并对企业的价格和利润优劣势进行了分析。同样，刁新军等（2008）研究对比了双寡头市场中企业的斯塔克伯格博弈竞争策略和纳什博弈均衡的差异，发现厂商的空间定位局限性对产品差异程度有重要影响。巩永华和李帮义（2010）研究了三寡头市场的差异化竞争、歧视定价策略，认为实现利润最大化的重要因素为价格决策。卢步韬和唐要家（2015）则以纵向产品差别化模型为基础，分析了不对称寡头市场后来者最优产品技术定位选择的竞争策略博弈机制。

从博弈角度分析政府、企业、消费者的关系，对资源配置、政府监管工作有着重要的参考意义。刘长玉等（2019）以产品质量监管视角，研究了政府、企业与消费者的博弈策略，并进行了算例分析，最终发现消费者维权概率、政府监管可帮助企业生产合格产品。宋佳瑞（2018）建立了进化博弈模型，探讨了地方政府政策激励对企业品牌建设策略的影响，发现地方政府政策补贴数额不同，最终会产生企业群体策略选择的不同结果。王春莘等（2016）将网络行业作为研究对象，深入分析了消费者构成、不同成本条件这两大因素与企业定价策略的关系。

在成品油市场的企业策略博弈研究方面，也有学者进行了针对性的研究。较为明显的是，大部分文献均以双寡头模式对中国成品油市场进行了定义和分析（万玺 等，2010）。叶传华（2005）以中石油和中石化的纳什均衡为切入点，分析在市场份额变化、降价策略这两种选择条件所造成的影响，得出同时降价和同时不降价的最优博弈策略数据结果。这一研究结果与中国成品油市场长期以来的博弈状态相符，故可将其作为中国成品油市场的简单理论模拟。李永波（2010）在研究中国成品油的定价机制、市场均衡时，以古诺模型为研究依据将国内成品油市场定义为既具备上下游价格管制、又能体现进入限制特征的双寡头市场。在该前提下，政府定价水平与古诺均衡价格水平是否对等成为市场均衡与否的关键因素。王健和张文（2015）将价格作为切入点，深入分析了我国成品油市场的合谋垄断行为，最终发现市场竞争机制与市场价格密切相关。

2. 结构性产能过剩问题与企业行为

现有生产能力、在建生产能力及拟建生产能力的总和即为产能，如果生产能力的总和与消费能力的总和相比，前者大于后者，就属于产能过剩。在正常情况下，以产能利用率作为衡量产能过剩的判断指标，并以此判断产能过剩现象的程度。针对产能过剩问题，有一系列政策进行指导：国务院在2013 年出台了《关于化解产能严重过剩矛盾的指导意见》；2015 年，中央经济工作会议中明确说明，结构性改革任务势在必行，其中低利润、高污染的过剩产能化解是 2016 年中国经济工作中的首要任务。就学术研究成果而言，中国产能过剩现象与西方发达国家相比，情况较为复杂。因为我国不仅存在周期性产能过剩，还存在非周期性产能过剩现象，这就与产业政策影响和企业的具体策略行为有着非常重要的关系。一般从如下两个角度研究我国结构性产能过剩问题。

一是从经济波动等宏观层面对产能过剩的分析，对政策或者政府干预的影响研究偏多，较少涉及厂商行为。大部分研究者认为，我国出现非周期性产能过剩的主要原因为政府关系以及相关的政策性因素。包群等（2017）发现单纯的主导产业并不必然导致产能过剩，但如果在同一行政辖区内主导产业同化现象严重，产能利用率就会持续下降。耿强等（2011）证实了地方政府的政策性补贴通过扭曲市场价格、降低投资成本的方式引起产能过剩现象。韩国高等（2011）测度了我国 28 个制造业行业的产能利用水平，并实证分析了七个产能过剩的行业，认为固定资产投资是制造行业产能过剩的直接原因。韩国高和王立国（2013）通过研究制造业过剩产能与行业固定资产投资建设的关系，发现过剩产能并未抑制行业的整体投资，但对国内贷款投资有抑制作用。此外，学者们认为政府干预是导致企业产能过剩的体制性因素，在政策引导或者相关政策环境下，企业可能过度投资，最终造成产能过剩（王立国，鞠蕾，2012；王文甫 等，2014；干春晖 等，2015；范林凯 等，2015；贾帅帅，徐滇庆，2016）。

二是分析企业过度投资以及经济主体的行为与产能过剩之间的关系。具体包含五种类型：①信息不完全影响企业决策。林毅夫（2007）和其他研究者（2010）认为发展中国家的企业会由于后发优势的存在，对前景颇佳的产业产生共识，最终出现潮涌性投资行为。该类投资行为发生后，产能过剩现象会随之发生。孙巍等（2008）深入研究该问题后，建立了产能过剩形成的经济波动假说数理模型，并以此分析在宏观经济波动的前提下由于窖藏行为而引起的产能过剩形成机理。何彬（2008）认为造成产能过剩的主要原因是以微观行为主体的窖藏行为。②垄断或者寡头企业的产能威胁或者"A-J效应"。③企业过度投资、无法提高产能利用率（姜付秀 等，2009；詹雷，王瑶瑶，2013；尹恒，2017）。④政府干预。辛清泉等（2007）通过实证研究发现，由地方政府控制的上市公司经常会由于薪酬契约失效而投资过度。孙晓华和李明珊（2016）在实证研究中发现国有企业普遍存在过度投资现象。⑤动态观点。此外，徐朝阳和周念利（2015）认为随着行业的成熟和发展，企业的进入退出以及产能利用情况会发生变化，是一个动态的过程，不应该片面视为市场失灵或者地方政府的政策扭曲。

3. 中国石油石化行业的产能过剩及原因

在中国的石油石化行业中，大部分学者认可整体产能过剩这一观点（中国石油和化学工业联合会，2016；郎岩松，侯永新，2018）。主要原因有三点：一是行业投资周期长，整体调整不够及时，经济增长速度放缓带来的需求增速放缓，与产能扩张速度之间的匹配程度下降；二是中国资源禀赋差异导致的产业集聚，形成了一定的空间结构问题，带来结构性产能过剩；三是政策影响下，行业新进入者对产能的投资加强，产能竞争导致整体的产能过剩。正由于产能过剩现象日趋严重，学者们对其相当关注，主要体现在相关文献对该领域进行了大量描述和分析。

炼化产能过剩是当前文献关注的主要问题，有文献使用量化模型对产能过剩的程度和影响因素进行了测度。何立华和崔艳艳（2019）采用生产函数法对不同地区的炼化产业产能过剩情况行进了测度，认为我国炼化产业过剩的原因主要是市场需求、经济周期波动以及企业规模的正向影响。刘峻峰

(2016) 使用 VAR 和集成预测模型分析产能过剩的主要原因，认为中国化工产业中的固定资产投资过量、产业集聚现象，均可能引起产能过剩现象。孙康和李婷婷 (2015) 分析了化学原料及化学制品业、石油加工炼焦业的产能过剩问题。孙康等 (2014) 针对中国石化产业的集聚情况进行了研究，得出石化产业集聚变动与工业增长密切相关的结论。

针对我国炼化产能布局不均衡的情况，也有相关文献进行了研究。总体来说，我国炼化产能布局受到资源、投资等各方面的影响，同时与企业的决策紧密相关，在地理分布、空间聚集等方面存在一定的结构性问题，这也是炼化产能过剩的一大原因。刘鹤等 (2011) 通过建立空间模型对中国炼化产能的空间布局进行了评价分析，认为现阶段炼厂存在分布不均衡的状况。随后，刘鹤等 (2012) 深入分析了我国石化产业空间组织的发展史及格局，将其总结成三个阶段，分别是内陆分散布局阶段、沿海局部快速集聚阶段及沿海全面加速扩张阶段，产能过剩情况产生的主要原因是 2000 年以后原材料、市场、政策等多种因素的综合作用。

表 2-2 是对相关文献的简单归类总结，综合现有的文献研究，对市场博弈、企业策略以及产能相关研究的主要观点如下：①市场竞争模式可以通过量化分析进行识别。②企业的博弈行为在不同行业存在差异，需要根据具体的竞争情况进行辨别分析，这些模型包括伯川德竞争模型、古诺竞争模型、斯塔克伯格竞争模型及在此基础上的动态博弈模型，以及差异化竞争模型等，是解释企业策略的理论基础。③实际的企业策略在竞争基础上也包括合谋，包括对市场、政府及消费者方面的合谋。④成品油市场的竞争以价格竞争为主，且合谋是经常存在的现实行为。⑤中国石油石化产能过剩是经济增长、结构性产业集聚和市场主体竞争三个方面影响因素共同作用的结果。概括起来，已有研究的特点如下：一是策略分析以理论推导为主，在基本博弈模型的基础上根据行业特点或者具体的情况进行拓展和延伸；二是实证分析偏少，可能受到数据可得性和行业特殊性的影响，新实证产业组织的应用范围有限；三是针对油品市场的研究内容较为丰富，包括对 OPEC 成员国等卡特尔的分析、纵向一体化行为分析、企业策略分析以及加油站之间的定价分析等；四是中国成品油市场是较为典型的双寡头市场，且石油石化炼化行业存在较为明显的结构性产能过剩问题；五是针对中国成品油市场的竞争量化模式识别鲜有研究，且具体的理论分析较为缺乏。

表2-2 市场博弈和企业策略文献归类

研究点	具体分类	主要内容	典型文献
市场竞争	博弈策略	不同博弈模型可以对企业的具体行为进行解释；同时，企业的生产规模、成本差异等也会影响模型均衡结果	Maskin & Tirole（1988）；Eckert（2003）；Grilo & Mertens（2009）；Tremblay & Tremblay（2011）
	企业合谋	卡特尔是较为典型的企业合谋；对其形成原因、持续性以及稳定性的讨论是研究企业合谋的主要内容	Hochman & Zilberman（2015）；Taylor（2002）；Goto & Iizuka（2016）；Levenstein & Suslow（2006）
	经验分析	典型行业的博弈实证分析	Pazo & Jaumandreu（1999）；Willems et al.（2009）；Borenstein & Shepard（1996）；Ma & Oxley（2012）
产能约束	理论模型	KS两阶段博弈竞争理论模型以及在此基础上的衍生发展	Kreps & Scheinkman（1983）；Osborne & Pitchik（1986）；Moreno & Ubeda（2006）；Acemoglu et al.（2009）；Boccard & Wauthy（2010）；Ferreira（2014）
	实证分析	针对典型行业的理论推导和实证验证	Haskel & Martin（1994）；Ma（2005）；Sakellaris（2010）
	产能过剩	企业产能过剩的主要原因，包括要素窖藏理论和企业策略性竞争等观点	Paredes & Paz（2004）；Vargas（2016）；Mathis & Koscianski（1996）
成品油市场	竞争策略	在汽油市场中的典型竞争策略实证分析	Eckert & West（2005）；García（2010）；Goodwin & Mestelman（2010）；Byrne & Roos（2019）；Alderighi & Baudino（2015）
	合谋策略	企业之间的合谋抬价行为，以上下游之间的共谋居多	Barron et al.（1985）；Slade（1998）；Hastings（2005）；Manuszak（2010）；Kendix & Walls（2010）

续表

研究点	具体分类	主要内容	典型文献
国内企业竞争策略	博弈策略	企业之间的博弈理论模型推导；产能约束下的企业行为模型；企业之间的合谋行为	钟德强等（2007）；庞建刚和张华鑫（2016）；倪得兵和唐小我（2006）；白让让（2005）；林仁方和陈志俊（2006）
	差异化的寡头竞争模式	对比分析现有寡头竞争模型的差异性和针对不同行业的适用性	石岿然和肖条军（2004）；赵德余等（2006）；卢步韬和唐要家（2015）
	政府、企业、消费者之间的博弈	中国特有的政策、企业、消费者之间的博弈现象分析	刘长玉等（2019）；宋佳瑞（2018）；王春苹等（2016）
	成品油市场的企业博弈策略	中国成品油市场的双寡头竞争模式分析	万玺等（2010）；叶传华（2005）；李永波（2010）；王健和张文（2015）
产能过剩	宏观分析	政府关系及相关的政策性因素引起非周期性产能过剩	包群等（2017）；耿强等（2011）；韩国高等（2011）；韩国高和王立国（2013）；
	企业行为	企业过度投资及经济主体的行为与产能过剩间的关系	林毅夫（2007）；林毅夫等（2010）；辛清泉等（2007）；白俊和连立帅（2014）；徐朝阳和周念利（2015）
	石油行业	中国石油石化行业的产能过剩及原因	何立华和崔艳艳（2019）；刘峻峰（2016）；刘鹤等（2011）；刘鹤等（2012）

2.2 价格管制与油品市场

2.2.1 国外研究

1. 价格管制及其原因

目前学者们对价格管制的研究较为深入。一般来说，在自然垄断行业，企业为了追求利润会减少产量或者以高于边际成本的价格出售产品；因此，政府会通过管制来防止垄断企业获取过高利润损害社会福利（Parker，Kirkpatrick，2012）。在这个过程中，各国的管制方式逐渐从成本管制转向最高限价管制（Abbott，1995；Kearney，Favotto，1994；Contin et al.，1999），一方面防止垄断过多的掠取消费者剩余（Corchón，Marcos，2012；Shajarizadeh，Hollis，2015），另一方面激励企业进行成本节约和技术创新（Sappington，Sibley，1992；Kearney，Favotto，1994）。学者们对这一现象进行了研究，在不同的国家以及不同的领域均有所验证。阿姆斯特朗和萨平顿（Armstrong，Sappington，2006）探讨了管制、竞争以及自由化进程的复杂性，强调不同行业及个案在促进自由竞争与反竞争自由化中政策作用的区分。但是，最高限价管制也存在一定的问题（Kearney，Favotto，1994）：第一，企业由于最高限价的存在，会出现投资不足（Under‒Investment）的问题（Helm，Thompson，1991）；第二，最高限价下可能会存在产品质量不合格的问题；第三，不恰当的最高限价会造成消费者剩余和社会总体福利被掠夺，如在部分寡头市场中的企业合谋行为（Flores，2005；Engelmann，Müller，2011）。在实行成本加成的管制定价时，企业会出于自身利润最大化的考虑，采用非线性定价（Sappington，Sibley，1992）或者动态化的方式不断抬高成本，扭曲价格而损失社会总体福利。大部分国家都对能源价格进行过管制，包括成品油价格、电力价格以及天然气价格等，大量文献对管制效果以及管制过程中价格的变化情况进行了分析，较为典型的国家包括加拿大（Suvankulov et al.，2012）、西班牙等。有学者通过对加拿大东部 8 个城市汽油零售价格数据对最高限价的管制作用进行了评估，发现监管的实施与较高的价格显著相关，也就是说最高限价的设定给了企业一个"焦点"，使企业能够设定更高的价格，反而提升了市场平均价格水平（Sen et al.，2011）。阿罗塞那等（Arocena et al.，2002）对西班牙能源（电力、石油燃料和天然气）价格管制下企业与消费者之间的利益分配进行了分析，发现消费者从价格控制中获益甚少，而连续的价格调整使企业在保持生产率增长的同时削减成本，提高了相对利润率。也有文献探讨了特殊情况下的价格管制，如奎登（Quaden，1981）分析了比利时为了抑制通货膨胀而进行的严格价格管制政策效果。考虑这种情况的特殊性，本书暂不深入考虑这种价格管制。

最高限价在一定情况下是无用或者是需要调整的，当政府指导价与实际价格出现差异时，就会出现较为明显的价格偏离，一般称为 X 因素

（Bernstein，Sappington，2000）。例如，伯恩斯坦和萨平顿（Bernstein，Sappington，1999）认为价格出现偏离的原因有三：一是公司只有部分产品价格受到管制；二是管制价格变化会受社会通胀率的影响，效果存在差异；三是市场竞争主体增加，市场结构变化。伯恩斯坦和萨平顿（Bernstein，Sappington，2000）提出了解决 X 因素的四种可行方案：一是管制范围扩大；二是预期的市场结构变化，如加强竞争；三是及时根据社会通胀率调整监管决策（Nakaizumi，2016）；四是选择不完全竞争市场外部的监管部门。实证方面对价格管制以及价格偏离的研究结论基本上与理论一致。贝洛和卡韦罗（Bello，Cavero，2008）研究了西班牙汽柴油市场从价格管制到价格自由化情况下的演变，发现竞争水平的提高促进了该行业的增长、发展和现代化，同时品牌间的相对价格差异随着感知到的质量差异而增加，炼油厂和零售商的垂直分离缓解了最终市场上的价格竞争。

中国的价格管制问题是现有文献讨论较多的内容，主要原因在于中国的市场化改革进展历程较长，且具有非常明显的效果。有学者使用多个行业的零售价格数据对中国的市场自由化程度和决定因素进行了分析，认为中国正在经历实质性的价格一体化和贸易自由化，同时距离、开放程度和经济发展程度是短期内价格差异的重要决定因素（Li et al.，2018）。有学者应用两部门增长模型估计了价格扭曲对中国产出增长的影响，发现监管价格扭曲会对产出增长造成负面影响，认为能源价格管制应该适度放松，应建立以市场为导向的能源价格机制以提高中国经济对全球油价冲击的弹性（Shi，Sun，2017）。也有学者通过模拟五种能源产品（天然气、汽油、燃料油、蒸汽煤和炼焦煤）的使用路径分析，对能源价格扭曲进行了计算，发现目前中国单一能源价格扭曲现象已逐步转变，但能源价格体系尚未完全市场化，能源价格的绝对扭曲对经济增长有负面影响（Ju et al. 2017）。也有学者对中国的能源价格联动进行了检验，认为中国已出现区域性能源市场，能源价格的扭曲程度比以前小得多，可以视为"市场驱动型经济体"（Ma，Oxley，2010）。

2. 价格水平与市场特点

价格水平与市场的特点息息相关，学者们分析影响价格水平的因素主要包括如下三个方面。

一是考林和沃特森（Cowling，Waterson，1976）及相关理论经济学家提出的市场结构，或者说市场竞争主体的多寡对市场价格或者市场绩效的影响。

二是范围经济即厂商生产产品种类的多寡。纵向一体化的能源企业一般包含产业链上多个环节的生产、销售,能够通过生产多种相关联的产品降低单位成本 (Rochet, Tirole, 2003)。

三是供求和成本情况。需求方面,同样的需求主体,需求量越大其议价能力越强,因此其最终形成的价格也就越低 (Stigler, 1972)。

3. 成品油价格形成的影响因素

成品油销售属于原油产业链的终端,其区别于一般商品的特点包括如下三项:一是存在纵向一体化厂商与独立厂商的差异,即有的企业具有炼化、批发、零售等各环节的经营,有的企业只具有零售环节或者批发环节;二是成品油的最终价格形成较为复杂,其中库存、运输等成本也影响最终价格的形成;三是成品油本身作为能源产品,具有负外部性,相关税收也是其价格形成的一部分。目前学者们对汽油零售价格差异形成原因或者对汽油价格影响因素的研究较为深入。

关于成品油批发价格与市场结构的研究偏少,现有的文献主要是对市场势力与价格形成关系的研究。例如,哈斯廷和吉尔伯特 (Hastings, Gilbert, 2005) 通过实证发现垂直一体化公司可以通过价格策略提高竞争对手 (零售企业) 的成本,对批发价格的形成产生重要的影响。伯恩斯坦和谢泼德 (Borenstein, Shepard, 2002) 发现汽油批发价格的两大影响因素是供给成本和市场势力,在市场势力强大的市场上,价格的调整速度比竞争性厂商要慢得多。

也有学者从消费者角度对成品油市场价格和市场竞争进行分析,将加油站和消费者的行为都进行量化,进一步观测其对市场的影响。伯恩和鲁斯 (Byrne, Roos, 2017) 分析了消费者在汽油零售市场的搜索行为,衡量价格水平及其变化。钱德拉和托帕 (Chandra, Tappata, 2011) 从消费者搜索模型出发,建立了价格离散度与关键变量之间的均衡关系,研究了不完全信息在解释价格差异中的作用。有学者研究了中国成品油价格改革对燃油经济性的影响,结果证明,燃料成本对中国新车销售有显著影响,提高税率和加快汽油价格调整周期这两项政策调整对新车燃油经济性提高的贡献为 3.43% 和 2.82% (Sun et al., 2016)。萨利等 (Sallee et al., 2016) 估计了汽车价格与未来燃油成本之间的关系,发现二手车价格会随着燃油价格的变化而变化,这意味着消费者充分重视燃油经济性。布埃内斯塔多 (Buenestado, 2016) 使用西班牙汽油零售市场数据，探讨了消费者对汽油价格和税收变化的行为反应的不对称性，发现柴油用户对价格和税收政策变化的敏感度高于汽油用户。

2.2.2 国内研究

1. 中国的价格改革

在中国市场化改革的过程中，价格改革至关重要。大部分商品的价格需根据市场供需情况而决定，实现了价格市场化。但是，对于石油、天然气、水、药品等关系国计民生的重要商品（战略资源、公共物资等），仍然由政府进行价格管制。基于此，国家发展和改革委员会于 2015 年 10 月 21 日公布了修订版的《中央定价目录》。❶ 该目录的定价种类仅有七种（类），与上一版本的目录相比，约减少46%；具体定价项目也减少了近80%，上一版本共有100 项左右，现如今保留了 20 项。在 20 项被保留的定价项目中，有 13 项以国家发展和改革委员会为主管理，剩余的项目由行业主管部门为主管理。

针对政府价格管制的研究文献主要分为如下三个方面。

一是对管制必要性和管制范围的探讨。学者们对我国价格体系的不足之处进行了总结归纳，并以此为依据深入探讨、分析。例如，杨艳（2000）提到我国价格体系的主要问题有价格功能弱化、价格构成不合理、价格结构不合理等。刘树杰（1996）研究较为细致，将价格管制分为七个方面，具体为价格管制的依据、原则、对象、保障体系、方法、机构，以及对价格管制者的监督等，再分析我国与发达国家的价格管制之间的差异，最终系统总结了我国价格管制的情况。王俊豪（2001a）对我国价格管制以及管制放松进行了分析，得出竞争性行业的管制开放势在必行这一结论。董大敏（2006）认为，政府管制的主要优势有三点：一是防止垄断或寡头垄断企业滥用市场势力；二是减少负外部性；三是纠正信息不完全性。杨娟（2008）对政府定价的范围进行了详细的梳理，主要包括自然垄断和公用事业行业、政府直接提供或实行专营专卖的产品、被认为涉及公共利益的竞争性产品、特殊时期的临时价格干预四个方面。吕阳和郎福宽（2008）认为在一定阶段对煤炭、石油、

---

❶ 中华人民共和国中央人民政府. 中华人民共和国国家发展和改革委员会令（第29号）. [EB/OL]. (2016 –01 –05) [2019 –08 –08]. http：//www. gov. cn/gongbao/2016 –01/05/content_2979720. htm.

天然气等矿产资源实行价格管制是必要的。但从客观角度而言，政府干预所造成的负面影响比较严重，该行为导致矿产资源使用效率降低、粗放式经济增长等弊端。

二是对管制方法的研究和探讨。包括对美国投资回报率价格管制模式以及英国 RPI－X（通货膨胀率－预期技术进步）上限价格管制方式的研究（王俊豪，2000；杨娟，2011）。一方面，对于美国投资回报率价格管制所引起的"A－J效应"，可看出企业过度投资时，行业发展效率将大幅度降低。相关文献也对我国自然垄断行业中的该管制方式进行了深入研究（王俊豪，2001b；惠晓峰，陈阵，2006），最终总结出与之对应的管制建议。另一方面，对价格上限管制优势的讨论较多，具体为通过价格上限管制促进企业提高生产效率、改善过度投资需求现象、激励企业创新、减少管制成本等。对于价格上限管制缺点和劣势的研究较少。王建明和李颖灏（2006）的观点是如果价格上限管制应用不当，会造成负面影响；可以通过三个方面保证价格上限管制的有效性，即合理的管制模型、合适的管制范围与结构、可预期管制范围与动态管理。此外，沈毅（2003）还对价格上限管制中效率因子 X 的测算方式进行了研究，进一步丰富了相关研究成果。

三是对价格管制效果的分析研究。李瑞琴（2005）对比了垄断行业的政府定位、政府指导价以及自主定价三种情况所引起的社会福利变化，发现政府指导价为最优选择。冯科和胡涛（2014）采用局部均衡框架对比分析了自由市场、排队等待、黑市、腐败四种商品分配体系下个体福利的变化，发现在自由市场向价格管制转变中，低收入者和高收入者福利变化的方向相反。刘伟等（2005）将上下游垄断企业单独实施价格上限后产生的社会福利、消费者剩余与未进行价格上限管制、一体化时所形成的数据加以对比，发现政府管制机构对自然垄断行业上下游同时实施价格上限管理，且价格上限水平合理时，可达到改善消费者剩余、社会福利的目的。同时，由于国内存在价格管制，对中国参与全球竞争会产生一定的影响。仰炬等（2008）着重分析了糖产业中政府管制与大宗敏感商品价格波动间的关系，认为政府管制是国际糖价低于生产价格的主要原因。

对比各行业的研究结果可发现，学者们对自然垄断行业的管制方法、效果研究较为集中。其中，天然气行业定价管制的研究成果较多，其主要原因是天然气必须通过管道才能完成运输流程，具有自然垄断的特性。大量文献探讨了对平均成本定价、边际成本定价、成本加成定价等方式的对比以及对政府直接定价方式改革的建议（李旭颖，2009；周仲兵 等，2010；张希栋 等，2016）。刘小鲁（2014）针对国内医疗领域的价格上限管制、总额预付制度与过度医疗及患者金融风险间的关系加以研究后发现，价格上限管制导致总额预付制度产生扭曲效应。朱恒鹏（2011）研究了医药行业的价格管制内生性，认为公立医院针对医疗服务、药物零售的行政垄断对价格管制措施的效果产生负面影响，无法减轻患者的医疗费用负担，甚至还会造成负面影响。史晋川和李建琴（2008）研究了中国转型阶段的蚕茧价格管制，认为该管制方式即为行政垄断。陈明艺（2007）对出租车行业的价格管制进行了分析，认为不合理的价格管制会对市场形成扰乱。赵新刚和郭树东（2006）认为价格上限管制对于降低美国信资费、保障电信服务质量具有显著的作用。赵会茹等（2004）则以输配电价格管制模型为依据，通过数据包络分析受管制公司的相对效率及不同管制阶段的相对效率转化等内容。

2. 成品油市场价格

对中国成品油市场结构和价格水平进行研究的文献主要集中在对价格管制方法和对价格改革方式（周若洪，2001；董秀成，2005；史丹，2006；赵盛伟，2007；纪瑶，高新伟，2014）的探讨。周若洪（2001）将日本、韩国两国作为对比对象，分别阐述了两个国家的石油定价机制形成史。刘颖（2012）研究了20世纪70年代美国的石油价格管制情况。仰炬等（2009）在研究过程中收集了多个国家的成品油政府管制情况，利用协整理论分析了美国、日本、墨西哥等国外原油市场和我国燃料油市场间的相互关系，认为成品油定价机制中的原油成本法具备较高的合理性。

成品油管制效果方面的研究，主要是对现阶段成品油价格管制效果的评价和管制原因的讨论。汪立等（2007）使用 Agent 技术探究了中国成品油市场特点，发现在政府放松价格管制的前提下，如果价格敏感度增大，则不会对价格均值以及行业利润造成严重影响。李姝（2008）认为价格管制不利于石油价格形成机制的发展，因为该行为会对资源有效分配造成负面影响。李永波（2010）以我国成品油市场管制情况为切入点，发现政府适当调节数量税后，可实现成品油市场的古诺均衡。张红宝和唐要家（2010）测算了石油行业的垄断利润和社会福利损失，并计算出价格管制产生的社会总成本，发现价格管制已对国家与社会造成严重的负面影响，甚至产生了巨大的社会成本。周末等（2015）在计算我国三大石油企业的垄断利润时，运用了新实证产业组织理论中的垄断测度方法和财务分析方法，得出部分企业通过垄断获取了超额利润的结论。

目前，针对成品油价格形成机制的文献主要集中在价格影响因素、成品油价格与宏观经济的关系等方面。研究过程中，学者普遍选择用系统解释结构模型（ISM 模型）来分析成品油价格影响因素（余晓钟，张明泉，2001；余晓钟，2002；余晓钟，2003；赵帅，李学工，2017），得到的结论大致相似。例如，王德耀（2012）研究该领域后，总结出影响成品油价格的表层因素有国际成品油油价、行业竞争情况、成品油供给因素、需求因素等；而深层次的影响因素关乎宏观条件，如国家环境保护有关政策、政局原油储备体制、燃油附加税、成品油净进口量、走私贩运成品油；此外，替代能源因素、国际贸易依存度这两大因素也与之相关；但导致成品油价格浮动的根本原因是原油价格。张新伟和彭昕杰（2018）通过构建 VAR 模型得出以下结论：国际原油价格对成品油价格造成的影响最大，其次为国家宏观经济形势、国内物价水平以及相关税费的变化。

表 2 - 3 是对相关文献的简单归类总结，综合现有的文献研究，价格管制、市场结构与价格形成的主要观点如下：第一，对自然垄断行业的价格管制以投资回报率管制（成本加成）和最高限价管制（RPI - X）为主，但最高限价管制应用较广，且具有相对优势。第二，最高限价管制的自然垄断行业中，会出现价格偏离现象，其中市场竞争加强、监管方式灵活性不足、监管主体选择不合适等是出现价格偏离的主要原因。第三，影响自然垄断行业产品价格的因素主要包括市场势力、范围经济以及需求成本等。第四，成品油价格形成与其成本和市场势力紧密相关，市场势力可以在一定程度上影响企业的成本，因此竞争性越强的市场价格的变动越频繁。概括起来，已有研究的特点如下：第一，对价格管制方法的探讨较多，大多研究采用实证分析的方式分析不同管制情况下的价格形成，对市场结构影响价格形成的观点较为一致；第二，对管制下的成品油市场价格影响因素研究较少，特别是类似中国的寡头市场的管制效果或管制政策有效性的研究；第三，柴油市场与汽油市场存在一定的差异，对柴油市场结构与价格的关系鲜有研究。

表 2 - 3 价格管制与油品市场文献归类

研究点	具体分类	主要内容	典型文献
价格管制	管制原因	政府通过管制来防止垄断企业获取过高利润损害社会福利	Parker & Kirkpatrick（2012）；Armstrong & Sappington（2006）
	管制方法	各国的管制方式逐渐从成本回报管制转向最高限价管制	Abbott（1995）；Kearney & Favotto（1994）；Contin et al.（1999）；Sappington & Sibley（1992）；Corchón & Marcos（2012）；Shajarizadeh & Hollis（2015）
	管制的问题	最高限价管制存在各种问题	Helm & Thompson（1991）；Flores（2005）；Engelmann & Müller（2011）；Sen et al.（2011）；Bernstein & Sappington（1999）
市场与价格	市场结构	市场结构影响价格水平	Cowling & Waterson（1976）；Ellickson et al.（2016）；Bernstein & Sappington（1999）；Ritz（2014）；Almoguera et al.（2011）；Kverndokk & Rosendahl（2013）
	其他影响因素	范围经济和供求成本影响价格水平	Knittel（2003）；Hong & Li（2017）；Oliver（2015）；Ritz（2014）
成品油价格	价格形成的影响因素	成品油价格影响因素的分析	Tabaghdehi（2018）；Yilmazkuday & Yilmazkuday（2016）；Hastings & Gilbert（2005）
	消费者角度分析	从消费者角度对成品油市场价格和市场竞争进行分析	Byrne & Roos（2017）；Chandra & Tappata（2011）；Buenestado（2016）；Sun et al.（2016）
国内市场	价格改革	价格改革历程与政府管制	杨艳（2000）；王俊豪（2001a）；董大敏（2006）；沈毅（2003）；赵会茹等（2004）
	成品油价格	对中国成品油市场结构和价格水平的研究	周若洪（2001）；汪立等（2007）；张红宝和唐要家（2010）；王德耀（2012）；张新伟和彭昕杰（2018）

2.3　油品市场政策及其效果相关研究

2.3.1　国外研究

1. 国际油价以及成品油价格波动

关于国际油价波动的成因和影响，已经有大量的学者进行了研究。近年来，受到各种新因素的影响，研究的广度深度正在逐步拓展。冈特（Güntner，2014）分析了 1975—2011 年国际石油生产国对需求引起的原油价格变化的反应，重点分析了 OPEC 成员国和非 OPEC 成员国之间的潜在差异，发现 OPEC 成员国在投机性需求冲击的影响下缩减了产量，而非 OPEC 成员国的产量则显著扩大。

对成品油价波动的研究文献较为丰富。有研究观察到在成品油市场上，价格总是上升较快，下降较慢，托帕（Tappata，2009）等将这种现象称为"火箭与羽毛"现象，即对于正向冲击反应更加迅速，对负向冲击反应更加迟缓，同时这一过程呈现出一定的周期。伯恩斯坦等（Borenstein et al.，1997）开展了具有开创性的工作，从零售角度发现并证实了这一现象，并将这一现象解释为由市场力量（Market Power）和默契合谋（Tacit Collusion）导致的，这个结论引起了广泛的争议。有一些学者同样证实了这种现象的存在，但是并不赞成伯恩斯坦（Borenstein）的解释（Deltas，2007；Yang，Ye，2008）。

受到石油战略属性以及商品属性的影响，国际油价对宏观经济以及价格水平都有着重要的影响。大量的文献对国际油价的影响作用进行了分析，主要分为三个方面：一是国际油价对宏观经济运行的影响。平迪克（Pindyck，1980）认为世界能源价格的上涨以两种不同的方式给美国带来了宏观经济成本：与潜在实际国民收入下降相对应的成本，可以被视为能源价格上涨的"直接"成本；不断上涨的能源价格直接导致的通货膨胀，是能源价格上涨的"间接"成本。二是国际油价变化对各国政策的影响。阿利（Alley，2016）考察了石油价格波动与经合组织财政政策（以初级财政平衡为代表）反应之间的关系，发现经合组织的财政政策是受石油价格波动驱动的。三是国际油价的传导问题。

2. 油品市场的政策影响分析

（1）暴利税。有学者研究了美国 1980—1988 年实行的关于原油的暴利税，对其带来的问题进行了归纳整理，主要有三个方面：一是暴利税整体收入不及预期，征收暴利税以后石油行业的所得税收入减少，导致净暴利税收入只有 400 亿美元左右，大大低于预测值。二是降低了美国国内石油产量，国内产量降低了 3% ~ 6%，而进口量增加了 8% ~ 16%，对外依存度显著提高。三是暴利税阻止了许多小型独立石油生产商、特许权所有者以及石油生产的州享受油价上涨带来的好处。有学者研究了对储蓄者和股东征收暴利税而对经济产生的影响，发现对美国国内石油公司征收暴利税产生了多种不利影响：一是税收收入低于预期；二是美国国内石油产量平均每年减少 1 亿桶，进口量增大；三是石油公司股票的股东平均每年损失 213 亿 ~ 1219 亿美元，占 2010 年石油公司股票总预期价值的 2.7% ~ 10.9%；四是对养老金计划和退休账户的预期收益带来不利影响。拉扎里（Lazzari，2006）研究认为，为了避免暴利税带来的不良后果，可能的解决方案是对原油生产商上游业务征收企业所得税附加税，一方面以较少的不利经济影响收回所获暴利；另一方面不会导致进口增加，因为国内生产将保持不变。但是从长远来看，这种税是对资本征税，降低了回报率，从而减少了石油行业的资本供应。

（2）消费税。乔伊纳德和佩洛夫（Chouinard，Perloff，2004）研究了汽油消费税对消费者的影响，发现美国联邦特定汽油税对消费者和批发商的影响一致，各州的特定税收完全由消费者承担；在相对较少使用汽油的州，消费者承担的州税更高。皮赫莱尔和波海姆（Pichler，Böheim，2013）研究认为，在零售汽油行业中，随着需求弹性的降低，消费税会增加企业的市场影响力。为了避免这种市场力量效应，建议对汽油征收"弹性增值税"。有学者引入了随机效应变系数模型检验石油税的价格效应，实证结果显示，主要石油进口国的国内石油税由国际市场和国内市场共同承担，国际市场包括进口国的石油公司和消费者（Sun et al.，2013）。然而，石油税对国内消费价格的影响可能存在差异，在美国的影响相对较弱，而在欧盟和日本的影响则较强。贾科莫等（Giacomo et al.，2015）分析了欧洲背景下的消费税转嫁和成本转移，对基于特定税收的稳定机制如法国的"TIPP flottante"效果进行了分析，发现降低燃油税对稳定消费者价格是有效的，但对公共预算来说特别昂贵。

（3）其他政策。奥尔森（Olsen，1984）研究了1971—1980年美国对石油工业的监管限制，虽然其主要目的是保护消费者免受高油价的影响，但同时产生了其他重要影响：一是提高了全球石油价格，二是导致了事实上的价格歧视，使美国的石油价格高于世界其他国家。艾耶米和斯克里纳（Iwayemi，Skriner，1988）发现取消对石油进口的限制，以及取消对国内炼油商的补贴（由于取消了补贴计划），都促进了美国石油市场的竞争；美元升值和美国的石油去管制政策是后管制时期美国汽油进口份额增加的主要决定因素。布朗等（Brown et al.，2008）研究了在《美国清洁空气法》规定提高汽油质量标准后，该调控对汽油批发价格和价格波动的影响。研究发现受监管的大都市地区汽油的价格平均每加仑上涨3美分，但不同监管市场的价格效应相差8美分/加仑，且不同市场之间的异质性与监管要求不连续所造成的地理隔离程度有关。齐默尔曼和卡尔森（Zimmerman，Carlson，2012）从"进口市场约束"的角度讨论了进出口政策对市场价格的影响。奥布拉多维茨（Obradovits，2014）研究了"禁止提价超过一次"政策对奥地利汽油市场的影响，发现政策会使企业临时扭曲价格，最终减少消费者盈余。有学者研究了中国成品油市场中"价格下限"政策的影响，认为"价格下限"可能是一种发展战略，在避免直接补贴国内寡头负面形象的同时，实现石油独立（Ding，2016）。

（4）也有文献对"国有企业"的特征以及效率进行了研究。一种观点认为，国有企业是一种特殊的企业组织形式，其行为方式与一般的企业有所差别，但并不能说明其效率低下。有学者将国有企业作为主流（而非特殊或边缘）组织形式纳入企业理论（Peng et al.，2016）。

2.3.2 国内研究

近年来，随着中国经济结构的变化以及相关政策的出台，中国的成品油市场出现了一些新的特点，有文献对该类特点进行了分析。从需求方面来看，主要是随着经济结构变化、整体增速的放缓以及结构性的变化。曹静和谢阳（2011）综合了1999—2007年我国人均柴油需求弹性，就综合数据而言，可总结出柴油税对提高柴油使用效率的激励效率短期较低。此外，短期柴油需求弹性也呈持续走低的发展趋势。李振光和袁建团（2015）研究了近年来柴油需求的变化，认为其增速放缓的主要原因包括工业生产和投资增速快速下滑、天然气替代车用柴油比例增大、隐性资源增多三个方面。殷旅江等（2015）从方法方面对汽油柴需求预测进行了研究，提出了主成分分析法及支持向量机方法。仇玄等（2017）研究认为未来成品油需求速度缓慢将成为常态，消费结构将持续下降趋势，替代能源快速发展，零售领域成为竞争重点。曹静和胡文皓（2018）估计了中国城镇家庭汽油需求弹性，认为开征燃油税可以有效地改变人们驾车与消费燃油的行为。就价格而言，学者们除了研究价格机制外，还针对成品油价格波动、成品油价格、原油价格三个领域进行了深入研究。魏巍贤和林伯强（2007）以国内外油价为切入点，分析与之相关的波动性及相互关系，发现国内外油价的波动性具备以下特征：聚焦性、风险溢出效应、持续性。当国际油价波动时，国内油价也会随之波动，二者为导向关系。简单而言，两个市场油价虽长期协整但短期波动相异。

中石油、中石化、中海油是油品市场的竞争主体，它们均为纵向一体化企业，有学者针对国有企业的特征效率加以分析后，总结出早年间国有企业的实况，如马建堂（1992）就以国有企业为研究对象，通过实证分析企业的行为目标，总结出以下三大特征：利润为最主要目标，企业成长为次要目标，职工收入增加为第三目标。刘迎秋（1993）整理私人企业的定义及相关文献，分析国有企业、私有企业的特点，提出了国有企业具有企业行为目标的双重性、企业承包人与企业职工行为目标函数的不对称性、企业经营动力的有限性三个特征。肖兴志和王建林（2011）的研究重点是国有企业、非国有企业的研发行为，研究发现国有企业研发的积极性与科技资助经费关系不大，非国有企业反之；无论国有企业或非国有企业，研发效率没有明显区别，且均可通过增加行业内企业数量，提高研发投入与产出。刘小玄和杜君（2018）建立了国有企业的行为模型并分析其扩张行为，发现国有企业持续超常的规模扩张是在长期高额负债率和利润率显著低下的基础上实现的。具体到石油行业，民营企业主要参与炼化、成品油批发以及加油站零售等环节的竞争，在资源方面不具有优势，但是在灵活性、制度性方面具有优势。有文献对成品油行业的民营企业及其环境提出了策略建议。施义民（2014）对民营企业参与成品油市场竞争的机遇进行了分析，认为在成品油价格市场化趋势下，民营企业能够更好地参与成品油市场竞争。

中国成品油市场的相关政策较多，有文献对不同政策的影响进行了分析。整体来看，成品油市场竞争发展是在逐步多元化、市场化的，在成品油价格改革以外，政府也出台了多项政策对成品油市场进行调节。综合而言，主要有以下几个研究方向：一是石油特别收益金政策所造成的影响与效果。张艺和王小芳（2009）分析英美两国政策效果，发现就可耗竭资源征收的特别收益金可能导致意外利润的损失或获得。罗佐县（2011）优化了石油特别收益金起征点的计算方式。葛万生（2012）则分别对比了国内外征缴石油特别收益金情况，认为中国石油特别收益金政策促进了税收体制、能源价格体制、社会保障体制、收入分配等经济体制的发展。陈建荣等（2012）则以我国石油特别收益金政策的现状为出发点，提出可视情况提高起征点、针对实况落实差别化征收以及调整使用方向等建议。二是对成品油消费税相关政策的研究。高宇等（2016）通过构建一般均衡模型，对成品油消费税上涨 2% 和 4% 两种情景进行了仿真模拟，研究发现，提高成品油消费税会导致 GDP、CPI、污染、能源消费结构、化石能源的消费总量、重工业和交通运输业的价格和产出出现较大变化。杨德天和王丹舟（2016）应用 CGE 模型研究了成品油消费税上调对经济影响的效果，发现政策调整不会对经济造成太大影响，但可推动新能源产业发展，提高能源转型升级的成功率。黄春元（2017）对成品油消费税的经济效应进行了实证分析，发现汽油征税与柴油征税虽然均可抑制能源消费，但在效果上有一定差异。三是与原油进口权、进口原油使用权放开政策相关的研究。我国的油品贸易主要包括原油贸易和成品油贸易，一直都主要掌握在国有企业的手中，原油进口权、进口原油使用权向民营企业开放已造成巨大影响（黄健柏 等，2007；高新伟 等，2015；李军，张丰胜，2016）。张一清和姜鑫民（2016）认为合理放开原油进口使用权，对石油石化行业的升级转型有一定帮助，可有效提高中国整体炼油效率，达到控制炼油成本的目的。张福琴（2016）认为两权放开将造成以下影响：改善民营炼厂的原料结构和产品质量，炼油行业淘汰落后产能取得阶段性成果；有利于能源安全，实现战略储备以外的社会油库利用率提升；使民营企业、国有企业、外资企业权利与利益再分配。张蕾（2017）通过实证研究发现，两权放开以后，随着第三方原油进口量的增加，国内成品油批发价格溢价受到第三方原油进口量的负向影响，进口越多溢价越少。四是研究与成品油批发零售经营资质相关的政策所造成的影响。周红霞（2006）研究了外资首次进入我国成品油销售行业的影响和应对之策，2005 年 12 月批发市场向外资开放，零售则要求外资企业必须采取合资形式进入中国内市场，这对中国的成品油行业竞争态势和市场结构有所影响，主要是对行业寡头垄断的格局有所冲击，亦可推动成品油销售行业向市场化、多元化发展。近年来，我国成品油销售的政策变动频繁，2018年，相关部门不再限制油品零售领域对加油站外资的准入行为，杨晶和刘小丽（2019），丁少恒和魏卓群（2018），冯晓丽等（2019）认为这一政策变化标志着我国成品油市场无歧视准入制度基本确立，石油产业终端消费环节全面对外开放，进而推动行业转型升级、优化产业经营管理模式，促进石油产业链各环节价格的市场化进程。

表2-4是对油品市场政策及效果评价相关文献的归类总结，已有文献对油品市场政策及价格研究的主要观点如下：第一，国际油价波动将直接影响国内油价。同时，宏观环境、政策因素等也会导致成品油价格波动，且不对称为常态。第二，国际油价对各经济体的影响较大，主要包括对宏观经济运行、经济调控政策、股票市场及国内油品市场的影响。第三，中国的成品油市场受到供给需求、政策环境等多方面的影响，其中价格政策、税收政策、进出口政策、市场准入政策等都是重要的影响因素。已有研究的特点如下：第一，对价格问题的研究较多，大多研究采用实证分析的方式，以时间序列和面板数据研究为主；第二，学者们在研究中国成品油市场时，普遍选择定性研究，并无太多具体量化分析数据；第三，政策分析从行业角度切入较多，较少涉及经济理论和相关产业的实证方法，对成品油行业量化政策效果的评估鲜有研究。

表2-4 油品市场政策及效果评价文献归类

研究点	具体分类	主要内容	典型文献
油价波动	国际油价	国际油价波动的分析、原因、影响因素以及与宏观经济的关系	Coleman（2012）；Güntner（2014）；Wang et al.（2015）；Zhang & Zhang（2018）；Pindyck（1980）；Bouri（2015）
	成品油价	成品油价格波动的不对称性；波动的影响因素以及与宏观经济的关系	Tappata（2009）；Borenstein et al.（1997）；Brewer et al.（2014）；Chesnes（2016）；Bachmeier & Griffin（2003）；Chouinard & Perloff（2004）

续表

研究点	具体分类	主要内容	典型文献
政策影响	暴利税	原油暴利税及其他行业征收的暴利税的出台原因、背景及主要影响	Shapiro & Pham（2005）；Lazzari（2006）
	消费税	成品油消费税对消费者、企业及经济运行带来的影响	Chouinard & Perloff（2004）；Pichler & Böheim（2013）；Sun et al.（2013）；Giacomo et al.（2015）
政策影响	其他政策	监管限制、补贴政策、环保政策等对市场带来的影响；国有企业效率的分析	Olsen（1984）；Iwayemi & Skriner（1988）；Brown et al.（2008）；Zimmerman & Carlson（2012）；Obradovits（2014）；Peng et al.（2016）
国内研究	能源改革	成品油需求弹性估计、需求供给变化等	曹静和谢阳（2011）；李振光和袁建团（2015）；殷旅江等（2015）；仇玄等（2017）；曹静和胡文皓（2018）
	国有企业	国有企业的效率分析、竞争特点分析；民营企业参与成品油市场竞争的特点分析	马建堂（1992）；刘迎秋（1993）；刘小玄（1998）；肖兴志和王建林（2011）；施义民（2014）
	市场政策	成品油市场相关政策的影响、与宏观经济的相关关系	张艺和王小芳（2009）；葛万生（2012）；高宇等（2016）

2.4　本章小结

　　本章对国内外研究成品油市场厂商博弈和竞争策略以及政策分析的相关文献进行了梳理。在研究市场博弈、价格管制、油品市场的文献中，国外研究更多偏重于理论分析，同时在实证研究中也多有涉及。主要包括以下三个方面：第一，市场博弈主要以寡头市场竞争理论为主线，根据不同市场的情况逐步完善理论模型，在竞争模式、博弈合谋等多个方面衍生出多种推演模型；在理论模型拓展基础上的实证分析多以行业实证和推演为主，方法涉及统计、计量、运筹、系统等多种类型。第二，价格管制与市场价格的讨论主要针对自然垄断行业中的定价方式优劣。一方面，价格管制会出现失灵的情况，且其原因较为多样；另一方面，市场结构的变化会对平均价格水平有所影响是造成最高限价失灵的重要原因。第三，对油品市场价格及政策的讨论，大部分集中在对国际石油价格的变化、波动、对各经济体的影响以及成品油价格的不对称波动方面，研究主要采用的是实证分析法，且用到计量、统计等多种模型。整体来看，国外文献涉及的研究内容较为广泛，理论研究扎实，分析技术较为前沿，对博弈、监管、价格波动等各方面的研究均比较深入。但是，对成品油市场寡头之间策略博弈的实证文献及对最高限价管制效果评价的文献相对偏少，主要是受到数据来源的限制，更多偏重于理论模型分析和对其他行业的实证研究。

与之相比，在国内成品油市场方面的研究成果明显更充实。已有文献主要分为三类：一是对我国油品市场双寡头特点的理论模型推导，包括对炼化及终端市场的博弈策略分析。二是对中国成品油价格改革以及相关政策的分析，包括改革历程及各个阶段所产生的积极影响和可能的负面效应。三是对中国成品油市场特点及相关政策的分析，如石油特别收益金、原油进口权放开、消费税等对石油市场的影响。相关文献包括理论推导、实证分析、国外借鉴及政策分析等多方面的讨论，涵盖范围广泛。研究内容虽然繁杂，但局限性也较为明显：一方面，理论和实证之间的联系不够紧密，理论推导未做深入研究，在解释性上略有不足；实证分析在挖掘变量之间的相互关系方面有待深入，且和理论结合的紧密性不够。另一方面，对政策的分析多为行业视角的解读，缺乏深入的学术研究，以定性分析为主，缺乏量化验证。

在研究厂商或者企业策略行为的国外文献中，在理论模型和实证分析方面都较为深入，对成品油行业的研究也有所涉及。理论方面，寡头市场的基本博弈模型及其衍生模型已经形成一系列经典的理论；实证方面，相关模型基本上都经过实际的行业数据或者推演数据的验证，特别是对 KS 两阶段博弈竞争模型的产能约束分析也经过了一些行业的实证验证。对比之下，更凸显了国内研究在实证研究方面的不足。同时，在具体针对中国石油市场的政策方面，国内外相关研究均不够深入。

第 3 章

中国的石油市场

随着中国经济高速发展，生产力不断提高，石油消耗量也逐年递增。从全球化的视角来看，作为世界石油的主要需求市场，中国石油市场的转型和改革对世界石油市场的生产、贸易、价格等方面有着非常重要的推动作用。石油是中国最主要的进口能源产品，石油禀赋资源匮乏导致中国在世界石油市场中的话语权不足，容易受到相关风险因素的影响，能源供应、价格波动、贸易运输等都可能影响中国的能源安全。从产业链角度来看，从石油的勘探生产到最终成品油以及化工产品的消费需要经过多个环节，涉及不同局部经济领域，相关政策影响方式以及影响作用也不尽相同。本章是对中国石油市场的基本描述和分析，从石油生产、石油消费、成品油炼化、成品油管制价格与实际价格、成品油批发和零售等方面呈现中国石油市场现状，并对石油市场发展的历史和相关政策进行总结梳理。

3.1 油品生产

在原油储量方面，截至 2016 年，中国已探明原油储量为 256.6 亿桶，占全球原油储量的 1.5%。随着石油勘探技术的发展，世界已探明的原油储量逐渐增长，但是受资源禀赋及我国地质构成特殊性的影响，中国已探明原油储量基本保持稳定。在原油产量方面，2016 年，中国原油产量约 2.0 亿吨；OPEC 成员国仍然是主要的原油生产国，2016 年产量约为 18.6 亿吨。从份额及其变化上来看，近十年以来美国原油产量占全球份额增长明显，主要原因是页岩油技术突破带来的原油供给增长。

通过分析能源生产总量可以发现，各种能源的需求量都在增长，因此能源生产量也在不断增加，其中原煤仍然占据我国能源结构主导地位，其次是电力及石油。从能源生产角度来看，2016 年中国原油产量在能源产量中占8.2%。多年来原油在能源生产总量中的占比一直在持续下降，1988 年以前原油生产总量占能源生产总量的比例在 20% 以上，之后逐步下降，到 2008 年以后，该比例下降到 10% 以下。

中国原油开采的固定资产投入量从 2003 年以后逐年上升，2014 年达到最大投资规模 4023 亿元，之后受到国际油价回落的影响，整体投资规模有所缩小，2016 年固定资产投资为 2331 亿元。从原油开采的产能变化情况来看，整体新增产能为上升趋势，中间略有波动；其中 2015 年原油开采产能增加 3666 万吨，为产能增长最高的年份。

从原油进口情况来看❶，我国原油进口量在世界原油贸易中所占比例不断增加，是重要的原油进口国。2010 年我国原油进口量占全球总量的比例超过 10%，其后继续增加。2016 年中国原油进口量达到 9216 千桶/天，在全球原油进口总量中所占比例高达 14.1%，其占比较 1994 年增加了 12.7 个百分点。2016 年当年美国、欧洲、日本、印度的原油进口量分别是 10 056 千桶/天、14 188 千桶/天、4179 千桶/天、4877 千桶/天，在世界原油进口总量中的占比分别为 15.4%、21.7%、6.4% 和 7.5%。

中国的原油进口集中程度偏高，以 OPEC 成员国的原油进口为主。从 2010 年以来，中国从 OPEC 成员国进口的原油占比略有下降，2017 年从 OPEC 成员国进口的原油量占进口总量的 54%，较 2010 年减少 8 个百分点；中国的进口国家集中在沙特、伊朗、安哥拉、委内瑞拉等。OPEC 成员国以外原油进口地区主要是阿曼、俄罗斯、巴西、北美等，2017 年阿曼、俄罗斯、巴西等国家出口的原油量分别达到 3101 万吨、5970 万吨和 2308 万吨。

从炼化资金投入增长情况来看，中国石油及炼焦加工业领域的资金投入增长速度较快。石油及炼焦加工业领域的资金投入于 2014 年达到顶峰，当年总投入金额达到 3208 亿元，几乎是 2004 年投资额的 5 倍；之后随着国内经济结果调整和供给侧改革，年度投资额有所减少。同样，国内的炼油产能逐年增加，整体增长情况较为平稳，并于 2014 年达到最大炼化能力 14 534 千桶/天，随后炼油能力整体数量有所回落。从世界炼油能力发展情况来看，2016 年中国炼油产能在世界各国排名第 2，仅次于美国的 18 621 千桶/天。另从增加情况的相关数据对比来看，近 11 年中国炼油产能增加最快，2016 年比 2006 年增加了 66.6%，其次为印度，增加了 60.9%，而 2016 年排名分别为第 5 和第 9 的日本、德国，炼油产能较 2006 年下降了 21.5% 和 15.3%。

从成品油产量变化情况来看，汽柴油生产总量持续增加。2017 年汽油产量为 1.3 亿吨，同比增长 3%，和近年来增速最快的 2014 年相比，下降 9 个百分点；柴油产量为 1.8 亿吨，同比增加 2%，和近年来增速较快的 2010 年

---

❶ 我国的成品油进口受政策限制较多，进口量整体较少，本书不对成品油的进口做单独分析。

相比，下降10个百分点。由于汽油和柴油在用途以及炼化工艺方面的差异，其产量结构也出现了一定的变化：2009年之前柴油产量同比增长高于汽油产量，之后柴油产量同比增速放缓，汽油产量同比增速加快。

从汽油和柴油产量的结构变化情况来看，2004年以后成品油产量的柴汽比❶保持在2.0左右；2012年以后产量柴汽比持续下降，到2017年产量柴汽比为1.38，较2012年下降了0.52。

从成品油产量分布的情况来看，尽管中国炼化产能充足，汽柴油产量丰富，但是其生产的区域分布均衡性不足。2017年，汽油生产总量较多的省份为黑龙江、山东、辽宁、江苏、陕西、广东，汽油产量之和占全国汽油产量的55%。2017年柴油生产大部分聚集在山东、辽宁、广东、新疆、江苏5个省（自治区），占全国柴油产量的比例达到56%。而山西、西藏、重庆、云南、贵州等省（自治区、直辖市）没有汽油和柴油生产。

综上所述，中国的油品生产存在现状为"一个风险点，两个变化趋势"。一方面，被"贫油少气"的资源禀赋所制约，中国油气资源一直以来都是"供不应求"的状态。改革开放前，油气缺乏进口来源，资源短缺明显；改革开放后，随着中国经济飞速增长，油气资源大量消耗，我国对油气资源的依赖度大幅度提升，供不应求现象愈加明显。而随着我国石油产量的增速逐年下降，在没有明显技术进步（特别是海上油田开发技术）的前提下，国内石油产量增速落后于经济发展需求增速，巨量的原油消费缺口只有通过进口弥补❷，中国石油产业对外依存度维持在70%左右。因此，从原油的进口情况来看，依然存在一定的风险：一是进口集中度高，来源地稳定性不足。中国原油进口大部分来自中东、非洲、美洲、中亚、俄罗斯等地区和国家。中东在石油市场中占有举足轻重的地位，但中东国家石油产业改革更加偏向于中下游，极有可能减少原油的出口而转向石油产品的生产和出口；美洲石油基本处于美国控制之下，从该地区获取石油供应的难度较大；非洲已成为全球争夺的重要石油产区，但中国企业在非洲的投资合作更多地偏向参与开发并直接在本地消化油气资源，直接进口难度较大；俄罗斯及中亚地区较有潜力，但获得稳定油气供给要求较高。二是石油运输渠道集中，安全系数低。目前中国90%的石油进口依靠海运，运输咽喉要道是波斯湾、霍尔木兹海峡、苏

---

❶ 柴汽比：即柴油量除以汽油量得到的比值，是成品油行业内用于衡量油品结构的重要指标。

❷ 张勤，杨孝青．我国石油供应现状及其安全战略体系构建 [J]．经济前沿，2008 (5)：

伊士运河、马六甲海峡、巴拿马运河等。这些通道一旦线路被封锁，会对中国的石油运输产生重大破坏。另一方面，由于我国政策长期对炼化行业的支持，我国炼化产能位居世界第二位，国内的成品油产量较为充足。随着经济增速的逐步放缓和经济解决的优化，国内成品油生产的总体趋势为：总量增速继续放缓，汽柴油结构出现较为明显的变化，生产柴汽比将继续下降并在一段时间内保持稳定。政策方面，"完善油气进出口管理体制，提升国际国内资源利用能力和市场风险防范能力。建立以规范的资质管理为主的原油进口动态管理制度""深化下游竞争性环节改革，提升优质油气产品生产供应能力"❶ 等改革方向的提出也是油气改革的重要趋势。

3.2　油品消费

现如今，中国石油消费量在全球各国中位居前列。2016 年，中国的石油消费量达到 5.8 亿吨，占全球石油消费量的 13.1%，仅低于美国的 19.5%；第三、第四大石油消费国印度和日本的份额分别为 4.8% 和 4.2%。近年来，中国石油消费量持续增加，在 2002 年之后超越日本，进入快速增长阶段。从中国石油消费量占全球消费总量的比例来看，从 2009 年开始，中国石油消费占全世界消费总量的比例超过 10.0%。

美国石油消费量在全球的占比在 1990 年达到 24.4% 并基本保持至 2000年，此后逐步下降，到 2016 年占比为 19.5%。日本的整体规律与美国相似，与此同时中国、印度等发展中国家的石油消费量仍持续增长。中国石油消费量占全球石油总消费量的比例在 1990—2016 年升高了 9.5 个百分点，于 2010年超过全球石油消费量的 10.0%。

中国石油消费在能源消费总量中的份额整体保持稳定。2016 年，石油在中国能源消费总量中的占比达到 18.3%，在 2000 年达到峰值 22.0%，之后下降到 2009 年的 16.4%；之后略有回升。从石油的消费量上看，整体保持稳定的增长趋势，2010 年中国石油消费同比增长 13.8%，消费量超过 60 000 万吨

❶　中华人民共和国中央人民政府. 中共中央 国务院印发《关于深化石油天然气体制改革的若干意见》[EB/OL]. (2017 - 05 - 21) [2018 - 05 - 20]. http：//www. gov. cn/zhengce/2017 - 05/21/content_5195683. htm? gs_ws = tsina_636312136803880184.

标准煤；其后石油消费逐步下降，每年增速保持在 5.0% 左右；2016 年当年石油消费同比增长 1.4%。

中国成品油（汽煤柴合计）生产量与消费量之间的供需变化经历了从平衡到过剩的变化。2008 年之前，我国成品油产需基本一致，整体走势趋同；2008 年出现了较为明显的供给缺口，主要是当年投资增速较快，成品油需求出现大幅度上升，成品油供需缺口达 671 万吨。2008 年以后，成品油产量大于表观消费量，但资源过剩情况并不明显，整体保持平稳；2014 年以后，资源过剩情况逐步明显，成品油年度产量较表观消费量多出 1000 万吨以上，2017 年成品油产量较表观消费量多出 3638 万吨。近年来成品油产量过剩现象出现的原因有两个方面：一是成品油炼化产能扩张较快，且前期投资逐步发挥作用；二是由于经济结构调整，中国 GDP 增速略有减缓，成品油消费增长随之有减缓趋势。

从原油消费行业区分来看，原油主要消费行业与成品油存在较大差异。作为基本原料和能源投资品，原油主要用于炼制终端产品。石油加工、炼焦及核燃料加工业使用了原油的绝大部分，其他原油则主要用于石油和天然气开采、能源生产供应等行业。从原油消费行业占比的情况来看，将原油作为中间原料的特点渐趋明显：2000 年以前用于炼化的原油消费只有 70% 左右，到 2016 年用于炼化的原油消费已经达到了 91.6%。从原油的整体消费水平来看，其消费量逐步增长，2016 年全国原油消费量是 1995 年的 3.7 倍。作为成品油的典型代表，汽油和柴油消费大部分用于终端消费，其中交通运输行业是汽柴油消费主体行业。从汽油消费来看，交通运输和批发零售是其主要消费行业，且其结构也随着经济发展有所变化：2016 年用于交通运输、仓储和邮政业的汽油消费量占比达到 46.4%，较 1995 年提升 12.6 个百分点，较 2005 年减少 4.7 个百分点；2016 年用于批发、零售业和住宿、餐饮业的汽油消费量占比为 25.0%，较 1995 年上升 22.8 个百分点，较 2005 年增加 14.2 个百分点。从汽油消费总量情况来看，2016 年全年汽油消费量 11 866 万吨，是 1995 年汽油消费量的 4.1 倍。从柴油消费来看，除了用于交通运输、仓储和邮政业外，在农、林、牧等行业和建筑业的消费占比也较高，这与汽油消费终端的应用存在一定差异。从柴油行业消费量的占比变化情况来看，2016 年用于交通运输、仓储和邮政业的柴油消费量占比为 65.7%，较 1995 年上升 36.9 个百分点，较 2005 年上升 12.0 个百分点；用于农、林、牧、渔、水利业的柴油消费量所占比例大致保持平稳，保持在 10.0% 左右；制造业柴油消

费量占比存在下降趋势，2016 年制造业柴油消费量 918 万吨，占比为 5.4%，
与 1995 年相比，该数值降低了 11.3 个百分点；与 2005 年相比，降低了 5.7
个百分点。从柴油消费总量的变化情况来看，整体保持稳定增长，2016 年全
国柴油消费量 16 839 万吨，是 1995 年柴油消费量的 3.9 倍。

　　从成品油消费的地区分布情况来看，其受经济发展情况的影响较为明显。
中国主要的汽油消费区域在华东、华中以及沿海等相关地区，2016 年广东、
江苏、浙江三省的汽油消费量分别是 1502 万吨、1012 万吨和 797 万吨，占全
国消费量的比重达到 10.5%、7.1% 和 5.6%，排在全部地区的前三名。同时，
上海、山东、辽宁、河南、湖北、四川等地的汽油消费量占比也较高。柴油
的主要消费区域与汽油基本一致，集中在沿海及华东、华中地区。2016 年柴
油消费量较大的省份有广东、山东、辽宁，其柴油消费量分别是 1676 万吨、
1369 万吨和 1009 万吨，占全国柴油消费的比例达到 9.3%、7.6% 和 5.6%。
同时，浙江、辽宁、湖北等地的柴油消费量占比较大。整体来看，成品油生
产和成品油消费也存在一定的地域差别，特别是西北、东北地区汽柴油产量
大而消费量少，这也会对成品油输送管道建设以及运输行业带来一定的压力
和挑战。

　　考虑到中国石油产品对外依存度较高，在供给和价格方面存在一定的安
全风险，石油被替代的空间有限。从成品油消费的行业结构看，交通运输仍
然是主要的消费部门，但是也受到来自各种替代燃料的影响，增长速度将有
所放缓。主要的替代燃料来自两个方面：一是车用天然气（CNG、LNG），
2014 年，国家发展和改革委员会下发文件要求非居民用存量气价格提高 0.4
元/立方米，鼓励各地政府对公交、出租等车辆发放补贴。受天然气价格上
涨、油价降低的影响，车用天然气优惠空间缩窄，天然气汽车保有量增速开
始减缓。二是电动力汽车，国家采取"财政补贴、税收优惠、政府采购、约
束政策和电价杠杆"等措施力推新能源汽车。此外，燃料乙醇、燃料甲醇、
生物柴油、煤制油等替代燃料也在一定程度上对目前的汽柴油消费存在替代
作用，但由于原料来源、成本等方面的影响，整体的替代量短期内不会出现
明显变化。

　　从油品的消费结构来看，消费柴汽比是衡量成品油消费结构的重要指标。
1978 年以来，国内消费柴汽比呈现先降、后升、再回落的变化趋势。1990 年
以前，柴油消费以农业用油为主，增长较为缓慢，消费柴汽比呈现走低趋势；
1993 年后我国建立市场经济体制，并于 2001 年加入世界贸易组织，这成为

1990—2005 年国内经济增长和消费柴汽比处于上升周期的主要推动力。"十一五"以后，随着我国不可逆转的产业结构变化，消费柴汽比进入了长期下行区间：一方面，中国已经走完工业化中期阶段，柴油消费将保持低速增长；另一方面，中国汽车行业正处于发展普及期，汽油消费将长期稳定增长。综合考虑经济增速、产业结构、汽车行业、房地产、替代能源等因素，预计2030 年消费柴汽比将逐步回落至 0.9 左右。[1]

3.3 成品油价格

表 3-1 展示了国内成品油价格市场化改革的发展历程。整体而言，从完全的政府定价到目前的最高限价管理，中国的成品油价格市场化改革已经取得了较大的进展。

表 3-1 成品油定价机制演变

年份	调整内容	优点	缺点
1998—2003 年：参照国际市场，政府定期干预	1998 年政府推出一系列油价改革。早期是国内油价与新加坡看齐，后扩大参照范围，改为参考新加坡、鹿特丹和纽约三大市场。基于三大市场的平均油价来制定国内成品油的批发和销售价，政府可根据实际情况定期调整。2000 年，中央对改革方案加以改进，国内成品油的价格即是三大市场的均价	油价回归市场主导	市场机制存在一定缺陷，调整规律化容易引起投机
2003—2008 年：市场主导，政府干预	2003 年全球能源市场发生动荡，此时，各类成品油的价格主要由政府制定，以稳定国内市场。政府的及时调控极大降低了海外市场带来的冲击和负面影响	极大降低了因全球市场动荡带来的负面影响	油价无法真实地反映市场需求

---

[1] 数据及分析结论来源：中国石油天然气股份有限公司规划总院。

续表

年份	调整内容	优点	缺点
2009—2013 年：明确油价的参照范围和价格上下限	在 22 个连续工作日内，若布伦特，迪拜和辛塔的移动均价波动大于 4%，政府可根据国内市场的实际情况调整上下限，企业可在一定范围内自行调整零售价格	进一步市场化，与国际接轨	参照时间过长，无法实时响应市场需求，被质疑涨多跌少
2013 年 3 月调整油价的参照周期，不再设置价格上下限	调整后的油价参照周期从原先的 22 个工作日降至 10 个工作日，不再设置油价的上下限	油价完全市场化，可以真实反映市场的供求情况	有待观察

目前，我国的成品油定价实行的是政府指导下的最高零售价格限价❶，其基本机制是根据布伦特等三地原油价格作为基准，综合顾及炼厂成本、合理利润❷和流通费用后确定最高限价，并按一定的时间规律调整❸；可以用公式表示为

$$P_0 = \sum \omega_i \text{price}_i + C^* + \pi^* + F^* \qquad (3-1)$$

式中，ω_i 为 i 种国际原油价格的权数，price_i 为 i 种国际原油现货价格，C^* 为炼厂成本，π^* 为合理利润，F^* 为流通费用。

综合目前情况，相关价格信息大致分为三种：一是国际油价，一般使用 WTI 和 Brent 现货原油价格，作为成品油价格参考。二是国家发展和改革委员会确定的成品油零售（批发）最高限价。三是市场实际形成的成品油零售（批发）价格，也就是市场中及交易过程中产生的价格。

国际油价的变化涉及多方面因素，除了世界原油市场供给、需求以外，

---

❶　成品油价格可以按照终端销售渠道分为批发价格和零售价格。零售价格是指加油站挂牌销售、与零散顾客之间结算的汽柴油价格；批发价格是指供应商与贸易商或者机构客户之间结算的价格。

❷　石油价格管理办法：当国际市场原油价格低于 80 美元/桶时，按正常加工利润率计算成品油价格。高于 80 美元/桶时，开始扣减加工利润率，直至按加工零利润计算成品油价格。高于每桶 130 美元/桶时，按照兼顾生产者、消费者利益，保持国民经济平稳运行的原则，采取适当财税政策保证成品油生产和供应，汽、柴油价格原则上不提或少提。

❸　每 10 个连续工作日根据国际油价的移动平均价格进行调整，当汽、柴油调价幅度低于每吨 50 元时，不作调整，纳入下次调价时累加或冲抵；调控上限为 130 美元/桶，下限为 40 美元/桶；批发价格的最高限价为零售价格下浮 300～400 元。

许多影响供需的相关因素（如国际政治、技术变化等）也都对其有重要影响，包括在特殊情况下的供给急剧变化，如三次石油危机导致相关各国的经济增长大幅度下降。美国经济学家克鲁格曼提出了多重均衡理论❶，利用石油的供求走势来分析 1973—2000 年全球市场的油价变化。2003 年以前，全球原油价格整体处于低位平衡，均价大约为每桶 25 ~ 30 美元；其后，受到伊拉克战争以及伊朗核争端、土耳其攻打库尔德、次贷危机等多个政治、经济因素的影响，国际油价持续走高，于 2008 年 7 月达到历史最高点，每桶约 135 ~ 140 美元；其后以较大幅度波动后，维持高位平稳状态，2011—2014 年 8 月，全球原油价格基本稳定在每桶 100 美元；2014 年年底，原油价格持续走低，并基本维持在每桶 50 美元左右，到 2017 年年底略有回升。

近几年来，我国成品油销售市场出现了较为明显的价格偏离❷情况，即成品油实际销售价格与政府规定的最高限价之间的差距逐步扩大。从 93#（92#）汽油零售最高限价与实际市场价格的差异变化情况来看，2015 年以后，最高限价与实际价格的差异开始逐步扩大，2017 年 93#（92#）汽油零售最高限价与实际价格之间的价差均值为 517 元。从零售价格来看，加油站会以"直接降价""折扣降价""油非结合"等方式降低价格；但由于加油站数量庞大，且不同站点的折扣方式存在差异，油品实际成交价格与企业的营销策略关系较大，无法从统计口径上判断零售的实际价格。考虑零售价格竞争本身的隐蔽性，价格差异在现有基础上可能更高。此外，从 93#（92#）汽油批发最高限价与实际市场价格的差异变化情况来看，其整体趋势与零售价格的变化相一致。从 2013 年开始，最高限价与实际价格的差异开始有明显扩大，2017 年 93#（92#）汽油批发最高限价与实际价格之间的价差均值为 1927 元。区别于零售市场，批发市场不受网络布局、地理位置等因素的限制，灵活性更高。一般来说，在油品供应偏紧的情况下，批发价格会接近最高限价，在油品供给宽松的情况下批发价格与最高限价的差异会有所扩大；价格统计方面，由

---

❶ 克鲁格曼认为石油具有区别于一般商品的三大特点：①石油是耗竭性资源；②石油生产受到政府控制；③石油是主要石油输出国国民收入和政府收入的支柱。由于短期石油需求缺乏弹性，国际石油市场可能存在稳定的高油价均衡（PH）和低油价均衡（PL）。当油价处于低位位时，主要石油输出国为达到一定的收入目标将不得不扩大生产和出口，从而形成稳定的（长期）低油价均衡。当"市场冲击"使油价转向高价位时，因为石油需求缺乏弹性，扩大产出甚至可能会减少收入，所以石油输出国不会扩大生产；相反，由于主要石油输出国国内投资的市场容量有限，减少石油开采不失为一种"投资"，所以高油价时反而会减少产量，从而形成稳定的（长期）高油价均衡。

❷ 本书考虑油品质量升级带来的价格变动情况。

于批发价格较为公开且便于统计，各地汽柴油的实际市场价格能够较为真实地反映市场供需情况。❶

柴油与汽油同属终端消费油品，但是其应用的主要行业存在一定的差异：柴油消费主要包括五个行业，分别是农业、工业、运输行业、建筑行业以及商业民用；而汽油主要用于交通运输以及商业民用。因此，柴油的消费与经济增长的关系更加密切，供需结构的调整与经济增长联系较为紧密，体现在价格上也与汽油存在一定的特点差异。从零售价格来看，2009—2013年柴油价格存在一定的偏离，但偏离程度有所缩窄；2013年0#柴油零售价格偏离84元/吨，偏离程度仅有1.0%，较2009年偏离程度下降6.0个百分点；2013年以后，价格偏离程度继续逐步扩张，2017年0#柴油零售价格偏离490元/吨，偏离程度7.0%，较2013年增长6.0个百分点，与2009年价格偏离程度基本一致。在批发价格方面，其趋势与零售基本一致，2013年0#柴油批发价偏离值为308元/吨，偏离程度为3.8%，较2009年降低6.4个百分点；2017年0#柴油批发价偏离值为957元/吨，偏离程度14.5%，较2013年提升10.7个百分点，较2009年提升4.3个百分点。2013年以前，受到国内经济高速发展的影响，柴油需求量大，在部分区域存在结构性短缺的问题；同时，柴油本身的炼化技术要求低于汽油，地方炼厂在柴油市场中的占比较高，是这一期间柴油价格偏离度较高的主要原因；2015年以后，柴油价格偏离程度继续加大，其主要原因是经济增速放缓且资源过剩情况严重。

从地区情况来看，各省（自治区、直辖市）汽柴油实际售价与该省（自治区、直辖市）最高限价之间也存在差异。以2017年为例，整体来看，批发价格的偏离程度高于零售价格，汽油批发价格的偏离程度高于柴油批发价格，柴油零售价的偏离程度高于汽油。从各区域之间的比较来看，图3-1显示2017年93#（92#）汽油零售实际价格与最高限价的偏离程度，最高的为辽宁、山西、河北，偏离程度均超过10%；贵州、海南等地的偏离程度较低，均小于1%。图3-2显示了2017年93#（92#）汽油批发实际价格与最高限价的偏离程度，最高的为河北、山西、河南，偏离程度均超过29%；甘肃、青海、新疆的偏离程度较低，均低于10%。图3-3显示了2017年0#柴油零售实际价格与最高限价的偏离程度，最高的为辽宁、河北、山西，偏离程度均

---

❶　全国层面的最高限价计算，是根据各省（自治区、直辖市）发展和改革委员会公布的最高限价数据，将当年该省（自治区、直辖市）表观消费量占比作为权数计算的加权平均值；因此数据中出现了某些月份最高限价低于实际市场价格的情况。

超过 15%；贵州、新疆、海南的偏离程度偏低，均低于 1%。图 3 – 4 显示了
2017 年 0# 柴油的批发实际价格与最高限价的偏离程度，最高的为宁夏、河南，
偏离程度均超过 20%；偏离程度低的为甘肃、青海及黑龙江。

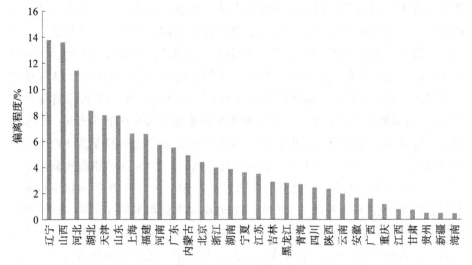

图 3 – 1　各省（自治区、直辖市）93# （92#）汽油零售实际价格
与最高限价的偏离程度❶（2017 年）

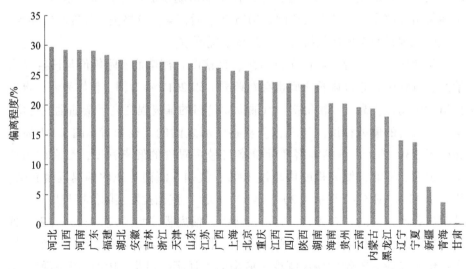

图 3 – 2　各省（自治区、直辖市）93# （92#）汽油批发实际价格
与最高限价的偏离程度（2017 年）

---

❶　偏离程度的计算公式为：偏离程度 ＝（最高限价－实际价格）/最高限价×100% 。

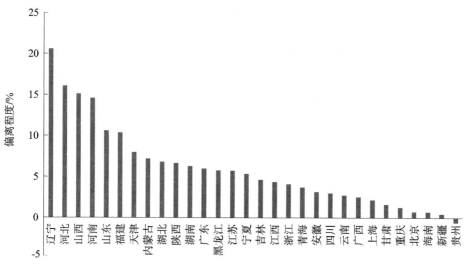

图 3 - 3　各省（自治区、直辖市）0#柴油零售实际价格
与最高限价的偏离程度（2017 年）

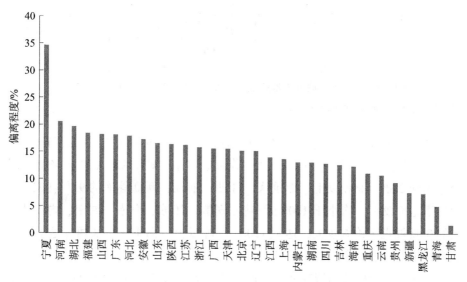

图 3 - 4　各省（自治区、直辖市）0#柴油批发实际价格
与最高限价的偏离程度（2017 年）

　　成品油的批发及零售价格差值逐步扩大。我国成品油批发行业发展经历了由封闭逐步向放开发展的历程，随着批发业务主体的增加，批发市场的竞争更趋激烈。从 2013 年油价改革方案调整后，调价次数持续上升，成品油的

批发量大幅下降，市场上的投机行为越来越少。在成品油供应大于需求的形势下，批发行业价格的竞争更加明显；因而批发价格和零售价格差异也逐步扩大。图 3 - 5 显示了近年来我国汽柴油批零价差变化情况，2012 年以后汽柴油批零价差的扩大趋势较为明显，其中汽油的批零价差值逐步扩大，且增长幅度较大；柴油批零价差值波动性强，但整体趋势也在逐步增长。

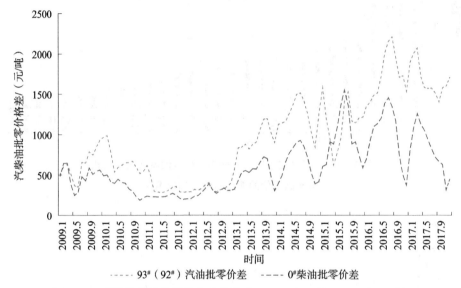

图 3 - 5　我国汽柴油批零价差变化情况（2009 年 1 月—2017 年 12 月）
数据来源：商务部（Wind 数据库）

　　分地区来看，各省（自治区、直辖市）汽柴油的批零价差也存在差异。以 2017 年为例，海南、湖南、山西、湖北、甘肃等地的 93#（92#）汽油批零价差达到 2000 元/吨以上；而重庆、江西、浙江、新疆等地的 93#（92#）汽油批零差价较小，均小于 1000 元/吨。安徽、江苏、海南、湖南、内蒙古等地的 0#柴油批零价差较大，达到 1200 元/吨以上，而重庆、江西等地的 0#柴油批零价差较小，小于 300 元/吨。

　　从我国的价格管制情况来看，目前只有 7 类 20 项由国家发展和改革委员会或者行业主管部门定价❶，其中，成品油（包括军用油）的定价暂时按照

---

❶　2015 年 10 月 21 日，国家发展和改革委员会公布了重新修订的《中央定价目录》。新修订的《中央定价目录》与现行目录相比，定价种类由 13 种（类）减少为天然气、水利工程供水、电力、重要邮政业务等 7 个种（类），约减少 46%；具体定价项目由 100 项左右减少到 20 项，约减少 80%。保留的 20 项中，以发改委为主管理的有 13 项，以行业主管部门为主管理的有 7 项。

既定方案《国家发展改革委关于进一步完善成品油价格形成机制的通知》实行，视体制改革进程适时放开。从成品油行业来看，美国、西班牙等大多数国家经历了从国家管制到市场化的变革（周若洪，2001；仰炬 等，2009）。成品油价格在具体的实施过程中表现出现了一定的局限性：一是国际油价的变化规律虽然在一定程度上反映了进口油气产品的价格，但是无法充分体现国内油气的供需情况，忽略了国内油气产业的供给情况；二是价格没有包含油气生产中产生的勘探及环境成本；三是市场实际运行价格与指导价差异逐步扩大，批发、零售价格等通过折扣、促销等方式体现，价格不能真实反映市场供需变化，信号功能缺失。在"完善成品油价格形成机制，发挥市场决定价格的作用，保留政府在价格异常波动时的调控权"❶；"实现市场化改革目标"❷ 等政策的影响下，成品油价格机制将会继续有所变化，同时这一变化也会对市场主体的行为产生影响。

3.4　市场主体

　　中国能源革命❸的一个重要方向是推动能源体制革命，将政府和市场的作用区分开来。在这一政策方向引导下，成品油市场主体的行为将对市场量、价产生较大的影响，市场主体本身的企业性质也是其行为决策的重要属性。基于此，本节主要对成品油市场的主要厂商进行梳理，并根据目前的市场结构情况对价格形成原因进行简单的经验验证。

---

　　❶　中华人民共和国中央人民政府. 中共中央 国务院印发《关于深化石油天然气体制改革的若干意见》[EB/OL]. （2017 - 05 - 21）[2018 - 05 - 20]. http：//www. gov. cn/zhengce/2017 - 05/21/content_5195683. htm？ gs_ws = tsina_636312136803880184.

　　❷　中华人民共和国国家发展和改革委员会. 锐意进取 善谋善为 石油价格改革行稳致远——党的十八大以来石油价格改革纪实 [EB/OL]. （2017 - 11 - 03）[2018 - 05 - 20]. http：//www. ndrc. gov. cn/fzgggz/jggl/zhdt/201711/t20171103_866232. html.

　　❸　新华网. 习近平：积极推动我国能源生产和消费革命 [EB/OL]. （2014 - 06 - 13）[2016 - 04 - 11]. http：//news. xinhuanet. com/politics/2014 - 06/13/c_1111139161. htm.

3.4.1 纵向一体化企业

纵向一体化是指企业基于自身的发展需要,通过并购或合作等方式获得上游供应商和下游经销商的所有权或控制权。纵向一体化可以极大地降低经营成本,扩大业务规模,提高经营效率和市场占有率。然而,纵向一体化也存在一定弊端:第一,企业贸然进入新领域可能产生经营风险;第二,企业一旦完成了产业链的扩张,则很难退出该市场。一般来说,从采购、生产,到分销、零售,企业只有拥有两个及以上环节的所有权,才能称之为纵向一体化。纵向一体化有两个方面的含义:一是企业在产业链不同环节上的业务扩展;二是企业利用并购或合作等方式进入产业链中的新环节。❶ 本章所提到的纵向一体化,主要指第一种情况,即公司在产业链不同环节的业务延伸。

具体到石油行业,纵向一体化企业是指拥有包含油品勘探、炼化、销售等产业链环节中至少两个环节的企业。纵向一体化企业的特点是能够联系两个不同的市场,通过两个以上环节的系统化、协调化经营实现整体效益的最大化。纵向一体化企业在资源、成本等方面较独立企业具有一定的优势,可以在不同的环节或者市场制定不同的战略,实现公司整体效益最大化,其运营方式和理念更加灵活;同时,由于同时掌握两个以上市场的情况,对市场的整体把握程度更高,不确定性较小,同时整体降低生产成本,在市场竞争中占有优势。总体来看,纵向一体化公司的优势可以归纳为五大方面:一是在技术上具有经济性;二是通过内化生产环节降低交易成本;三是能够利用上下游优势,有效提高市场势力;四是在一定情况下保证关键要素的供给;五是可以形成垄断,并形成垄断利润。

目前来看,我国成品油市场的纵向一体化企业主要包括四个,分别是中石油、中石化、中海油、中化。

1. 中石油

中石油成立于 1998 年 7 月,原为中国石油天然气总公司,2017 年 12 月完成公司制改制。中石油是国内能源行业的龙头老大,也是全球最大的石油企业之一。旗下有诸多子公司,业务涵盖范围非常广,如能源开采、石油加

---

❶ 高斌, 2013. 快递服务概论 [M]. 北京: 人民邮电出版社.

工、成品油零售、管道设施、大型工程项目的开发等。

1）勘探与生产

中石油在油气勘探方面具有行业优势，近些年整体发展趋势良好，呈现原油产量平稳中有所提升、天然气产量迅速增大的趋势，具体情况见表 3 - 2。

表 3 - 2 中石油勘探和生产经营状况（2007—2017 年）

年份	原油产量 /百万桶	可销售 天然气产量 /十亿立方英尺①	油气当量产量 /百万桶	探明已开发 原油储量 /百万桶	探明已开发 天然气储量 /十亿立方英尺
2007	838.8	1627.0	1110.0	9047.1	26 047
2008	870.7	1864.2	1181.5	8324.1	26 667
2009	843.5	2112.2	1195.7	7870.8	30 949
2010	857.7	2221.2	1228.0	7605.4	31 102
2011	886.1	2396.4	1285.6	7458.3	32 329
2012	916.5	2558.8	1343.1	7395.7	67 581
2013	932.9	2801.9	1400.0	7219.6	69 323
2014	945.5	3028.8	1450.4	7253.5	35 824
2015	971.9	3131.0	1493.9	6195.8	40 406
2016	920.7	3274.5	1466.6	5176.3	40 664
2017	887.0	3423.4	1457.8	5592.9	39 243

资料来源：上市公司历年年报

①1 立方英尺 = 0.0283168 立方米。

2）炼油与化工

中石油的炼油与化工经营情况总体上可以划分成 3 个时期。2007—2009 年，原油加工量与成品油产量比较稳定，为之后原油加工量稳中有增的趋势奠定了良好的资源基础；2010—2012 年，中石油的原油加工量大幅提升；2013—2017 年，原油加工量与成品油生产总量呈现出波动中上升趋势。具体情况见表 3 - 3。

表 3 – 3　中石油炼油与化工生产情况（2007—2017 年）

年份	原油加工量/百万桶	汽、煤、柴油产量/百万吨
2007	823.6	71.38
2008	849.8	73.97
2009	828.6	73.20
2010	903.9	79.45
2011	984.6	87.15
2012	1012.5	91.02
2013	992.3	90.28
2014	1010.6	92.67
2015	998.1	91.93
2016	953.3	86.02
2017	1016.9	92.72

资料来源：上市公司历年年报

中石油的汽油、煤油、柴油生产情况基本可划分成两个时期。2007—2011 年，生产力度不断增加，汽油、煤油、柴油的生产量均有明显增长；与此同时，柴汽比也连年升高。从 2012 年开始，中石油开始调整产品结构，柴油产量呈现下降趋势，2017 年略有回升；而汽油、煤油产量则保持了上升趋势，甚至有更大的涨幅，如图 3 – 6 所示。

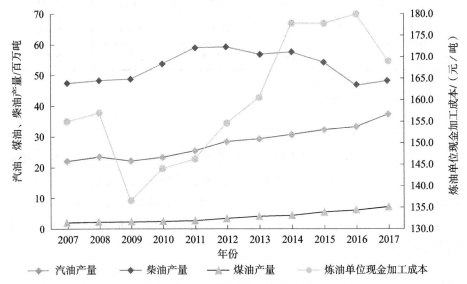

图 3 – 6　中石油的汽油、煤油、柴油生产情况及炼油单位现金加工成本（2007—2017 年）

数据来源：上市公司历年年报

炼油单位现金加工成本大体呈现出变化中升高趋势。2009 年以后，由于技术难度的增长，炼油单位现金加工成本也连年上升，从 2010 年的 144.0 元/吨上升到 2016 年的 179.9 元/吨。2017 年，炼油单位现金加工成本重新呈现下降趋势，为 169.0 元/吨，与上一年相比下降 6.1%。

3）销售

如图 3-7 所示，2007—2017 年，柴油销售量与其期末成交价格呈相同走势，大体上均为先升后降，2012 年以后柴油销售量呈下降趋势；而汽油、煤油销售量则连年增加。

究其原因，从 2012 年起，根据市场需求，中石油开始调整优化炼油资源配置和产品结构，合理动态调节柴汽比，并取得重大进展，柴汽比从 2012 年的 2.09 下降到了 2017 年的 1.29。

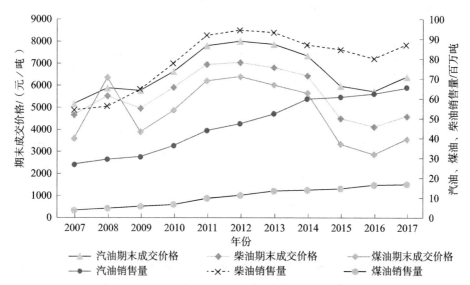

图 3-7　中石油的汽油、煤油、柴油销售情况及其期末平均实现价格（2007—2017 年）
数据来源：上市公司历年年报

2. 中石化

中石化成立于 1998 年 7 月，原为中国石油化工总公司。中石化成品油供应量位居国内第一，油气供应量位居国内第二，加油站总数量排名全球前三。

1）勘探与生产

从勘探与生产情况来看，2008—2017 年中石化原油产量总体趋势为稳中有升，近两年有下降趋势；天然气产量则连年快速上升。2017 年，中石化生产原油 448.79 百万桶，同比降低 3.2%，天然气总产量增加 19.1%。❶

2）炼油与化工

中石化的炼油与化工经营情况总体上可以划分成 3 个时期。2008—2010年，原油加工量与成品油产量稳定增长，为之后原油加工量稳中有增的趋势奠定了良好的资源基础；2011—2013 年，中石化的原油加工量与成品油生产量增幅减小；2014—2017 年，原油加工量与成品油产量呈稳定中稍有波动的趋势。具体情况见表 3-4。

表 3-4　中石化的炼油与化工生产情况（2008—2017 年）　单位：百万吨

年份	原油加工量	汽油、煤油、柴油产量
2008	175.73	107.37
2009	186.58	113.69
2010	211.13	124.38
2011	217.37	128.00
2012	221.31	132.96
2013	231.95	140.40
2014	235.38	146.23
2015	236.49	148.38
2016	235.53	149.17
2017	238.50	150.67

资料来源：上市公司历年年报

从炼化发展情况（图 3-8）来看，成品油炼化生产的情况与市场需求基本保持一致：汽油、煤油生产量稳步上升，柴油产量趋于下降。

2017 年，中石化共生产加工 2.39 亿吨原油、1.51 亿吨成品油，原油产量比上期增加 1.3%；其中，汽油产量增长 1.2%，煤油产量增长 5.5%。

---

❶ 金之钧，蔡勋育，刘金连，等，2018. 中国石油化工股份有限公司近期勘探进展与资源发展战略 [J]. 中国石油勘探，23（1）：14-25.

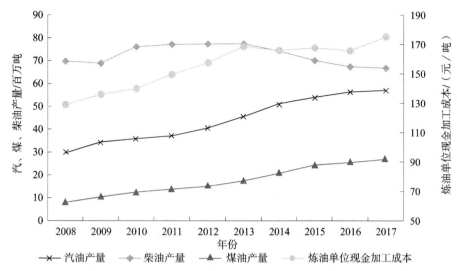

图 3-8　中石化的汽油、煤油、柴油生产情况及炼油单位现金加工成本（2008—2017 年）

数据来源：上市公司历年年报

3）销售

从表 3-5 中能够看出，2008—2017 年，中石化的成品油总经销量持续升高。与此同时，其加油站和成品油管道布局建设也稳步增长：单站日均加油量由 2008 年的 8.04 吨/天增至 2017 年 10.87 吨/天；加油站总数由 2008 年 29 279 座上升至 2017 年的 30 633 座。2017 年，中石化共销售 1.98 亿吨成品油，其中国内的成品油销量达 1.78 亿吨，比前期增加 2.9%。

表 3-5　中石化销售情况（2008—2017 年）

年份	成品油总经销量/亿吨	成品油国内总经销量/亿吨	单站日均加油量/（吨/天）	加油站总数/座
2008		1.23	8.04	29 279
2009	1.30	1.23	7.44	29 698
2010	1.49	1.24	8.11	30 116
2011	1.62	1.40	9.12	30 121
2012	1.73	1.51	9.58	30 836
2013	1.80	1.59	10.16	30 536
2014	1.89	1.65	10.57	30 551
2015	1.89	1.71	10.67	30 560
2016	1.95	1.73	10.76	30 603
2017	1.98	1.78	10.87	30 633

资料来源：上市公司历年年报

3. 中海油

中海油成立于 1982 年,是国务院国有资产监督管理委员会的下属单位。中海油的业务范围极广,包括石油开采、新能源开发、工程项目建设、勘探技术的研发和创新等。不同于中石油、中石化,中海油主要负责海外能源的开采、生产和零售。

1) 勘探与生产

2008—2017 年,中海油的原油产量及天然气产量均保持持续上升的趋势(表 3-6)。整体来看,中海油的勘探生产集中在国内渤海深层、南海中南部油气等。

表 3-6 中海油勘探与生产运营情况 (2008—2017 年)

年份	原油产量 /万吨	天然气产量 /亿立方米	原油及石油液体 净探明储量/百万桶
2008	3244	105	1578.30
2009	3697	107	1667.70
2010	4958	154	1719.10
2011	4661	167	1969.30
2012	5186	164	2180.70
2013	6684	196	3060.40
2014	6868	219	3039.80
2015	7970	251	2830.20
2016	7697	245	2315.90
2017	7551	259	3199.30

资料来源:上市公司历年年报

2) 炼油与化工

2008—2017 年,中海油的原油加工量稳中有增,成品油产量则逐年上升;乙烯产量稳中有增,沥青产量大幅上升(表 3-7)。2017 年,中海油共生产加工 3592 万吨原油、878 万吨成品油、108 万吨乙烯、694 万吨沥青。

表 3 - 7　中海油炼油与化工生产情况（2008—2017 年）　　单位：万吨

年份	原油加工量	成品油产量	乙烯产量	沥青产量
2008			84	120
2009		416	92	415
2010	2785	684	84	791
2011	2610	679	98	534
2012	3008	779	102	693
2013	2961	811	103	824
2014	2845	676	103	902
2015				
2016	3231	738	107	847
2017	3592	878	108	694

资料来源：上市公司历年年报

3）销售

中海油成品油的销售起步较晚。2011—2016 年，公司的石油制品和化工品实物销量、成品油销售量除 2014 年略有下降，总体呈上升趋势；石油平均实现价格则逐年下降，2016 年触底后于 2017 年略有回升（图 3 - 9）。

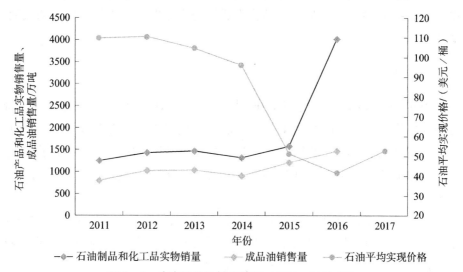

图 3 - 9　中海油公司销售情况（2011—2017 年）

数据来源：上市公司历年年报

中海油的销售业务由炼化环节进行，主要以直批或者大客户为主，零售业务较少。近年来，随着成品油零售行业进入门槛的降低以及相关政策的鼓励，中海油开始发展终端零售业务，但整体占比仍然较小。

4. 中化

中化成立于1950年，原型是中国化工进出口总公司，现为国务院国有资产监督管理委员会的下属单位。中化是国内能源行业的四大巨头之一，业务范围涵盖很广，在成品油行业中化有自己的炼厂以及终端销售企业、自营及合资加油站，是成品油市场的重要竞争主体。

3.4.2 地方炼厂

地方炼厂，简称"地炼"，又称独立炼厂。从隶属关系方面来看，是指中石油、中石化、中海油（含控股公司）、中化及陕西延长石油（集团）有限责任公司和兵器工业集团所属炼化企业以外的炼油企业，包括非炼油主业的央企（如中国化工集团有限公司）以及地方政府和私人股份的炼厂；从装置构成和规模来看，包括有常减压等加工处理原油的装置，且原油加工处理能力在200万吨/年以上（由于现有资料的可得性，本书没有统计200万吨/年以下的地方炼厂资料）；从产品结构来看，均稳定生产供应符合国标的汽油、柴油。

1. 发展脉络

1998年，我国政府推行石油改革，中石油和中石化进行战略重组，部分小炼厂停工关闭。改革结束后，政府将国内具有一定生产能力（年平均加工量超过100万吨）的炼厂划分至中石油和中石化旗下，只留下了82家年平均加工量不足100万吨的中小型炼油厂，称为"地炼"，其余则予以关闭。

2002年，中海油并购滨州沥青公司，随后，能源行业刮起了收购中小型炼油厂的浪潮，包括中国化工集团有限公司、中化等在内的龙头企业都纷纷行动，以获得更好的市场资源。到2010年，这股浪潮伴随中化加大对弘润石化的投资而落下帷幕。据相关数据统计，到2012年为止，国内共有大约100家炼油厂（不包括年均减压量少于30万吨，且在政府保留名单中

的炼厂），预计年加工总量为 1.58 亿吨，平均每家工厂的年加工量为 159
万吨。

2015 年 2 月，政府颁布原油改革新政策，即《关于进口原油使用管理有
关问题的通知》，放宽对原油的监管和限制，允许炼厂自行购买原油。此后，
政府进一步放松对原油市场的监管，符合要求的炼厂可申请从海外进口原油。
地炼企业的原料瓶颈被打破。2016 年年底，共有 12 家企业获得了从海外进口
原油的批准；2017 年，上升至 19 家。政府对原油市场的干预和控制逐渐减
少，原油资源的供求回归市场化，极大改变了以往供不应求的局面。原油资
源的市场化大大改善了市场的垄断现象和企业生产低效、产品低劣的情况。
2016 年，国内炼厂的平均开工率上升至 51.8%，生产效率和成品质量都大大
提高，与之形成鲜明对比的是国字号炼油厂开工率的直线下降。❶

改革初期，国内炼油厂的生产原料大多是海外进口的燃料油，少数工厂
使用重油，生产设施多为延迟焦化，催化裂化，汽柴油加氢等。近年来，随
着政府干预的减少，原油供给趋于平衡，炼油厂的原油加工量急剧上升。为
满足市场需求，提高市场竞争力和占有率，许多工厂纷纷耗费大量资金购买
先进的加工设备，如深度精制设备和下游化工设备，以提高生产效率，增加
营业额和利润。

2. 发展现状

截至 2017 年年底，中国炼油能力达到 8.04 亿吨/年以上，中石化与中石
油的能力占比是 36% 和 26%，地方炼厂总能力接近 2.2 亿吨/年，占比为
27%，地方炼厂已经成为我国炼油工业的一个重要组成部分（图 3 - 10）。

根据国家发展与改革委员会 2011 年颁布的《产业结构调整指导目录
(2011 年本)》，2013 年年底以前，小于每年 200 万吨的常减压设备将全部淘
汰，对新建成的常减压装置规模小于每年 1000 万吨的，进行限制。从 2015
年以来，国家开始逐批对地方炼厂发放进口原油使用权，要求企业淘汰陈旧
设备作为申请进口原油使用配额的必要条件。截至 2017 年年底，我国规模以
上以生产汽柴油为主的地方炼厂共 48 家，山东地区富集了 39 家规模以上的
地方炼厂，加工能力合计 1.6 亿吨/年，占我国地方炼厂总加工能力的 77%。

---

❶　资料来源：http://www.chyxx.com/industry/201712/592782.html.

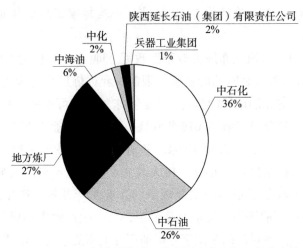

图 3 - 10　2017 年我国炼油工业主要生产商加工能力占比

目前地方炼厂加工的原料中，原油占比最大。1998 年整顿之后有 82 家合法地方炼厂，平均每年有 700 万吨指标由中石油和中石化供应。2015 年以后国家开始对地方炼厂下发进口原油使用配额，2017 年，地方炼厂每年共拥有进口原油使用配额 10 169 万吨（2015—2017 年累计），国家发展与改革委员会下发进口允许量为 7470 万吨，地方炼厂共进口配额原油 6033 万吨，配额允许量完成率达到 81%。

原油进口权和进口使用权放开后，地方炼厂加工量、汽柴油产量都不断升高。❶ 2014 年地方炼厂整体处于原料缺乏状态，地方炼厂汽柴油产量仅有 1554 万吨，占我国总量的 5.4%；2017 年地方炼厂汽柴油产量增长了 3.2 倍，为 6563 万吨，占比提高至 18.9%（表 3 - 8）。

表 3 - 8　2014 年和 2017 年地方炼厂汽柴油产量对比

项目	2014 年	2017 年
地方炼厂原油加工量/万吨	2682	11 315
地方炼厂汽柴油产量/万吨	1554	6563
地方炼厂汽柴油收率/%	57.9	58.0
全国汽柴油产量/万吨	28 491	34 617
地方炼厂产量比例/%	5.4	18.9

❶ 由于缺乏历史数据，本部分采用国家发展与改革委员会统计口径的数据进行分析。

地方炼厂资源的流向是价格洼地，即当地方炼厂出厂价加上运费价格低于当地供应商的批发价时，相关资源就会流向该区域，冲击本地市场。从2017 年的情况看，山西、北京、辽宁、安徽等地全年都存在地方炼厂资源，这些地区普遍具有以下三个特点：一是当地的炼能较低，如山西、贵州、内蒙古；二是距离山东公路汽运较为方便，如天津、河南；三是走水路，运费较低的地区，如福建、安徽。

3.4.3　其他主体

1. 其他国有市场主体

1）陕西延长石油（集团）有限责任公司

陕西延长石油集团有限责任公司（以下简称"延长石油"）成立于 1996年，总部位于延安，是陕西省政府的直属单位，也是国内能源行业排名前列的大型企业。2016 年还入围世界五百强名单。延长石油的业务涵盖范围较广，除了工程建设、项目开发、管道铺设、勘探技术的研发与创新，还涉及金融投资等领域。其中，最核心的业务是石油、天然气等能源的开采、勘探、生产、运输和零售。延长石油的生产加工能力位于行业前列，每年平均可生产1275 万吨原油、29 亿立方米天然气、800 万吨煤炭、500 万吨化工产品和加工炼油 1740 万吨。

2）中国化工集团有限公司

中国化工集团有限公司（以下简称"中国化工"）成立于 2004 年，与其他行业巨头相比，中国化工的历史最短，但在并购炼厂浪潮中，它是最活跃的企业之一，在收购炼油厂的同时，获得了先进技术和大量优质资源。到2010 年为止，中国化工的控股企业数量已达 10 家，年平均常减压可达 1007万吨。不少企业被收购后纷纷开展业务重组，扩大生产规模，以提高产能和经营效率。到 2012 年为止，中国化工控股企业的年平均常减压量增长至 3003万吨，占地方炼厂总能力的 19%。

2. 外资、合资以及民营经营主体

20 世纪 90 年代，海外资本开始进驻国内能源市场，但数量有限，对行业的整体影响力也较小。直到 1998 年，特别是我国加入世界贸易组织以后，政

府对石油资源的管控逐渐放松，市场成为主导供给的关键，另外，能源定价开始向国际市场接轨，再加上全球化的浪潮，越来越多的海外资本涌向国内的石油行业。2000年之后，我国石油市场开放度逐渐扩大，外资石油公司投资重点由上游转向中下游和终端。自全球三大石油巨头：英国石油、埃克森美孚和壳牌集团进驻我国石油市场之后，中国加大加油站建设力度，大力拓展终端市场，在浙江、江苏等石油消耗量较大的区域建立加油站，自2004年起外资加油站数量持续增长，截至2017年年底，中国大约有外资加油站共计5000座，占全国加油站总数的5%。

在成品油销售终端的民营企业经营主体重点集中在加油站经营方面。到2017年年底为止，我国约有民营加油站5万座，约占我国加油站数量的50%。

3.5 本章小结

无论在中国能源供给还是能源消费结构中，石油都是重要的能源产品，是国民经济运行中不可或缺的主导资源。本章从原油生产、原油进口、成品油生产、石油消费、石油价格、市场主体等方面翔实地阐述了中国石油市场的发展现状，并梳理了引导其未来发展的主要能源政策和改革方向。

我国油气体制的演进经历了国家计划经济（改革开放前）、有计划的市场经济（1978—1998年）和局部市场经济（1998年至今）三个阶段。受制于"贫油少气"的资源禀赋，中国油气资源一直处在"供不应求"状态。改革开放前，油气缺乏进口来源，资源短缺明显；改革开放后，我国经济迅速增长，对油气的需求也大幅度提升，供不应求现象越加明显。而随着我国石油产量的增速逐年下降，在没有明显技术提升（尤其是海上油田开发技术）前提下，国内石油产量提升继续落后于经济发展需求，需求缺口仅能通过进口弥补，中国石油对外依存度逐年提高。在此情况下，通过进一步的油气体制改革，提高油气行业生产经营效率对我国经济发展、能源战略等方面都具有重要意义。

石油是我国能源消费的重要组成部分，具有需求量大、对外依存度高、进口集中度高的特点。因此，关于石油方面的改革有两个方面：第一，确保进口来源、防范安全风险是确保油气供应的首要目标；第二，行政性垄断和价格扭曲带来的效率低下、资产流失等问题日益严重，解决价格限制带来的资源配置不合理问题势在必行。

从具体的路径来看，主要包括两个方面：一是放开进口权，连通国内外两个市场和用价格体现全产业链的生产成本。进口限制的取消，提高了市场的开放度，不仅吸引了外来资本，而且有助于国内企业走出去，对行业转型和创新起到积极作用。二是放开油品定价，充分体现企业成本，在价格中呈现出各个环节的成本特点，同时，最大程度地利用市场的调节功能，营造稳定良好的市场环境。此外，财税监管改革也需要同步跟进：石油在我国属于稀缺性资源，价格应该对其资源特性有所反映，体现在财税方面即加征资源税，这既可以作为对使用自然资源所支付的费用，也可当成是治理生态污染的费用；国际经验表明，成功的改革必然与政府监管职能的强化息息相关，要解决行业中的疑难杂症，应对症下药，制定专门的监管政策，加强监管力度，对企业的违规行为严肃处理。除了基本的成品质量，政府还应从生产安全、生产流程等方面进行全方位监管。

综上所述，中国的石油及其相关产品在能源结构中的比重在短时间内并不会发生大的变化，在能源革命进程中引入竞争机制、深化价格改革等是目前最主要的改革方向，相关政策变化也会对市场主体的行为产生关键影响。

第 4 章

市场的寡头竞争模式识别

在成品油市场，无论从全国层面，还是从各省（自治区、直辖市）的情况来看，中石油与中石化两家企业都占据了主要的市场份额，因此当前中国成品油市场可以看作一类双寡头垄断型市场。新实证产业组织（NEIO）提出用推测变分模型来研究市场的竞争行为，给出从完全竞争到垄断的所有寡头竞争的市场结构（Perry，1982），已有文献运用推测变分方法实证分析了我国民航业、银行业等行业的市场结构（牛晓帆，2004；雷震，彭欢，2009；王强等，2014）。本章研究认为推测变分的结构模型同样有助于识别和分析我国成品油市场的竞争程度。通过经济学中的产业组织理论、寡头竞争模型能够刻画出当前不同的成品油市场竞争模式，从而为进一步分析成品油市场的定价优惠策略提供重要的宏观理论基础。

4.1 基本假说

本章将成品油销售市场视为双寡头市场，主要理由如下：①第三方企业的市场势力不足。如前文所述，现如今我国成品油销售市场中的市场主体可以分为三类，分别是中石油、中石化以及第三方企业。从三类主体的规模来看，中石油、中石化仍然是竞争的主体，第三方企业虽然可以归为同一类，但是由于其品牌和公司较为分散，单个企业不足以作为寡头参与市场竞争。②第三方企业产业链的长度不足。第三方企业大部分为独立企业，即只有加油站零售环节或者零售、批发共有，很少有"炼化、销售"的一体化企业，因此其竞争决策不具有连续性，受到其他市场主体的影响较大。③中石油、中石化的业务在全国范围内的分布较为平均。从区域上来看，中石油、中石化在全国范围内均有所分布，能够较好地代表当地市场的竞争情况，且能代表全国大部分地区的竞争情况；从时间上来看，中石油、中石化两个企业从1998年以后就活跃在成品油市场，一直是较为典型的寡头。④中石油、中石化的竞争数据较为丰富，是研究成品油市场竞争的主要切入点。

随着成品油定价的逐步市场化和对成品油市场竞争主体限制的逐步放开，市场的竞争也逐步加剧。在成品油市场资源过剩的情况下，企业基本通过降

价、促销折让、合作联合等方式来提升自己的市场份额。基于此,本章针对成品油市场的竞争提出下述假说:

假说 4 - 1:中国成品油市场竞争以伯川德价格竞争为主

假说 4 - 2:中国成品油市场竞争经历了从古诺产量竞争到伯川德价格竞争的过程

4.2 实证模型

假设 1 个行业是由生产同质产品的 2 个厂商组成,用 Q_i 表示第 i 个公司的产量 ($i=1$,2),总产出记为 Q,表示 Q_1 与 Q_2 的总和,需求的反函数可以表示为

$$p = p(Q) \tag{4-1}$$

用 $C_i(Q_i)$ 代表总成本,厂商 i 的利润函数可表达如下:

$$\pi_i = Q_i p(Q) - C_i(Q_i) \tag{4-2}$$

如果我们将产量视为可选择的变量,那么纳什均衡通过以下一阶条件实现:

$$p + Q_i p' = c_i \tag{4-3}$$

式中,c_i 为边际成本;p' 为市场价格关于产量的导数。

根据古诺均衡,假设每个企业将另一个企业的产出视为其自身产出的函数,从而产生一阶条件:

$$p + Q_i p'(1 + v^i) = c_i \tag{4-4}$$

式中,$v^i \equiv dQ_j/dQ_i$ ($j \neq i$) 通常被称为推测变分。式 (4 - 4) 中用参数 v^i 来衡量企业行为的竞争 (或合谋) 的程度。v^i 值增大,边际价格成本就会随之增加,企业就越倾向于选择合谋。古诺竞争模型的求解被视为零假设,因此,当一个企业的行为比古诺更具竞争性 (合谋性) 时,$v^i < (>0)$。特别是,如果价格而非产量是可选择的变量,纳什价格求解将产生边际成本定价。如果这两个企业有相同的边际成本,这意味着式 (4 - 4) 中 $v^i = -1$。换言之,伯川德模型与完全竞争策略下的结果相同,使企业可以在当前偏好的市场价格下尽可能多地增加销量。在另一个极端情况下,如果企业设法巧妙地合谋,并最大化其共同利益,由此产生的卡特尔求解将意味着,在相同的成本下,

$v^i = 1$。一般来说，模型中会假定 $-1 < v^i < 1$。简单来说，当企业行为参数越接近 0，越倾向古诺竞争；行为参数越接近 -1，越倾向伯川德竞争；越接近 1，越倾向于卡特尔竞争。

式 (4 - 4) 可以进一步写为

$$(p - c_i)/p = s^i(1 + v^i)/\eta \qquad (4-5)$$

式中，$\eta = (dQ/dp)(p/Q)$，为市场需求的正价格弹性；s^i 为企业 i 的市场份额。本章的主要目的是计算企业在不同地区和市场层面的行为参数。通过行为参数判断两个企业在各地的竞争模式，为企业的定价和定量行为做出评估。这里认为中石油和中石化提高的产品为同质产品，且在各项影响非定价类产品的因素上是对称的。

借鉴布雷斯纳汉 (Bresnahan, 1989) 的调查报告，考虑第 k 个市场上的第 t 次观测情况，将式 (4 - 3) 中的一阶条件转换为随机特定条件：

$$p_{k,t}^i = \frac{c_{k,t}^i \eta_k}{\eta_k - (1 + v_k^i) s_{k,t}^i} + \varepsilon_{k,t}^i \qquad (4-6)$$

式中，$i = 1$ 对应中石油；$i = 2$ 对应中石化；k 为地区市场；t 为时间；$\varepsilon_{k,t}^i$ 为随机干扰项。在获得数量和价格的相关数据后，如果知道边际成本 $c_{k,t}^i$ 和石油需求的价格弹性 η_k，那么可以根据式 (4 - 6) 估计行为参数 v_k^i。因此，求解企业的行为参数需要价格弹性、边际成本、市场份额和价格。价格和市场份额可通过已有数据的简单计算获得，因此下文主要关注价格弹性和边际成本。

4.2.1 价格需求弹性

由于柴油的销量受到经济发展、国际油价、居民收入等宏观因素以及道路长度等客观因素的影响，同时需要考虑季节变化。为了获得最终的柴油价格需求弹性，构建市场需求的对数线性函数，具体公式如下：

$$\ln 销量 = -\eta_k \ln 价格 + \beta 工业增速 + \gamma \ln GDP + \delta CPI + \mu 新增道路长度 + \rho \ln 人均可支配收入 + \varepsilon_{k,t} \qquad (4-7)$$

式中，η_k 为我们关注的价格需求弹性。此外在方程里还加入可能会影响销量的控制变量。其中，GDP、CPI 等指标可以反映宏观的经济状况，因此可以作为经济指标的一个代理变量；新增道路长度在客观上也会影响柴油的需求量，也要作为控制变量；考虑柴油主要用于基础建设、建筑业、制造业等工业行业，选取工业增速作为主要控制变量。

通常情况下，估计消费函数和价格弹性过程中面临的最大问题是价格变量的内生性。价格变量存在内生性的原因是，在完全竞争的市场中，市场均衡的消费量与价格由供给及需求曲线共同决定。当出现一些不可观测的需求冲击时，市场需求曲线发生变化，均衡的价格与消费量沿着供给曲线改变，需求函数中不可观测的需求冲击 ε 与柴油价格相关，从而导致价格的内生性问题。但在我国，成品油零售价受到政府指导价和最高限价的限制，而指导价格和最高价格制定的参考依据是国际原油价格以及炼化成本和运输成本等生产成本，所以，油价的变动只反映生产成本的变动，而受国内需求的影响较小，所以油价与不可观测的因素 ε 的相关性较低，可以视为外生变量。从相关文献来看，有研究认为单个州的汽油需求冲击对国际原油价格的影响很小，对汽油价格造成的影响很小，所以把汽油价格视为是外生的。

4.2.2 边际成本

对行为参数的估计需要各地各企业的边际成本数据。参照相关学者提出的一种计算边际成本的方法（Brander，Zhang，1990），如下：

$$c_{k,t}^i = ac_t^i (Q_k/AQ_t^i)^{-\theta} Q_k \qquad (4-8)$$

式中，$c_{k,t}^i$ 为第 i 个企业第 t 期在 k 地的平均成本；ac_t^i 为第 i 个企业在 t 期的全国平均成本；Q_k 为 k 地的柴油销售量；AQ_t^i 为第 i 个企业第 t 期的平均销量；$\theta = -[d(ac)/dQ](Q/ac)$，为取值在（0，1）之间的待定参数。当 θ 值是 0 时，表明边际成本和销量呈现出正线性关系；当 θ 值为 1 时，表明边际成本与销量无关。相对于借助总成本函数系数估计从而得到边际成本的方法，这种估计方法所需的数据相对易得，可以减少主观误判。在实证检验中，需要用到中石化的成本数据，由于在本研究所获得的宏观数据中并不包含这一项，笔者尝试"拟合"了中石化的成本数据：中石油的价格成本比大约为1.1，且在 1% 置信度上是显著的，因此将每期中石化的价格除以一个比例系数，以此作为中石化成本的估计量；同时，为了刻画波动性，设定该比例系数随机分布在（1.05，1.15）。

联立方程式（4-6）与式（4-8）可得到下式，从而得到一个估计边际成本的新方法：

$$p_{k,t}^i = \frac{\left[c_{k,t}^i (Q_k/AQ_t^i)^{-\theta} Q_k\right]\eta}{\eta_k - v_k^i s_{k,t}^i} \qquad (4-9)$$

将式（4-9）两边取对数，可得

$$\ln\eta_k + \ln ac_t^i + \ln Q_k - \ln p_{k,t}^i = \theta(\ln Q_k - \ln AQ_t^i) + \ln(\eta - v_k S_{k,t}^i) \quad (4-10)$$

设 $y_{k,t}^i = \ln\eta + \ln ac_t^i + \ln Q_k - \ln p_{k,t}^i$，$x_{k,t}^i = \ln Q_k - \ln AQ_t^i$，$c_{k,t}^i = \ln(\eta - v_k^i S_{k,t}^i)$，令 $c = \text{mean}\ (c_{k,t}^i)$，设 $\varepsilon_{k,t}^i = c_{k,t}^i - c$，则式（4-10）可写成以下形式：

$$y_{k,t}^i = \theta x_{k,t}^i + c + \varepsilon_{k,t}^i \qquad (4-11)$$

因此，若知道价格需求弹性 η 的估计值，则可以估计出式（4-11）中的系数，从而求得 θ 值。

4.2.3 数据描述

本章使用的数据为 31 个省（自治区、直辖市）中石油、中石化的柴油销售数据，以及相关地区的宏观经济数据。柴油为 2013 年 1 月—2017 年 12 月的月度数据。对数据来源及其情况的说明如下：

（1）中石油及中石化量价数据。中石油柴油零售价格（pcry）：该地区中石油加油站销售柴油的价格，取当月加油站加油机每天的标价均值，单位已经经过换算，将元/升转为元/吨。该数据为笔者调研所得（本书使用的中石油、中石化量价数据来源均一致）。中石油柴油零售量（qcry）：该地区中石油加油站售出柴油总量，单位是吨。中石油柴油批发价格（pcwy）：该地区中石油向经销商、大客户等销售柴油的价格加权平均值。中石油柴油批发量（qcwy）：该地区中石油批发的柴油总量，单位为吨。中石油柴油购进价格（pcin）：该地区中石油销售企业购进柴油的价格，相当于柴油的购进成本，单位为元/吨。中石化柴油零售价格（pxry）：与中石油相关数据对应的中石化数据，是中石化加油站柴油销售价格的月度平均值。中石化柴油零售量（qxry）：该地区中石化加油站柴油销售的总量。中石化柴油批发价格（pxwy）：该地区中石化在批发市场的价格加权均值。中石化柴油批发量（qxwy）：该地区中石化柴油批发销量之和。中石化柴油购进价格（cost）：参考中石油购进价格的分布情况，在（1.05，1.15）随机系数情况下，根据中石化零售价格换算得到的购进价格，相当于虚拟的购进价。

（2）宏观经济及油价数据。国内生产总值（GDP）：该地区当月的 GDP，数据源自国家统计局。消费者物价指数（CPI）：该地区当月的 CPI 指数，数据源自国家统计局。国际油价（pbrt）：布伦特油价的月度平均值，数据来源为 Wind 数据库。工业增速（hgzjr）：该地区当月工业增加值的同比增长率，数据源自国家统计局。新增道路长度（xzcd）：该地区当年新增道路长度，数据源自国家统计局。

对相关变量的基本描述统计见表 4 - 1。

表 4 - 1　变量的描述性统计

变量	符号	单位	观测值	均值	标准差	最小值	最大值
中石油柴油零售价格	pcry	元/吨	1860	7036.58	1224.98	4082.68	16 904.20
中石油柴油零售量	qcry	吨	1860	93 865.05	66 601.98	6022.23	335 694.60
中石油柴油批发价格	pcwy	元/吨	1848	6322.36	1325.95	600.46	9374.00
中石油柴油批发量	qcwy	吨	1848	52 678.27	39 342.80	534.00	729 060.00
中石油柴油购进价格	pcin	元/吨	1860	6322.29	1163.86	3895.00	11 220.97
中石化柴油零售价格	pxry	元/吨	1760	7028.72	1134.32	4395.45	9643.00
中石化柴油零售量	qxry	吨	1859	145 780.40	127 508.30	950.00	690 000.00
中石化柴油批发价格	pxwy	元/吨	1703	6370.23	1304.87	3725.00	9519.35
中石化柴油批发量	qxwy	吨	1762	77 524.87	88 075.11	574.00	611 600.00
中石化柴油购进价格	cost	元/吨	1860	6363.06	1044.50	3945.25	8769.98
国内生产总值	GDP	万元	1860	7976.60	8730.12	152.87	72 678.18
消费者物价指数	CPI		1860	100.73	1.03	98.28	104.66
国际油价	pbrt	美元/桶	1860	3286.48	1219.91	1479.83	5303.61
工业增速	hgzjr	%	1477	12.09	26.59	- 23.80	230.35
新增道路长度	xzcd	千米	1487	452.59	737.46	-4626.00	2574.00

4.3　实证结果

4.3.1　价格弹性

按照理论模型，本节从成品油零售市场、批发市场和总市场三个层面衡量价格和数量间的关系。此外，在回归法中将最小二乘虚拟变量（Least Square Dummy Variable，LSDV）与面板校正标准误差两者相互结合，还考虑时间效应和地区虚拟变量，可以解决异方差和自相关等常见问题。考虑成品油属于正常商品，其价格升高会导致需求量降低。因此在模型中价格需求弹性 η 为负值。

在具体的实证过程中，考虑了时间效应和地区虚拟变量，并进行了一系列检验，结果发现模型具有明显的异方差和内生性，因此，使用工具变量法进行了面板回归分析。过程中进行了多次比选和验证，基本解决了异方差、自相关及内生性等问题。具体检验过程在 4.4 节详细叙述，在表 4-2 结果中，模型（4-1）与模型（4-2）为面板工具变量法测算得到的模型结果，模型（4-3）为 FGLS-PSAR 模型结果，其价格弹性系数用于本章研究。

结论显示，零售市场上，价格需求弹性为 0.73；在批发市场上，价格需求弹性为 0.26；而在总市场上，价格需求弹性为 0.27。相关系数在 5% 的置信水平下均显著。其经济含义为：在零售市场中，当其余因素不变，价格升高一个单位会引起其需求量减少 0.73；而在批发市场上，其他条件不变时，价格升高会导致需求量减小 0.26 个单位；就总市场而言，价格升高会使得需求减小 0.27 个单位。由此说明，柴油的需求量变动与价格的变化具有显著的负向关系；相对于零售市场，批发市场的需求量更大，但是价格弹性不足，在具体的营销方面有不同的策略方式。

表 4-2 不同柴油市场的价格弹性

变量	模型（4-1） ln（零售量） IV	模型（4-2） ln（批发量） IV	模型（4-3） ln（总销量） FGLS-PSAR
ln（零售价）	-0.730 *** (0.144)		
ln（批发价）	0.603 *** (0.098)	-0.272 * (0.149)	
ln（批发量）	0.0990 *** (0.0132)		
ln（总价格）			-0.272 *** (0.0581)

续表

变量	模型（4-1）ln（零售量）IV	模型（4-2）ln（批发量）IV	模型（4-3）ln（总销量）FGLS-PSAR
工业增速	0.003 16 ***	0.000 289	0.002 61 **
	(0.000 719)	(0.001 82)	(0.00117)
lnGDP	0.0758 ***	0.0336	0.0702 ***
	(0.0168)	(0.0426)	(0.0161)
CPI	-0.0435 ***	0.0163	-0.0258 ***
	(0.008 64)	(0.0217)	(0.007 68)
新增道路长度	1.41×10^{-5} **	-4.83×10^{-5} ***	-1.30×10^{-5} *
	(6.85×10^{-6})	$(1.74e \times 10^{-5})$	(6.90×10^{-6})
ln（人均可支配收入）	-0.0755 ***	0.0407	-0.0306
	(0.0249)	(0.0619)	(0.0248)
时间趋势	-0.005 71 ***	-0.005 01 **	-0.006 59 ***
	(0.000 809)	(0.002 35)	(0.000 836)
地区个体效应	控制	控制	控制
常数	16.35 ***	11.45 ***	17.07 ***
	(1.011)	(2.352)	(0.869)
观测值	1019	1029	1069
省（自治区、直辖市）数量	27	27	28

注：括号内值为标准误差值；* 表示在 10% 水平下显著；** 表示在 5% 水平下显著；*** 表示在 1% 水平下显著。

4.3.2　边际成本

根据理论模型，θ 为取值在（0, 1）的待定参数。当 θ 值是 0 时，表明边际成本和销量呈现出正线性关系；当 θ 值是 1 时，表明边际成本和销量无关。表 4-3 展示了对各地企业的边际成本数据估计的结果，即对应市场下表示边际成本与销量关系的待定参数。柴油实证结果显示，中石油、中石化各个市场的石油边际成本与销量的关系均显著，且接近于负向的线性关系。其中，中石油的批发市场待定参数为 0.0387，而中石化的批发市场待定参数为

0.0122，中石油批发市场的边际成本对最终销量影响更大。就总市场而言，中石油边际成本对销量的影响也高于中石化。

表 4 - 3 不同柴油市场边际成本与销量关系的待定参数值

变量	模型 (4 - 7) 中石油 零售市场	模型 (4 - 8) 中石化 零售市场	模型 (4 - 9) 中石油 批发市场	模型 (4 - 10) 中石化 批发市场	模型 (4 - 11) 中石油 总市场	模型 (4 - 12) 中石化 总市场
θ	0.0315 ***	0.0309 ***	0.0387 ***	0.0122 *	0.0353 ***	0.0146 *
	(0.006 08)	(0.006 08)	(0.006 45)	(0.007 06)	(0.007 48)	(0.007 96)
常数	- 0.373 ***	- 0.373 ***	- 1.422 ***	- 1.434 ***	- 1.310 ***	- 1.329 ***
	(0.006 46)	(0.008 51)	(0.007 06)	(0.009 27)	(0.007 60)	(0.0104)
样本	1860	1760	1800	1700	1788	1699

注：括号内为 t 统计量；* 表示在 10% 水平下显著；** 表示在 5% 水平下显著；*** 表示在 1% 水平下显著。

由此说明，对于中石油，降低企业的边际成本是其提高成品油销量的一项更为可行的措施。为了进一步研究不同企业、不同市场的成品油销量及其决定因素，下文在边际成本的基础上分别计算出不同企业、不同市场的行为参数，进而具体分析其市场竞争情况。

4.3.3 行为参数

在价格弹性的基础上计算出每个企业每个时期在各地的边际成本，在式 (4 - 11) 的基础上分别计算出了中石油和中石化在零售市场、批发市场和总市场上的行为参数。表 4 - 4 集中展示了全国不同地区的中石油企业和中石化企业市场行为参数的平均值。

表 4 - 4 全国各地企业柴油市场行为参数

地区	中石油行为参数			中石化行为参数		
	零售市场	批发市场	总市场	零售市场	批发市场	总市场
安徽	- 0.90	- 1.08	- 1.02	- 0.96	- 1.03	- 1.00
北京	- 1.07	- 1.04	- 1.03	- 0.91	- 0.99	- 0.97
福建	- 0.87	- 1.07	- 1.01	- 0.95	- 1.03	- 1.00
甘肃	- 0.94	- 0.99	- 0.99	- 0.16	- 0.99	- 0.90
广东	- 0.67	- 1.03	- 0.98	- 0.90	- 1.01	- 0.98
广西	- 0.73	- 0.98	- 0.94	- 0.90	- 0.99	- 0.97

续表

地区	中石油行为参数			中石化行为参数		
	零售市场	批发市场	总市场	零售市场	批发市场	总市场
贵州	− 0.73	− 1.02	− 0.96	− 0.87	− 1.01	− 0.97
海南	− 0.77	− 1.07	− 1.01	− 0.40	− 0.42	− 0.41
河北	− 1.01	− 1.05	− 1.03	− 1.05	− 1.06	− 1.03
河南	− 0.95	− 1.05	− 1.02	− 0.94	− 1.03	− 0.99
黑龙江	− 1.06	− 1.07	− 1.04	0	0	0
湖北	− 1.22	− 1.05	− 1.07	− 1.10	− 1.03	− 1.03
湖南	− 0.74	− 1.06	− 0.99	− 0.93	− 1.02	− 0.99
吉林	− 0.95	− 1.01	− 0.99	− 0.93	− 1.10	− 1.01
江苏	− 1.19	− 1.07	− 1.08	− 1.05	− 1.03	− 1.02
江西	− 0.63	− 1.07	− 1.02	− 0.94	− 1.04	− 1.00
辽宁	− 0.95	− 1.02	− 1.00	− 0.91	− 1.06	− 1.00
内蒙古	− 0.92	− 1.00	− 0.99	− 0.94	− 1.09	− 1.00
宁夏	− 0.88	− 0.97	− 0.96	− 0.67	− 0.96	− 0.91
青海	− 0.94	− 1.00	− 0.99	− 0.92	− 0.99	− 0.97
山东	− 1.14	− 1.08	− 1.01	− 0.93	− 1.02	− 0.99
山西	− 1.05	− 1.19	− 1.20	− 1.11	− 1.16	− 1.13
陕西	− 0.92	− 1.10	− 1.00	− 0.83	− 1.03	− 0.96
上海	− 0.77	− 1.07	− 1.02	− 0.91	− 1.03	− 0.97
四川	− 0.89	− 1.00	− 0.98	− 0.63	− 1.00	− 0.93
天津	− 0.81	− 1.06	− 1.03	− 0.97	− 1.03	− 1.00
西藏	− 0.96	0	0	− 0.72	0	0
新疆	− 0.91	− 0.98	− 0.97	− 0.74	− 0.99	− 0.96
云南	− 1.00	− 1.09	− 1.05	− 1.01	− 1.10	− 1.04
浙江	− 0.49	− 1.09	− 0.95	− 0.92	− 1.02	− 0.99
重庆	− 0.92	− 1.02	− 0.99	− 0.86	− 0.95	− 0.94

注：参数 "0" 主要是由于数据缺失或者运算原因计算得到的，并不代表该参数的值为 "0"。

4.3.4 竞争模式的识别

1. 基本判断

根据上述理论模型的设定，笔者对全国各地中石油及中石化的零售市场、批发市场及总市场的竞争模式分别进行了识别（表4-5和表4-6），并分别从市场与地区的角度对市场竞争模式进行了总结。

就历年的平均情况的估算结果来看，大部分参数均为负值，且接近于 -1，即全国各地中石油及中石化的大部分企业为伯川德竞争模式，这与行业目前的竞争情况较为相符，且符合前文的基本假说4-1。根据本章的假设，当推测变分参数接近于 -1 时，市场竞争接近伯川德竞争；当参数趋近于0，市场接近于古诺竞争；当参数接近于1时，市场竞争类似卡特尔。为了便于区分，以0.7作为区分市场竞争情况的参数标准，基于此对市场进行判断。

从零售市场来看，广东、浙江、江西三省中石油的零售市场介于伯川德竞争与古诺竞争之间，其余地区的市场均为伯川德竞争；在全国各地中石化的市场竞争中，甘肃、海南、宁夏、四川等地区的零售市场介于伯川德竞争与古诺竞争之间，其余地区的市场为伯川德竞争。从批发市场与总市场来看，海南中石化批发市场介于伯川德与古诺竞争两者之间。

从模型结果来看，甘肃、四川、宁夏、海南等地区的竞争情况较为特殊，在大部分市场中，其竞争都是介于伯川德与古诺两种竞争之间，这与其市场情况基本相符。甘肃、四川市场具有一定相似性，以甘肃为例，对该结果的解释有三种：一是中石油占有较大的市场份额，以2017年数据为例，甘肃省中石油柴油的相对市场份额（相对于中石化的市场份额，下同）为88%；二是该市场的油品来源以中国石油的炼厂为主，甘肃、新疆等地中石油的炼厂产能达到4680万吨/年；三是由于历史原因，中石油在该市场上的经营时间较长，中石化作为后来者，在市场中缺乏竞争力。宁夏、海南市场较为相似，对该结果的解释有三种：一是市场容量较小；二是第三方企业的竞争力较强，主要是存在第三方炼厂或者距离第三方炼厂距离较近，如宁夏有地方炼厂宝塔石化，海南距离中海油炼厂距离较近；三是存在部分数据的缺失，计算市场弹性过程中对企业价格的区分不明显，此外黑龙江、西藏等地，中石化价格数据缺失较多，导致部分市场无法计算相关参数。

表 4 - 5　全国各地中石油柴油市场竞争模式的识别

市场类型	竞争模式	主要地区
零售市场	伯川德竞争	安徽、河北、湖南、辽宁、山东、四川、云南、北京、广西、河南、吉林、内蒙古、山西、天津、福建、贵州、黑龙江、宁夏、陕西、西藏、重庆、甘肃、海南、湖北、江苏、青海、上海、新疆
	介于伯川德竞争与古诺竞争之间	广东、浙江、江西
批发市场	伯川德竞争	广东、河北、湖南、辽宁、山东、云南、广西、河南、吉林、内蒙古、山西、天津、浙江、贵州、黑龙江、江苏、陕西、重庆、甘肃、江西、青海、上海、新疆、安徽、北京、福建、海南、湖北、宁夏、四川
总市场	伯川德竞争	安徽、广东、河北、湖南、辽宁、山东、四川、云南、北京、广西、河南、吉林、内蒙古、山西、天津、福建、贵州、黑龙江、陕西、西藏、重庆、甘肃、海南、湖北、江西、青海、上海、新疆、浙江、江苏、宁夏

表 4 - 6　全国各地中石化柴油市场竞争模式的识别

市场类型	竞争模式	主要地区
零售市场	伯川德竞争	安徽、广东、河北、湖南、辽宁、山东、云南、北京、广西、河南、吉林、内蒙古、山西、天津、福建、贵州、黑龙江、陕西、西藏、重庆、湖北、江西、青海、上海、新疆、浙江、江苏
	介于伯川德竞争与古诺竞争之间	甘肃、海南、宁夏、四川
批发市场	伯川德竞争	安徽、广东、河北、湖南、辽宁、山东、四川、云南、北京、广西、河南、吉林、内蒙古、山西、天津、福建、贵州、黑龙江、陕西、西藏、湖北、江西、青海、上海、新疆、浙江、江苏、甘肃、宁夏
	介于伯川德竞争与古诺竞争之间	海南
总市场	伯川德竞争	安徽、广东、河北、湖南、辽宁、山东、四川、云南、北京、广西、河南、吉林、内蒙古、山西、天津、福建、贵州、黑龙江、宁夏、陕西、西藏、重庆、湖北、江西、青海、上海、新疆、浙江、江苏、甘肃、宁夏
	介于伯川德竞争与古诺竞争之间	海南

2. 变化情况

为了更进一步理解不同地区的市场行为参数变化情况，进而剖析其竞争模式的变化，进一步分析不同地区行为参数的历年变化情况。

从不同地区历年行为参数的变动角度分析，可归纳出不同市场下地区间市场竞争模式的变动情况（图4-1～图4-6）❶。图4-1为中石油柴油零售市场的行为参数历年变化图，结合上述理论模型的设定，行为参数的临界值-1、0、1分别表示伯川德竞争、古诺竞争、卡特尔竞争的划分边界。以浙江省中石油柴油零售市场为例，2015年以前，行为参数在临界值0附近波动，体现为古诺竞争模式，在2015年以后围绕临界值-1上下波动，更接近于伯川德竞争；从时间趋势上看，浙江省中石油柴油零售市场体现为由古诺竞争向伯川德竞争过渡的特征，发生转变的时间节点为2015年。类似地，可将图示其他地区的竞争模式归纳为由古诺竞争向伯川德竞争过渡，出现过渡的明显年份为2015年，省（自治区、直辖市）共有15个：上海、天津、安徽、山东、山西、广东、广西、江苏、河北、河南、浙江、海南、湖南、福建及贵州。而江西的历年竞争模式变动呈现出更为复杂的特征，其中2015年之前介于古诺竞争与卡特尔竞争之间，而2015年之后则逐步过渡为伯川德竞争。在中石化柴油零售市场的行为参数历年变化图（图4-4）中，也可归纳出类似的特征：吉林、四川、宁夏、新疆、辽宁、重庆、陕西、青海8地呈现出古诺竞争向伯川德竞争的过渡，过渡年份为2015年；而甘肃省的历年竞争模式变动呈现出更为复杂的特征，其中2013—2015年介于古诺竞争与卡特尔竞争之间，而2017年之后则逐步过渡为伯川德竞争。

与零售市场相比，中石油与中石化批发市场中呈现古诺竞争向伯川德竞争过渡的省（自治区、直辖市）数量明显更多（中石油与中石化批发市场均为21个）；从参数的波动性上来看，批发市场的参数波动幅度更大，这与批发市场不受站点限制、进入壁垒更低有关。从时间趋势来看，与零售市场一致，2015年是出现明显过渡的年份，参数的变化较大。图4-2显示中石油柴油批发市场的参数变化情况，出现明显的由古诺竞争向伯川德竞争过渡的包括：上海、内蒙古、北京、吉林、四川、天津、宁夏、安徽、广西、新疆、江苏、江西、河北、河南、海南、湖北、甘肃、辽宁、重庆、陕西、青海。

---

❶ 受篇幅所限，本书只展示部分地区的相关曲线。

同样，在中石化柴油批发市场中（图 4 - 5），出现类似特征的有：上海、云南、天津、安徽、山东、陕西、广东、广西、新疆、江苏、江西、河北、河南、浙江、湖北、湖南、甘肃、福建、贵州、辽宁、陕西、重庆。批发市场中三个阶段转化的省（自治区、直辖市）数量偏多，经过了从卡特尔竞争到古诺竞争再到伯川德竞争变化的有：中石油批发市场中的山东、山西、浙江，中石化批发市场中的内蒙古、吉林、四川、青海等。时间上以 2013 年和 2015 年为主要转折时间点。

就总市场而言，中石油共有 13 个省（自治区、直辖市）呈现古诺竞争向伯川德竞争过渡的特征，中石化共有 12 个省（自治区、直辖市）呈现古诺竞争向伯川德竞争过渡的特征。为了更加直观地展示竞争模式过渡的特征，结果总结见表 4 - 7。

表 4 - 7　不同地区柴油市场竞争模式过渡特征总结

市场类型	古诺竞争→伯川德竞争	卡特尔竞争→古诺竞争→伯川德竞争
中石油零售市场	上海、天津、安徽、山东、山西、广东、广西、江苏、河北、河南、浙江、海南、湖南、福建、贵州	江西
中石油批发市场	上海、内蒙古、北京、吉林、四川、天津、宁夏、安徽、广西、新疆、江苏、江西、河北、河南、海南、湖北、甘肃、辽宁、重庆、陕西、青海	山东、山西、浙江
中石化零售市场	吉林、四川、宁夏、新疆、辽宁、重庆、陕西、青海	甘肃
中石化批发市场	上海、云南、天津、安徽、山东、陕西、广东、广西、新疆、江苏、江西、河北、河南、浙江、湖北、湖南、甘肃、福建、贵州、辽宁、陕西、重庆	内蒙古、吉林、四川、青海
中石油总市场	上海、北京、天津、山西、广东、浙江、海南、湖北、湖南、甘肃、福建、贵州、辽宁	山东
中石化总市场	内蒙古、吉林、四川、宁夏、山西、新疆、甘肃、福建、辽宁、重庆、陕西、青海	无

整体来看，大部分地区为伯川德竞争模式或者由古诺竞争转化为伯川德竞争，少数地区经历了卡特尔竞争、古诺竞争到伯川德竞争模式的转化。这与本章提出的假说 4 - 2 是一致的。

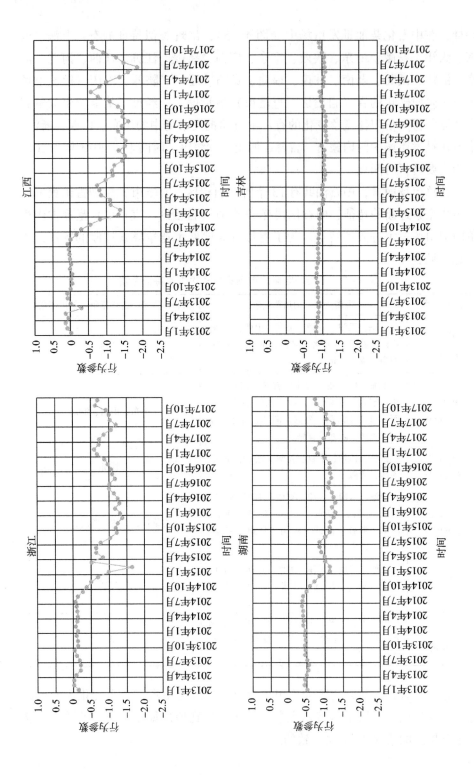

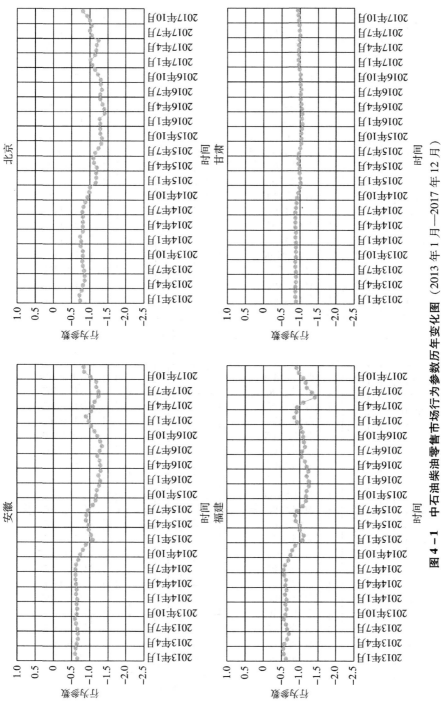

图 4－1　中石油柴油零售市场行为参数历年变化图（2013 年 1 月—2017 年 12 月）

数据来源：模型计算数据

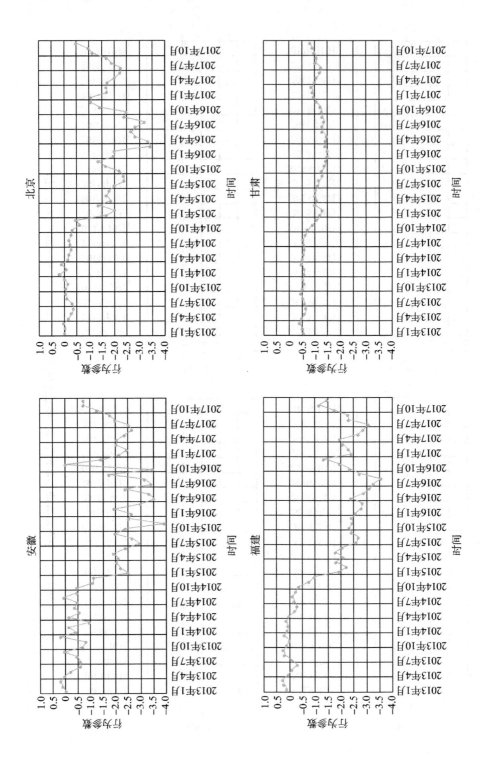

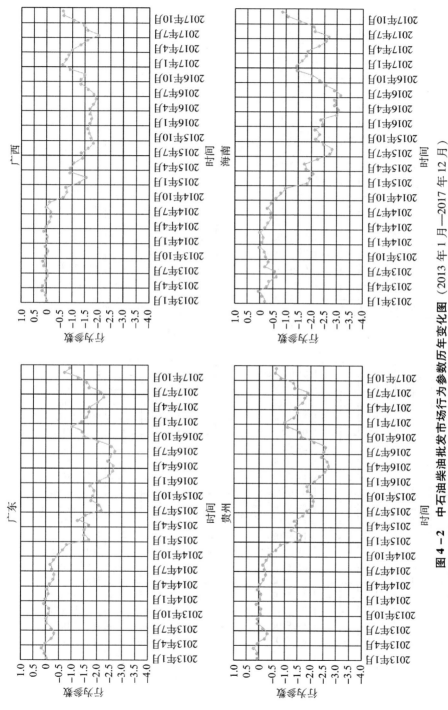

图 4-2　中石油柴油批发市场行为参数历年变化图（2013 年 1 月—2017 年 12 月）

数据来源：模型计算数据（缺少西藏数据）

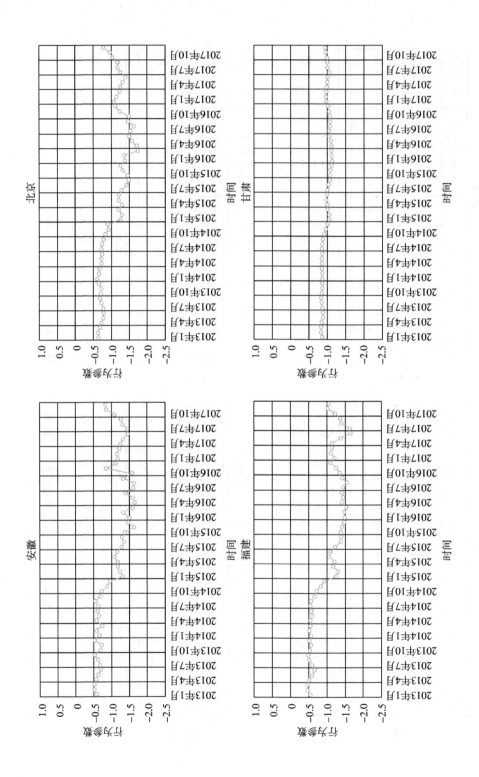

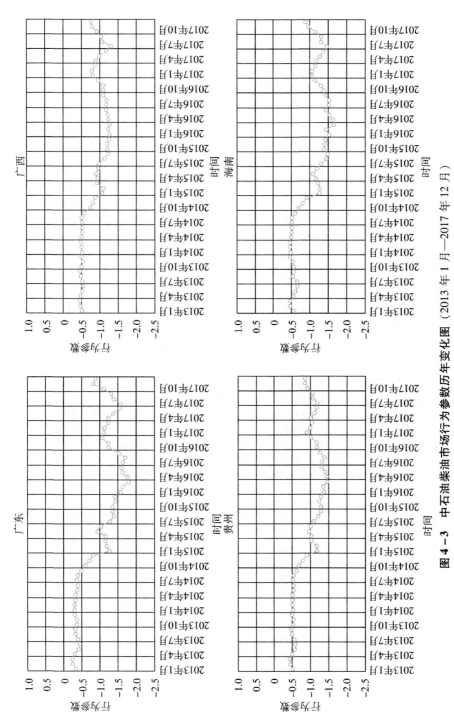

图 4-3　中石油柴油市场行为参数历年变化图（2013 年 1 月—2017 年 12 月）

数据来源：模型计算数据（缺西藏数据）

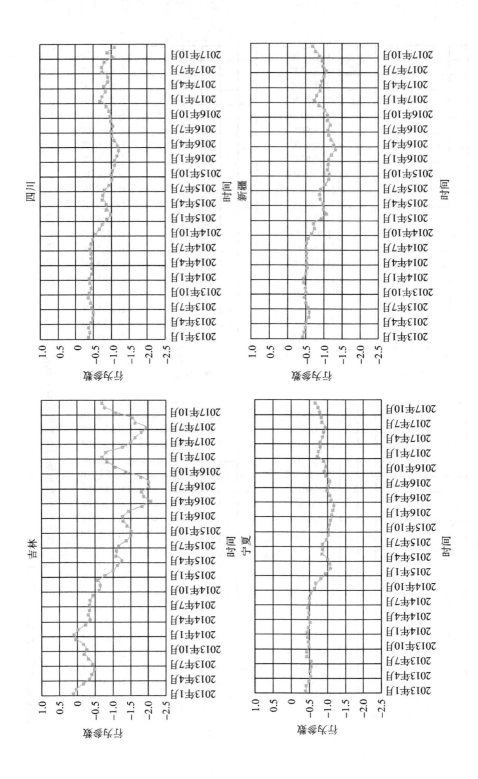

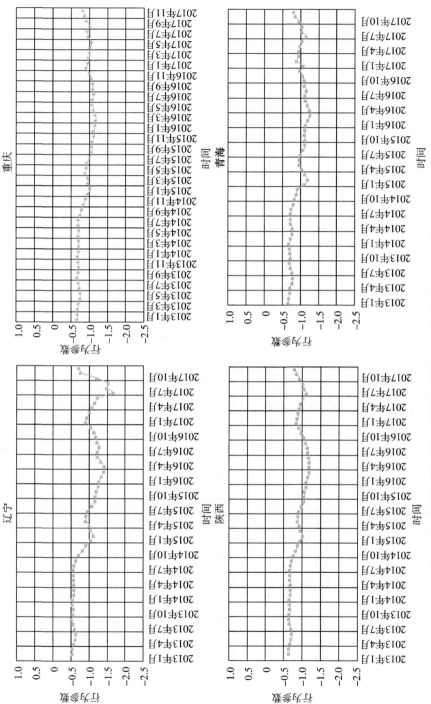

图 4-4 中石化柴油零售市场行为参数历年变化图（2013 年 1 月—2017 年 12 月）

数据来源：模型计算数据（缺黑龙江数据）

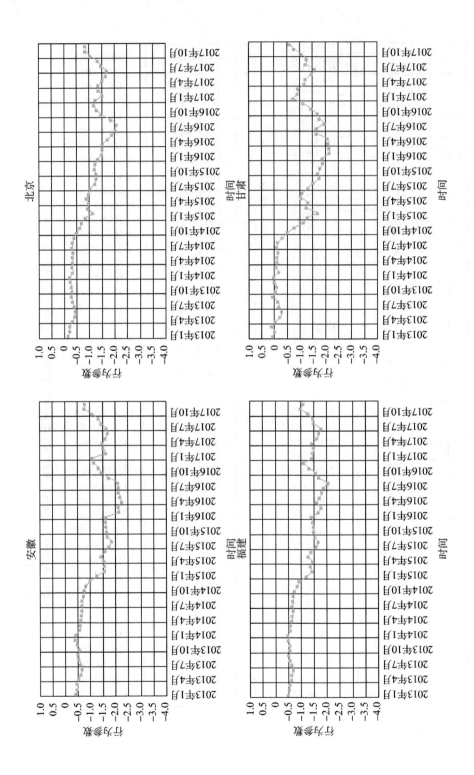

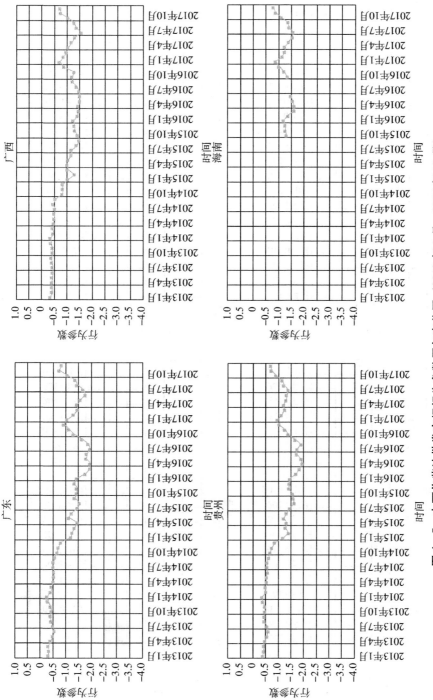

图 4-5　中石化柴油批发市场行为参数历年变化图（2013 年 1 月—2017 年 12 月）

数据来源：模型计算数据（缺黑龙江、西藏数据）

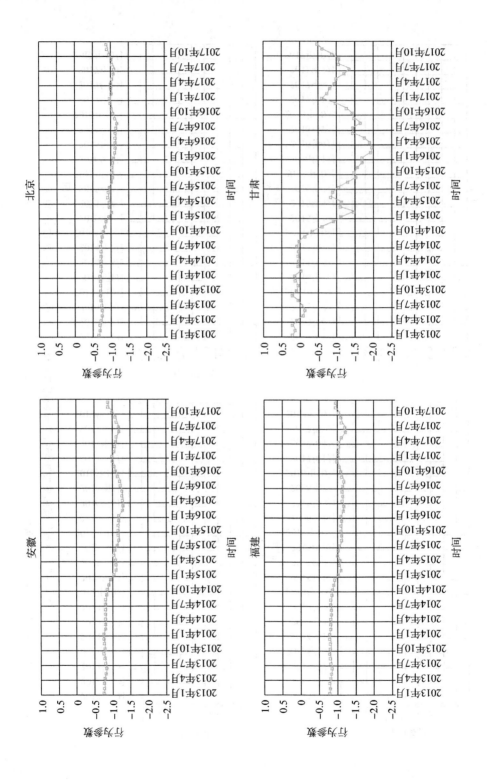

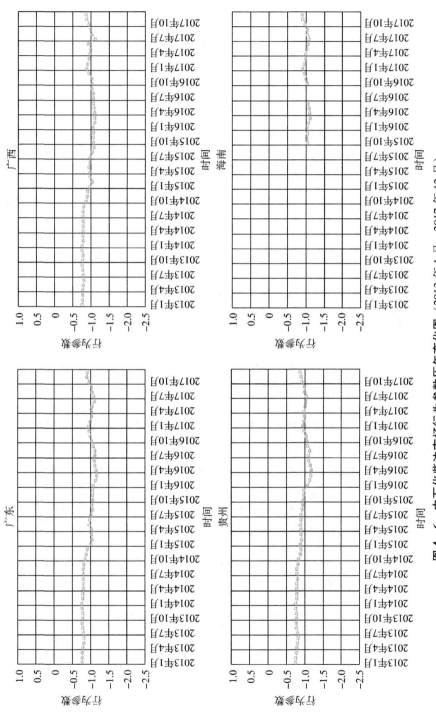

图 4-6　中石化柴油市场行为参数历年变化图（2013 年 1 月—2017 年 12 月）

数据来源：模型计算数据（缺黑龙江、西藏数据）

4.4 相关检验

4.4.1 异方差检验

本节估计柴油市场价格需求弹性时，由于面板数据为长面板，n 相对于 T 较小，采用 LSDV 法（虚拟变量法）加入个体虚拟变量来解决可能存在的固定效应；同时，使用"面板校正误差"这一模型，提供的信息为组间异方差以及同期相关稳健的标准误差。本节检验了模型的组内自相关，最终得到的结果见表 4-8：该检验的原假设为"不存在一阶组内自相关"，三个模型的结果均强烈拒绝原假设，因此，模型本身具有一阶组内自相关。

表 4-8　模型组内自相关检验结果

模型	F 值	P 值	结论
零售模型	15.661	0.0005	拒绝原假设
批发模型	7.881	0.0092	拒绝原假设
总模型	64.779	0	拒绝原假设

进一步分析，考虑到模型有效性，笔者对组间异方差和组间同期相关也进行了相应的检验。表 4-9 为组间异方差的检验结果，强烈拒绝同方差原假设；表 4-10 为组间同期相关结果，绝大部分结果拒绝原假设。

表 4-9　模型组间异方差检验结果

模型	回归模型	沃尔德检验值	P 值	结论
零售模型	面板 OLS	421.99	0	拒绝原假设
	FGLS	421.99	0	拒绝原假设
批发模型	面板 OLS	938.88	0	拒绝原假设
	FGLS	938.88	0	拒绝原假设
总模型	面板 OLS	623.19	0	拒绝原假设
	FGLS	623.19	0	拒绝原假设

表 4 – 10　模型组间同期相关检验结果

模型	检验方法	检验值	P 值	结论
零售模型	Friedman 检验	46. 661	0. 0108	无法拒绝原假设
	Pesaran 检验	10. 482	0	拒绝原假设
	Frees 检验	3. 568		拒绝原假设
批发模型	Friedman 检验	24. 686	0. 5921	无法拒绝原假设
	Pesaran 检验	26. 776	0	拒绝原假设
	Frees 检验	2. 726		拒绝原假设
总模型	Friedman 检验	62. 335	0. 0001	拒绝原假设
	Pesaran 检验	21. 961	0	拒绝原假设
	Frees 检验	3. 445		拒绝原假设

考虑模型本身存在组内自相关、组间异方差以及组间同期相关等异方差问题，笔者使用不同的回归方法对模型进行了讨论。具体模型结果见表 4 – 11 ~ 表 4 – 13。以零售模型为例，表 4 – 11 中，模型 (4 – 13) 是 OLS 回归结果，模型 (4 – 14) 是面板校正误差模型的回归结果，模型 (4 – 15) 和模型 (4 – 16) 是仅解决组内自相关的 FGLS 模型回归结果，模型 (4 – 17) 和模型 (4 – 18) 是解决组内自相关、组间异方差以及组间同期相关的 FGLS 模型回归结果。从模型的稳健性和效率来看，OLS 稳健性最好，全面 FGLS 效率最高。本节主要关注模型的弹性系数，对模型的效率要求较高，因此本节采用 FGLS 回归结果，且在面板数据为长面板 ($T > n$) 的情况下，选用 PSAR1 模型结果，可以使每个面板的扰动项过程有独立的系数。

表 4 – 11　零售价格弹性模型的结果对比

变量	模型 (4 – 13) OLS	模型 (4 – 14) PCSE	模型 (4 – 15) AR1	模型 (4 – 16) PSAR1	模型 (4 – 17) FGLS – AR1	模型 (4 – 18) FGLS – PSAR1
ln 零售价	– 0. 433 ***	– 0. 433 ***	– 0. 278 *	– 0. 288 **	– 0. 348 ***	– 0. 299 ***
	(0. 0971)	(0. 123)	(0. 161)	(0. 132)	(0. 0902)	(0. 0826)
ln 批发价	0. 425 ***	0. 425 ***	0. 291 ***	0. 319 ***	0. 326 ***	0. 304 ***
	(0. 0731)	(0. 0919)	(0. 109)	(0. 0926)	(0. 0616)	(0. 0561)
ln 批发量	0. 0896 ***	0. 0896 ***	0. 0856 ***	0. 0936 ***	0. 0726 ***	0. 0739 ***
	(0. 0125)	(0. 0150)	(0. 0165)	(0. 0144)	(0. 0104)	(0. 009 50)
工业增速	0. 003 06 ***	0. 003 06 ***	0. 002 49 **	0. 003 35 ***	0. 002 08 **	0. 002 34 **
	(0. 000 711)	(0. 000 811)	(0. 001 21)	(0. 000 862)	(0. 001 06)	(0. 000 970)

续表

变量	模型 (4-13) OLS	模型 (4-14) PCSE	模型 (4-15) AR1	模型 (4-16) PSAR1	模型 (4-17) FGLS-AR1	模型 (4-18) FGLS-PSAR1
lnGDP	0.0797 ***	0.0797 ***	0.0791 ***	0.108 ***	0.0269 **	0.0362 ***
	(0.0163)	(0.0205)	(0.0252)	(0.0254)	(0.0135)	(0.0126)
CPI	-0.0467 ***	-0.0467 ***	-0.0572 ***	-0.045⁶ ***	-0.0284 ***	-0.0249 ***
	(0.008 44)	(0.009 32)	(0.0108)	(0.008 91)	(0.006 90)	(0.006 16)
ln 新增 道路长度	1.54×10^{-5} **	1.54×10^{-5} ***	1.43×10^{-5} **	2.11×10^{-5} ***	3.30×10^{-6}	1.34×10^{-5} **
	(6.79×10^{-6})	(4.98×10^{-6})	(6.47×10^{-6})	(4.18×10^{-6})	(8.39×10^{-6})	(6.25×10^{-6})
ln 人均可 支配收入	-0.0596 **	-0.0596 ***	-0.0114	-0.0219	-0.001 99	-0.0302 *
	(0.0241)	(0.0188)	(0.0270)	(0.0234)	(0.0196)	(0.0163)
时间效应	是	是	是	是	是	是
地区效应	是	是	是	是	是	是
常数	15.46 ***	15.46 ***	15.89 ***	14.28 ***	13.85 ***	13.42 ***
	(0.937)	(1.104)	(1.564)	(1.321)	(0.857)	(0.778)
观测值	1069	1069	1069	1069	1069	1069
R^2	0.939	0.939	0.991	0.999		

注：括号内为标准误差值；* 表示在10%水平下显著；** 表示在5%水平下显著；*** 表示在1%水平下显著。

表 4-12 批发价格弹性模型的结果对比

变量	模型 (4-19) OLS	模型 (4-20) PCSE	模型 (4-21) AR1	模型 (4-22) PSAR1	模型 (4-23) FGLS-AR1	模型 (4-24) FGLS-PSAR1
ln 批发价	-0.717 ***	-0.717 ***	-1.250 ***	-1.318 ***	-0.970 ***	-1.082 ***
	(0.109)	(0.133)	(0.157)	(0.139)	(0.104)	(0.0995)
工业增速	0.000 699	0.000 699	0.001 61	0.002 61	0.002 07	0.002 68 *
	(0.001 80)	(0.001 73)	(0.001 76)	(0.001 68)	(0.001 51)	(0.001 47)
lnGDP	0.0738 *	0.0738	0.178 ***	0.178 ***	0.145 ***	0.158 ***
	(0.0412)	(0.0540)	(0.0594)	(0.0542)	(0.0349)	(0.0335)
CPI	0.0260	0.0260	-0.004 41	-0.0145	-0.005 94	-0.005 36
	(0.0215)	(0.0225)	(0.0218)	(0.0210)	(0.0169)	(0.0168)
ln 新增 道路长度	-5.64×10^{-5} ***	-5.64×10^{-5} ***	-5.31×10^{-5} ***	-7.10×10^{-5} ***	-5.40×10^{-5} ***	-6.48×10^{-5} ***
	(1.71×10^{-5})	(1.20×10^{-5})	(1.54×10^{-5})	(1.03×10^{-5})	(1.73×10^{-5})	(1.27×10^{-5})

续表

变量	模型 (4-19) OLS	模型 (4-20) PCSE	模型 (4-21) AR1	模型 (4-22) PSAR1	模型 (4-23) FGLS-AR1	模型 (4-24) FGLS-PSAR1
ln 人均可	0.0522	0.0522	0.0382	0.00858	-0.0652	-0.0733
支配收入	(0.0614)	(0.0845)	(0.0856)	(0.0709)	(0.0506)	(0.0474)
时间效应	是	是	是	是	是	是
地区效应	是	是	是	是	是	是
常数	14.16***	14.16***	21.17***	23.01***	20.13***	21.02***
	(2.203)	(2.427)	(2.570)	(2.420)	(1.809)	(1.787)
观测值	1069	1069	1069	1069	1069	1069
R^2	0.724	0.724	0.930	0.988		

注：括号内为标准误差值；* 表示在 10% 水平下显著；** 表示在 5% 水平下显著；*** 表示在 1% 水平下显著。

表 4-13　总市场价格弹性模型的结果对比

变量	模型 (4-25) OLS	模型 (4-26) PCSE	模型 (4-27) AR1	模型 (4-28) PSAR1	模型 (4-29) FGLS-AR1	模型 (4-30) FGLS-PSAR1
ln 总价格	-0.144**	-0.144	-0.373**	-0.363**	-0.269***	-0.272***
	(0.0628)	(0.120)	(0.147)	(0.144)	(0.0625)	(0.0581)
工业增速	0.00206**	0.00206**	0.00237*	0.00293***	0.00268**	0.00261**
	(0.000850)	(0.000958)	(0.00121)	(0.00105)	(0.00123)	(0.00117)
lnGDP 增量	0.0765***	0.0765**	0.104***	0.111***	0.0675***	0.0702***
	(0.0193)	(0.0309)	(0.0328)	(0.0323)	(0.0167)	(0.0161)
CPI	-0.0280***	-0.0280**	-0.0447***	-0.0459***	-0.0294***	-0.0258***
	(0.0101)	(0.0130)	(0.0136)	(0.0130)	(0.00826)	(0.00768)
ln 新增 道路长度	-9.94×10^{-6}	-9.94×10^{-6}	-9.99×10^{-6}	-1.08×10^{-5}**	-1.40×10^{-5}*	-1.30×10^{-5}*
	(8.09×10^{-6})	(6.56×10^{-6})	(8.09×10^{-6})	(5.26×10^{-6})	(8.15×10^{-6})	(6.90×10^{-6})
ln 人均可	-0.0207	-0.0207	0.00516	-0.0121	-0.0244	-0.0306
支配收入	(0.0288)	(0.0382)	(0.0377)	(0.0343)	(0.0260)	(0.0248)
时间效应	是	是	是	是	是	是
地区效应	是	是	是	是	是	是
常数	16.01***	16.01***	19.24***	19.36***	17.37***	17.07***
	(1.072)	(1.589)	(1.825)	(1.757)	(0.939)	(0.869)
观测值	1069	1069	1069	1069	1069	1069
R^2	0.899	0.899	0.984	0.998		

注：括号内为标准误差值；* 表示在 10% 水平下显著；** 表示在 5% 水平下显著；*** 表示在 1% 水平下显著。

4.4.2 多重共线性检验

本节使用方差膨胀因子测算模型变量的多重共线性，由于价格需求弹性模型既关注所有变量的整体效应，也关注单个变量贡献估计，需要对各个变量的方差膨胀因子都进行测算。表 4-14 为价格需求弹性估计模型中各个变量的多重共线性检验数据。根据经验规则来看，3 个模型里最大的 VIF 不超过10，不必担心存在多重共线性。

表 4-14　模型变量多重共线性检验结果

变量	ln（零售量）		ln（批发量）		ln（总销量）	
	VIF	1/VIF	VIF	1/VIF	VIF	1/VIF
ln（零售价）	8.16	0.12				
ln（批发价）	8.23	0.12	1.05	0.95		
ln（总价）					1.05	0.96
ln（批发量）	1.65	0.61				
lnGDP	1.77	0.56	1.17	0.85	1.17	0.85
CPI	1.12	0.89	1.09	0.92	1.09	0.92
工业增速	1.12	0.90	1.11	0.90	1.11	0.90
ln（人均可支配收入）	1.11	0.90	1.07	0.94	1.07	0.94
新增道路面积	1.08	0.92	1.05	0.95	1.06	0.95
平均值	3.03		1.09		1.09	

4.4.3 稳健性检验

稳健性检验主要用来分析评估方法与指标解释水平的强壮性，即一旦某参数发生变化，评估方法与指标是不是依然对评估结果保持较为一致且较为稳定的解释。从整体上来看，稳健性检验方法大体包括三类：一是通过对数据进行分析，依据标准进行分类，观察最终得到的结果是不是仍然显著；二是从变量出发，进行变量增减或者替换并观察结果是否显著；三是从计量方法出发，使用不同方法进行回归，观察回归结果。

表 4-15 ~ 表 4-17 分别是零售模型、批发模型及总模型的稳健性检验结果。以零售模型为例，表 4-15 中，模型（4-31）~ 模型（4-35）为逐渐增

表 4-15　零售模型稳健性检验结果

变量	模型 (4-31)	模型 (4-32)	模型 (4-33)	模型 (4-34)	模型 (4-35)	模型 (4-36)	模型 (4-37)	模型 (4-38)
Ln (零售价)	-0.380***	-0.373***	-0.354***	-0.347***	-0.299***	-0.266***	-0.132*	-0.598***
	(0.0937)	(0.0668)	(0.0677)	(0.0814)	(0.0826)	(0.0988)	(0.0758)	(0.109)
Ln (批发价)	0.357***	0.307***	0.289***	0.320***	0.304***	0.460***	0.380***	0.341***
	(0.0690)	(0.0474)	(0.0491)	(0.0555)	(0.0561)	(0.0743)	(0.0549)	(0.0748)
Ln (批发量)	0.119***	0.0662***	0.0645***	0.0749***	0.0739***	0.169***	0.0863***	0.151***
	(0.0129)	(0.008 17)	(0.008 26)	(0.009 31)	(0.009 50)	(0.0118)	(0.009 36)	(0.0120)
工业增速		0.001 74**	0.001 88**	0.002 48***	0.002 34***	0.000 855***	0.003 10***	0.000 934***
		(0.000 827)	(0.000 826)	(0.000 963)	(0.000 970)	(0.000 259)	(0.000 951)	(0.000 268)
LnGDP			0.0159	0.0151	0.0362***	0.169***	0.0235*	0.181***
			(0.009 93)	(0.0111)	(0.0126)	(0.0118)	(0.0124)	(0.0117)
CPI					-0.0249***	-0.0475***	-0.0257***	-0.0429***
					(0.006 16)	(0.006 71)	(0.006 14)	(0.006 60)
Ln (新增道路面积)				1.04×10^{-5}	1.34×10^{-5} ***	6.15×10^{-5} ***	1.93×10^{-5} ***	4.57×10^{-5} ***
				(6.73×10^{-6})	(6.25×10^{-6})	(1.23×10^{-5})	(5.54×10^{-6})	(1.22×10^{-5})
Ln (人均可支配收入)					-0.0302*	-0.244***	-0.0417**	-0.232***
					(0.0163)	(0.0124)	(0.0162)	(0.0124)
时间趋势	是	是	是	是	是	否	否	是
地区变量	是	是	是	是	是	否	是	否
常数	10.73***	11.83***	11.66***	11.09***	13.42***	14.32***	11.34***	18.04***
	(0.484)	(0.450)	(0.434)	(0.552)	(0.778)	(0.854)	(0.663)	(1.026)
观测值	1650	1355	1355	1070	1069	1069	1069	1069

注：括号内为标准误差值；* 表示在 10%水平下显著；** 表示在 5%水平下显著；*** 表示在 1%水平下显著。

表 4 - 16　批发模型稳健性检验结果

变量		模型 (4-39)	模型 (4-40)	模型 (4-41)	模型 (4-42)	模型 (4-43)	模型 (4-44)	模型 (4-45)	模型 (4-46)
Ln (批发价)		-0.648***	-0.634***	-0.676***	-1.089***	-1.082***	-0.785***	-0.433***	-1.781***
		(0.0693)	(0.0694)	(0.0720)	(0.0990)	(0.0995)	(0.0816)	(0.0583)	(0.113)
工业增速			0.003 72***	0.003 58***	0.002 78*	0.002 68*	-0.000 477	0.003 69***	0.000 351
			(0.001 35)	(0.001 33)	(0.001 46)	(0.001 47)	(0.000 493)	(0.001 36)	(0.000 590)
LnGDP				0.0597**	0.139***	0.158***	0.271***	0.0702**	0.339***
				(0.0294)	(0.0308)	(0.0335)	(0.0265)	(0.0318)	(0.0244)
CPI						-0.005 36	-0.0271*	0.007 68	-0.0242*
						(0.0168)	(0.0146)	(0.0166)	(0.0138)
Ln (新增道路面积)					-6.58×10^{-5}***	-6.48×10^{-5}***	2.86×10^{-5}	-5.74×10^{-5}***	-1.10×10^{-5}
					(1.27×10^{-5})	(1.27×10^{-5})	(2.49×10^{-5})	(1.38×10^{-5})	(2.19×10^{-5})
Ln (人均可支配收入)						-0.0733	-0.150***	-0.127***	-0.0754***
						(0.0474)	(0.0283)	(0.0488)	(0.0257)
时间趋势		是	是	是	是	是	否	否	是
地区变量		是	是	是	是	是	否	是	否
常数		17.14***	16.97***	16.79***	19.98***	21.02***	20.25***	15.09***	27.98***
		(0.628)	(0.631)	(0.649)	(0.864)	(1.787)	(1.662)	(1.691)	(1.692)
观测值		1654	1355	1355	1070	1069	1069	1069	1069

注：括号内为标准误差值；* 表示在10%水平下显著；** 表示在5%水平下显著；*** 表示在1%水平下显著。

表4-17 总模型稳健性检验结果

变量	模型 (4-47)	模型 (4-48)	模型 (4-49)	模型 (4-50)	模型 (4-51)	模型 (4-52)	模型 (4-53)	模型 (4-54)
Ln（总价）	-0.133*** (0.0409)	-0.200*** (0.0387)	-0.211*** (0.0390)	-0.285*** (0.0575)	-0.272*** (0.0581)	-0.189*** (0.0650)	0.0985*** (0.0326)	-0.939*** (0.0910)
工业增速		0.003 12*** (0.001 02)	0.003 09*** (0.001 01)	0.002 52*** (0.001 20)	0.002 61** (0.001 17)	-0.000 223 (0.000 367)	0.003 83*** (0.001 12)	0.000 252 (0.000 408)
LnGDP			0.0328** (0.0140)	0.0533*** (0.0152)	0.0702*** (0.0161)	0.164*** (0.0161)	0.0348** (0.0156)	0.194*** (0.0154)
CPI					-0.0258*** (0.007 68)	-0.0448*** (0.008 03)	-0.0247*** (0.007 78)	-0.0366*** (0.007 83)
Ln（新增道路面积）				-1.63×10^{-5}** (7.22×10^{-6})	-1.30×10^{-5}* (6.90×10^{-6})	3.44×10^{-5}* (1.55×10^{-5})	-9.53×10^{-6} (6.81×10^{-6})	9.03×10^{-6} (1.47×10^{-5})
Ln（人均可支配收入）					-0.0306 (0.0248)	-0.207*** (0.0184)	-0.0646*** (0.0249)	-0.199*** (0.0167)
时间趋势	是	是	是	是	是	否	否	是
地区变量	是	是	是	是	是	否	是	否
常数	13.53*** (0.371)	14.17*** (0.350)	13.96*** (0.356)	14.46*** (0.511)	17.07*** (0.869)	19.48*** (0.977)	14.21*** (0.811)	25.28*** (1.102)
观测值	1650	1355	1355	1070	1069	1069	1069	1069

注：括号内为标准误差值；* 表示在10%水平下显著；** 表示在5%水平下显著；*** 表示在1%水平下显著。

加控制变量的全面 FGLS 面板模型；模型（4 – 36）~ 模型（4 – 38）对时间效应和省份效应的控制情况进行了调整。结合表 4 – 10 的结果，可以看出模型的稳健性较好：一是 OLS 回归结果、面板校正误差模型、FGLS 模型的显著性基本一致，关键参数的符号符合预期；二是随着控制变量的增加，模型整体显著性不发生变化，同时弹性系数的显著性和符号均未发生变化；三是调整时间效应和地区效应控制变量，模型整体和关键参数的显著性未发生明显变化，且弹性系数的符号符合预期。

批发模型和总模型的稳健性与零售模型相似，整体来看稳健性基本良好，需要说明的有两点：一是在批发模型中，部分控制变量的系数显著性相对不足。可能的解释是批发用户主要是大客户，批发量与客户的购油时机、频率、购油量较大关系，整体波动性较强，与经济变量的关系不太显著。二是在总模型中，不控制时间趋势的情况下，弹性系数大于零。可能的解释是，模型研究时间段内的市场变化、企业行为变化较为明显，不控制时间效应的情况下量价之间的关系并不稳定。

4.4.4　内生性检验

本章在模型的设计过程中，考虑变量的内生性问题，我国柴油市场的价格受到政府管制，特别是中石油、中石化等寡头企业，其价格基本上比照最高限价定价，价格的变动只反映生产成本的变动，而受国内需求的影响较小，所以油价可以视为是外生变量。同时，为了保证模型的合理性，需要对模型变量的内生性进行验证。

考虑模型本身具有一定的异方差问题，本节使用戴维森和麦金农（Davidson，MacKinnon，1993）的方法检验模型的内生性问题。主要分为三个步骤：第一步，找到工具变量。一般地，为了避免解释变量和扰动项相互影响，需要找到的工具变量应该符合两个条件，一为该变量和内生解释变量相关，二为该变量和扰动项彼此不相关。基于此，笔者选择的工具变量为：模型对应的汽油市场价、国际原油价、中石油柴油购进价。变量选择的依据是，选择汽油价格、国际原油价格、购进价格等基本与成本相关的变量，与柴油价格具有较强的相关性；同时，国际原油价格、购进价格等成本价格的变化基本上可以认为是外生变量，与柴油市场的需求不存在相关关系；而汽油市场与柴油市场差异性较大，可以认为是两种不同的产品，基本上不存在替代关系。

第二步，识别工具变量有效性，这是使用这一方法的前提。因此，进行过度识别检验，识别结果见表 4 – 18：结果在 5% 水平上无法拒绝"所有工具变量均外生"的原假设，因此可以认为该变量的选择有效。需要说明的是，由于存在异方差问题，笔者认为 GMM 比 2SLS 估计更有效率❶，此处的检验结果为 GMM 一阶差分估计的结果。同时，表 4 – 19 结果显示，工具变量有效。第三步，进行内生性检验，表 4 – 20 中，零售模型和批发模型的检验结果拒绝了原假设，因此解释变量"柴油价格"为内生性解释变量；总模型无法解决"所有解释变量均为外生"的原假设，可以认为总模型里解释变量总价格不存在内生性。对总模型中价格外生的可能解释是：本节模型中的总模型使用的是零售价格和批发价格的算术平均值，总销量使用的是两者的加总，计算过程削弱了价格的内生性。

表 4 – 18　工具变量有效性识别的结果

模型	工具变量	Sargan – Hansen 检验结果	P 值	结论
零售模型	汽油零售价、柴油购进价	1.627	0.2022	无法拒绝原假设
批发模型	汽油批发价、柴油购进价	0.044	0.8341	无法拒绝原假设
总模型	汽油总价、柴油购进价	1.485	0.2230	无法拒绝原假设

表 4 – 19　工具变量检验结果

模型	工具变量	t 检验结果	P 值	结论
零售模型	汽油零售价	7.62	0	工具变量有效
	柴油购进价	6.27	0	工具变量有效
批发模型	柴油购进价	11.51	0	工具变量有效
	汽油批发价	1.29	0.2070	工具变量无效
总模型	汽油总价	1.34	0.1910	工具变量无效
	柴油购进价	7.74	0	工具变量有效

❶　陈强，2014. 高级计量经济学及 Stata 应用（第二版）[M]. 北京：高等教育出版社：163.

表 4 - 20　内生性的检验结果

模型	Davidson - MacKinnon 检验	P 值	结论
零售模型	6.7795	0.0094	拒绝原假设
批发模型	19.9306	0	拒绝原假设
总模型	0.9582	0.3279	无法拒绝原假设

综上，经过一系列的必要检验，价格需求弹性模型估计过程中，零售模型和批发模型选择面板工具变量方法进行估计，总模型使用解决异方差问题的 FGLS 模型。

4.5　本章小结

本章对目前成品油市场寡头竞争模式的实证识别，是将新实证产业组织方法（NEIO）应用于中国成品油市场的验证案例。具体来看，本章是对柴油"市场竞争模式"的分析，主要从宏观理论的角度构建结构模型，通过价格需求弹性、边际成本的专门估计与计算，最终得到全国各地各个市场的行为参数，进而得到不同地区厂商的市场竞争模式以及其变化。

平均而言，我国成品油行业各企业体现为伯川德为主的价格竞争模式；从市场而言，就同一企业，零售市场中属于伯川德竞争模式的地区多于批发市场；中石油总的市场均属于伯川德竞争；而中石化市场中，海南、宁夏、甘肃在三种市场类型下均介于伯川德竞争与古诺竞争之间。

从不同地区历年市场竞争模式的变动而言，不同类型的市场均有大量地区呈现出由古诺竞争向伯川德竞争转变的特征，而发生变化的年份集中在2015 年；中石油零售市场中江西、中石化零售市场中甘肃、中石油批发市场中广东、湖南、福建、贵州、中石化批发市场中内蒙古、吉林、四川、重庆、青海等均呈现出由卡特尔竞争到古诺竞争再到伯川德竞争的转变，发生变化的年份分别为 2013 年和 2015 年。不同地区的市场竞争模式呈现出较为复杂的转变过程。

第 5 章

产能约束对市场
竞争的影响

　　从著名的伯川德悖论开始，有多种理论对其进行了解释和说明，如生产能力约束、战略反应的时间滞后和产品差异化等。其中，KS 两阶段博弈竞争模型为伯川德悖论提出了一种较为有效的解释。此后，有大量文献在此基础上进行了衍生和发展，这些文献对于理解给定市场中的企业定价行为和均衡具有重要的意义。在中国的成品油市场中，终端市场的价格竞争已经成为经验上的共识。第 4 章也通过实证分析对成品油终端市场的竞争模式进行了识别，结果显示大多数省份的终端市场均以伯川德价格竞争为主。但是，从对行业整体的认知来看，中国成品油市场中仍然存在较为明显的利润，这也是近年来成品油行业进入门槛降低以后，大量的民营、外资企业融入行业开展竞争的主要原因。这就是较为典型的伯川德悖论：市场竞争以价格竞争为主，但是市场竞争最终的结果却是较为明显的古诺均衡。根据成品油市场目前的情况，本章认为 KS 两阶段博弈竞争模型能够较好地解释本行业出现的情况。从现有文献来看，多名学者均在上述模型的基础上给出了进一步的分析论证，认为 KS 两阶段博弈竞争模型可以作为研究"数量竞争"的基本形式，即企业第一阶段以产能作为竞争的基本方式，第二阶段才通过价格竞争实现均衡（Mathis, Koscianski, 1996；Moreno, Ubeda, 2006；Acemoglu, Bimpiks, 2009；Wu, et al.）。因此从本质上来说，两阶段博弈仍然是"数量竞争"，其最终均衡结果与古诺均衡一致。

　　本章从产能约束理论入手，就中国成品油市场的"两阶段竞争"进行实证分析，进一步解释中国成品油市场的竞争实质。

5.1　产能约束理论

　　成品油销售是原油产业链的终端环节，其后向环节为成品油炼化。因此，市场中的成品油销售受到炼化产能的限制。市场需求表示为 $D(p)$，且市场需求函数使用以下形式进行分析：$D(p) = a - bp$，其中 p 为市场价格。对于市场中的企业，其目标函数可以描述为

$$\max\pi_i = P_i \cdot D(p_i) - C_i \cdot D(P_i) = P_iQ_i - C_iQ_i \qquad (5-1)$$

式中，P_i 为企业 i 的销售价格，Q_i 为企业 i 的销量。考虑边际成本以及相关的市场份额，对最大化目标函数求解一阶导数（Haskel，Martin，1994；Ma，2005），可以得到以下等式：

$$\frac{P_i - MC_i}{P_i} = (1 + v^i) \frac{s_i}{\eta} \tag{5-2}$$

式中，$s_i = Q_i / Q$，为企业 i 的市场份额；v^i 为前文所述的推测变分；η 为前文所述的价格需求弹性。对式（5-2）上下同乘企业销量，可以得到相关利润的等式如下：

$$\frac{P_i Q_i - MC_i Q_i}{P_i Q_i} = \frac{R_i}{P_i Q_i} = (1 + v^i) \frac{s_i}{\eta} \tag{5-3}$$

式中，MC_i 为企业 i 的边际成本，R_i 为企业 i 的边际利润。与此同时，考虑我国成品油市场分布的历史性特点，可以将各地市场中的企业视为领导者和追随者。例如，东北、西北等以中石油的油田、炼厂分布为主的地区，从历史发展来看可以将中石油视为"领导者"，中石化视为"追随者"；同样，在广东、浙江等以中石化炼厂分布为主的地区，可以将中石化视为"领导者"，将中石油视为"追随者"。

一般来说，可以设领导者的生产能力为 $\overline{Q}_1$，追随者的生产能力为 $\overline{Q}_2 \leqslant \overline{Q}_1$，且生产能力是永久性的。这一设定主要考虑两个方面的原因：一是领导者的生产能力在市场中占比较高，从对市场的控制力、影响力上来说处于更强的地位；二是我国历史上将中石油和中石化的炼化业务分工曾经以"南北"划分，在各地都有较为明显的先后进入顺序。也即是说，在任意时刻，追随者在市场上竞争需要增加投资以获得生产能力 $\overline{Q}_2$，而领导者可以无需任何附加投资就能够维持生产能力 $\overline{Q}_1$。在成品油销售市场中，前文已经证明了大部分市场是价格竞争，也就是说从理论上来看，追随者的决策可以视为一个两阶段的竞争：第一阶段与领导者进行产能方面的竞争；第二阶段与领导者展开价格竞争。本章使用逆向法分析市场竞争的模式。

首先考察价格竞争的均衡。市场竞争过程中，领导者和追随者的生产能力分别为 $\overline{Q}_1$ 和 $\overline{Q}_2$，从而他们能够供给的产量（Q_1，Q_2）不能超过 $\overline{Q}_1$ 和 $\overline{Q}_2$，即 $Q_1 \leqslant \overline{Q}_1$ 和 $Q_2 \leqslant \overline{Q}_2$。由此，价格竞争的均衡分为如下三种情况（倪得兵，唐小我，2006）。

（1）当 $\overline{Q}_2 \geqslant D$ 时，$\overline{Q}_1 \geqslant D$，即无论是领导者还是追随者均能满足整个市场的最大需求。在这种情况下，生产能力不会对伯川德竞争模型产生约束，这将导致伯川德均衡：价格竞争均衡为 $P_1 = P_2 = 0$。在这种情况下，追随者和领导者的利润为 $R_1 = R_2 = 0$。

（2）当市场需求足够高时，领导者和追随者的生产能力就会严重地限制价格竞争。如果 $\overline{Q}_i \leqslant r_i(\overline{Q}_j)$（$i, j = 1, 2$ 且 $i \neq j$），其中 $r_i(Q_j)$ 为古诺竞争下企业 i 对企业 j 的生产能力的产量反应函数，则两者的供给必须在消费者之间配给。考虑有效（或者平行）配给机制（Kreps，Scheinkman，1983），企业 i（$i = 1, 2$）的需求可表示为

$$D_i(P_i) = \begin{cases} D(P_i) - \overline{Q}_j & D(P_i) > \overline{Q}_j \\ 0 & D(P_i) \leqslant \overline{Q}_j \end{cases} \qquad (5-4)$$

根据市场需求函数，求解古诺均衡可得 $r_1(\overline{Q}_2) = (a - \overline{Q}_2)/2$ 和 $r_2(\overline{Q}_1) = (a - \overline{Q}_1)/2$。从而企业 i（$i = 1, 2$）在价格竞争博弈中的战略行为可以描述为

$$\max_{P_i}[P_i(a - bP_i - \overline{Q}_j]$$

$$\text{s. t.} \quad a - bP_i - \overline{Q}_j \geqslant 0$$

$$\overline{Q}_i \leqslant \frac{a - \overline{Q}_j}{2} \qquad (5-5)$$

可以证明，该价格博弈的均衡为 $P_1 = P_2 = a/b - 1/b(\overline{Q}_1 + \overline{Q}_2)$。在此情形下，追随者的利润为 $R_2(a) = \overline{Q}_2[a/b - 1/b(\overline{Q}_1 + \overline{Q}_2)]$。根据条件 $\overline{Q}_i \leqslant r_i(\overline{Q}_j)$ 和 $\overline{Q}_2 \leqslant \overline{Q}_1$，则有 $a \geqslant 2\overline{Q}_1 + \overline{Q}_2$ 和 $a \geqslant 2\overline{Q}_2 + \overline{Q}_1$。取 $a_2^* = \max(2\overline{Q}_1 + \overline{Q}_2, 2\overline{Q}_2 + \overline{Q}_1) \geqslant (2\overline{Q}_1 + \overline{Q}_2) > a_1^*$，则当 $a \geqslant a_2^*$ 时必有 $\overline{Q}_i \leqslant r_i(\overline{Q}_j)$（$i, j = 1, 2$ 且 $i \neq j$），从而价格竞争的均衡为 $P_1 = P_2 = a/b - 1/b(\overline{Q}_1 + \overline{Q}_2)$。因此，当 $a \geqslant a_2^*$ 时，追随者的利润为 $R_2 = \overline{Q}_2[a/b - 1/b(\overline{Q}_1 + \overline{Q}_2)]$，领导者的利润为 $R_1 = \overline{Q}_1[a/b - 1/b(\overline{Q}_1 + \overline{Q}_2)]$。

（3）当 $a_1^* < a < a_2^*$ 时，克雷普斯和沙因克曼（Kreps，Scheinkman，1983）证明了价格竞争博弈不存在纯战略均衡，但存在混合战略均衡。在此均衡下，领导者（生产能力大的企业）获得的利润为 $R_1 = r_1(\overline{Q}_2)\{a/b - 1/b[\overline{Q}_2 + r_1(\overline{Q}_2)]\} = (a - \overline{Q}_2)^2/4b$，而追随者获得的利润为 $R_2 = \overline{Q}_2 R_1(a)/\overline{Q}_1 = \overline{Q}_2(a - \overline{Q}_2)^2/4b\overline{Q}_1$。

上述分析表明，追随者在市场中获得利润依赖于市场需求状态 a 的大小。归纳上述结果，可将双寡头市场中两个企业获得的利润表示为

$$
R_1 = \begin{cases} 0 & a \leqslant a_1^* \\[2mm] \dfrac{(a - \overline{Q}_2)^2}{4b} & a_1^* < a < a_2^* \\[2mm] \overline{Q}_1 \left[\dfrac{a}{b} - \dfrac{1}{b}(\overline{Q}_1 + \overline{Q}_2) \right] & a \geqslant a_2^* \end{cases} \tag{5-6}
$$

$$
R_2 = \begin{cases} 0 & a \leqslant a_1^* \\[2mm] \dfrac{\overline{Q}_2 (a - \overline{Q}_2)^2}{4b \, \overline{Q}_1} & a^* < a < a_2^* \\[2mm] \overline{Q}_2 \left[\dfrac{a}{b} - \dfrac{1}{b}(\overline{Q}_1 + \overline{Q}_2) \right] & a \geqslant a_2^* \end{cases} \tag{5-7}
$$

将式（5-6）和式（5-7）分别带入式（5-3），可以分别得到两个企业的价格与产能之间的关系：

$$
P_1 = \begin{cases} \dfrac{\eta}{4b} \cdot \dfrac{(a - \overline{Q}_2)^2}{Q_1 \cdot (1 + v^1) \cdot s_1} & a_1^* < a < a_2^* \\[4mm] \dfrac{\eta}{b} \cdot \dfrac{\overline{Q}_1 [a - (\overline{Q}_1 + \overline{Q}_2)]}{Q_1 \cdot (1 + v^1) \cdot s_1} & a \geqslant a_2^* \end{cases} \tag{5-8}
$$

$$
P_2 = \begin{cases} \dfrac{\eta}{4b} \cdot \dfrac{\overline{Q}_2 \cdot (a - \overline{Q}_2)^2}{\overline{Q}_1 \cdot Q_2 \cdot (1 + v^2) \cdot s_2} & a_1^* < a < a_2^* \\[4mm] \dfrac{\eta}{b} \cdot \dfrac{\overline{Q}_2 [a - (\overline{Q}_1 + \overline{Q}_2)]}{Q_2 \cdot (1 + v^2) \cdot s_2} & a \geqslant a_2^* \end{cases} \tag{5-9}
$$

可见，在产能约束不起作用的市场中，寡头企业进行伯川德价格竞争，其均衡价格与产能不相关；在存在产能约束的市场中，如果追随企业的产能受限而领导企业的产能不受限，则领导者的利润与追随者相关，追随者的均衡价格受到两个企业的产能约束；在存在产能约束的市场中，如果两个寡头企业的产能均受到限制，那么企业的均衡价格受到来自双方的产能约束。

需要说明的是，在实际的运行过程中，产能约束的定义并不能完全按照理论分析。一方面，不同企业在地区市场中的产能受限，但是市场并不是完全封闭的，外部的资源流入会对市场中的产能约束产生影响。另一方面，中石油、中石化等企业都是纵向一体化的企业，其内部的定价机制是其产业链不同环节的利润分配体现，并不能够完全体现其终端的销售成本，这就为识别企业利润带来的一定的困难。因此，在实际的模型构建中，并不能够严格区分产能的约束情况，只能通过虚拟变量引入双方企业的产能情况。

基于以上分析，我们提出以下假说：

假说5-1：在产能受到限制的市场中，企业的终端销售价格受到双方产能的约束

5.2 实证模型构建

5.2.1 实证模型

为了验证以上假说，笔者对目前中国的成品油市场进行了分析。由于历史原因，中石油、中石化两个企业在实际竞争中存在三个较为显著的特点：一是两者在不同地区的竞争地位不尽相同，根据前文假设，在某些地区中石油是领导者、中石化是追随者；相反，在其他地区，中石油是追随者，中石化是领导者。二是由于炼化产能的分布具有区域性，且地区并非完全封闭的，因此，在某些地区虽然没有炼化产能，但是可以根据地理位置判断其与最近炼厂之间的关系，从而识别该市场中竞争主体的地位。三是存在某些特殊情况的地区，例如山东省由于地炼产能较高，不能单纯地将其假设为双寡头市场。考虑以上因素，建立实证模型：

$$
\begin{aligned}
\ln P_{i,t} &= \alpha_0 + \mu_1 (1-F)(B \cdot \ln Q_{i,t} + \varphi \ln Q_{j,t}) + \mu_2 F \cdot \ln Q_{i,t} + \mu_3 F \cdot \ln(Q_{i,t} + Q_{j,t}) + \\
&\quad \lambda_1 B + \lambda_2 F + \gamma_1 \ln q_{i,t} + \gamma_2 \ln(1+v_t^i) + \gamma_3 \ln s_{i,t} + \omega G_{i,t} + t + \zeta_{i,t} \\
&= \alpha_0 + \alpha_1 B \cdot \ln Q_{i,t} + \alpha_2 \ln Q_{j,t} + \alpha_3 F \cdot B \cdot \ln Q_{i,t} + \alpha_4 F \cdot \ln Q_{j,t} + \\
&\quad \alpha_5 F \cdot \ln Q_{i,t} + \alpha_6 F \cdot \ln(Q_{i,t} + Q_{j,t}) + \lambda_1 B + \lambda_2 F + \gamma_1 \ln q_{i,t} + \\
&\quad \gamma_2 \ln(1+v_t^i) + \gamma_3 \ln s_{i,t} + \omega G_{i,t} + t + \zeta_{i,t} \\
&= \alpha_0 + \beta_1 (B + F \cdot B + F) \cdot \ln Q_{i,t} + \beta_2 (1+F) \ln Q_{j,t} + \\
&\quad \beta_3 F \cdot \ln(Q_{i,t} + Q_{j,t}) + \lambda_1 B + \lambda_2 F + \gamma_1 \ln q_{i,t} + \gamma_2 \ln(1+v_t^i) + \\
&\quad \gamma_3 \ln s_{i,t} + \omega G_{i,t} + t + \zeta_{i,t}
\end{aligned}
\tag{5-10}
$$

式中，$P_{i,t}$ 为企业 i 的柴油销售价格；$Q_{i,t}$ 为企业 i 在本区域的产能；$Q_{j,t}$ 为竞争对手企业 j 在本区域的产能。$q_{i,t}$ 为企业 i 在本区域的销量；v_t^i 为企业 i 的推测变分指标；$s_{i,t}$ 为企业 i 在本区域的相对市场份额；虚拟变量 B 为衡量企业是否为领导企业的指标；$B=1$ 表示企业为追随者，$B=0$ 表示企业为领导者；虚拟变量 F 为衡量领导企业的产能是否受限的指标，$F=1$ 表示领导企业

产能受限，$F = 0$ 表示领导企业产能不受限；G 为衡量控制变量的指标，由前文分析可知，控制变量主要是影响柴油市场需求的变量，本章使用的控制变量与第 4 章基本一致，包括：GDP（取对数）、CPI、人均可支配收入（取对数）、工业增速、新增道路长度（取对数）。

5.2.2　变量数据

本章涉及的变量数据较多，有一部分变量的数据来源与第 4 章一致，不再进行进一步解释。其中，本章在第 4 章基础上新增的变量及其来源解释如下：

炼化产能（$Q_{i,t}$）：中石油以及中石化在相应地区的炼厂产能之和。该数据来源为市场调查所得。由于炼厂的产能与投资有较大关系，且一般来看投资周期较长，企业产能的波动性不大。

中石油柴油市场均价（pc）：中石油柴油零售价格和柴油批发价格的算术平均值。其中，中石油柴油批发价格（pcwy）是指中石油当月批发价格的平均值；中石油柴油零售价格（pcry）是指中石油当月柴油零售价格的平均值。

中石化柴油均价（px）：中石化柴油零售价格和柴油批发价格的算术平均值。其中，中石化柴油批发价格（pxwy）是指中石化当月柴油批发价格的平均值；中石化柴油零售价格（pxry）是指中石化当月柴油零售价格的平均值。

5.2.3　描述统计

模型使用的变量描述性统计情况见表 5－1。考虑模型的形式问题，大部分变量均按照取对数形式进行统计。

表 5－1　变量的描述性统计

变　量	观测值	均值	标准差	最小值	最大值
ln（中石油柴油零售价格）	1860	8.84	0.17	8.31	9.74
ln（中石油柴油批发价格）	1848	8.73	0.22	6.40	9.15
ln（中石油柴油均价）	1848	8.79	0.19	8.26	9.17
ln（中石化柴油零售价格）	1760	8.84	0.16	8.39	9.17
ln（中石化柴油批发价格）	1703	8.74	0.21	8.22	9.16
ln（中石化柴油均价）	1699	8.79	0.18	8.37	9.15
ln（中石油柴油零售份额）	1859	－1.01	0.66	－2.98	－0.02

续表

变　量	观测值	均值	标准差	最小值	最大值
ln（中石油柴油批发份额）	1751	-0.88	0.55	-3.23	-0.01
ln（中石油柴油市场份额）	1751	-0.94	0.56	-3.02	-0.06
ln（中石化柴油零售份额）	1859	-0.79	0.75	-4.17	-0.05
ln（中石化柴油批发份额）	1751	-0.78	0.62	-5.10	-0.04
ln（中石化柴油市场份额）	1751	-0.74	0.59	-2.80	-0.05
ln（中石油柴油零售量）	1860	11.17	0.80	8.70	12.72
ln（中石油柴油批发量）	1848	10.59	0.83	6.28	13.50
ln（中石油柴油销量）	1848	11.69	0.69	8.87	13.69
ln（中石化柴油零售量）	1859	11.39	1.16	6.86	13.44
ln（中石化柴油批发量）	1762	10.76	1.08	6.35	13.32
ln（中石化柴油市场销量）	1762	11.95	0.95	8.93	14.08
ln（1+中石油柴油零售推测变分）	1079	-1.90	1.21	-7.44	0.25
ln（1+中石油柴油批发推测变分）	772	-0.72	0.94	-6.96	1.25
ln（1+中石油柴油市场推测变分）	834	-1.54	1.03	-7.13	0.23
ln（1+中石化柴油零售推测变分）	1052	-2.19	1.26	-8.11	0.77
ln（1+中石化柴油批发推测变分）	764	-0.79	0.91	-8.31	1.16
ln（1+中石化柴油市场推测变分）	855	-1.77	1.05	-8.57	0.34
ln（国内生产总值）	1860	8.50	1.08	5.03	11.19
居民消费价格指数	1860	100.73	1.03	98.28	104.66
ln（人均可支配收入）	1739	9.40	0.72	7.43	10.99
工业增加值同比	1472	12.14	26.62	-23.80	230.35
ln（新增道路长度）	1391	5.84	1.11	2.40	7.85
ln（中石油加油站数量）	1860	6.22	0.74	4.41	7.31
ln（中石油加油站占比）	1860	-1.46	0.55	-2.47	-0.30
ln（中石化加油站数量）	1860	6.33	1.19	2.40	7.85
ln（中石化加油站占比）	1860	-1.35	0.76	-3.09	-0.24
ln（其他加油站占比）	1860	6.66	1.21	4.04	8.85
ln（柴油消费量）	1751	12.68	0.59	10.55	14.20

　　需要说明的是，本章对虚拟变量 B 和 F 的定义可根据实际情况进行判断：①在有炼厂的地区，直接用产能最高企业的产能与当年的表观消费量进行比较，当产能大于当年汽柴油消费量时，可将该地区的 F 定义为0；反之则定义为1。②在没有炼厂的地区，即产能均为0中的地区，考虑其他地区炼厂运输至本地区的成本情况，根据相邻地区的产能剩余以及在该区域内的整体分布，判断本地区的产能情况与实际消费量。也就是考虑其相邻地区的产能情况，

其相邻地区多余产能之和与本地区当年的表观消费量进行比较，同样当产能大于当年汽柴油总消费量时，可将该地区的 F 定义为 0；反之则定义为 1。③根据各地区的产能情况，当该地区中石油产能大于中石化产能时，中石油定义为领导者，B 为 0；反之，当该地区中石化产能大于中石油产能时，中石油定义为追随者，B 为 1。

本章对全国各地虚拟变量的判断情况见表 5 - 2。该判断参考了中石油、中石化管道建设和流向情况，并征询行业内相关专家的意见所得。考虑山东地炼产能的情况，将山东省的虚拟变量均定义为 0。

表 5 - 2　全国各地虚拟变量设置情况（以 2017 年 12 月份为例）

地区	F	中石油 B	中石化 B	地区	F	中石油 B	中石化 B
安徽	1	1	0	江西	0	1	0
北京	0	1	0	辽宁	0	0	1
福建	0	1	0	内蒙古	0	0	1
甘肃	0	0	1	宁夏	0	0	1
广东	0	1	0	青海	1	0	1
广西	0	0	1	山西	1	1	0
贵州	1	1	0	陕西	1	0	1
海南	0	1	0	上海	0	1	0
河北	0	1	0	四川	1	0	1
河南	1	1	0	天津	0	1	0
黑龙江	0	0	1	西藏	0	0	1
湖北	1	1	0	新疆	0	0	1
湖南	1	1	0	云南	0	0	1
吉林	0	0	1	浙江	0	1	0
江苏	0	1	0	重庆	1	0	1
山东	0	1	1				

从理论上来看，企业价格与市场相关变量之间存在可能的相关关系见表 5 - 3。考虑市场中企业角色的差异以及产能约束发生的实际条件，价格与产能之间的关系并不能够完全确定。需要进一步通过计量方法进行深入探究。

表 5 – 3　价格与相关变量之间的相关关系预期

自变量名称	预期相关性
$\ln Q_{i,t}$	不确定
$\ln Q_{j,t}$	不确定
$\ln\,(\,Q_{i,t}+Q_{j,t}\,)$	正相关

图 5 – 1 ~ 图 5 – 3 是中石油柴油市场相关变量之间的散点图,从图形趋势来看,部分变量之间的相关关系符合预期。为了进一步对模型进行验证,本章使用具体的计量方法验证相关假说(图中虚线表示价格散点趋势)。

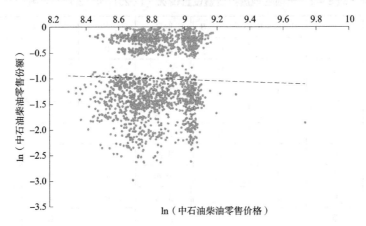

图 5 – 1　ln(中石油柴油零售价格)与 ln(中石油柴油零售份额)

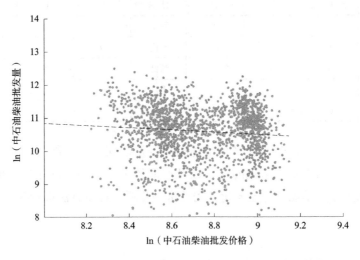

图 5 – 2　ln(中石油柴油批发价格)与 ln(中石油柴油批发量)

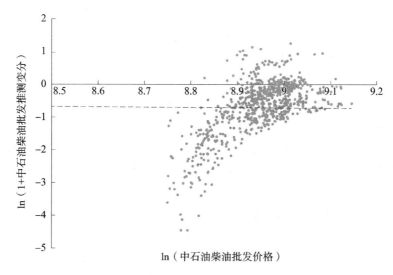

图 5 - 3　ln（中石油柴油批发价格）与 ln（1 + 中石油柴油批发推测变分）

5.3　实证结果分析

　　模型实证结果见表 5 - 4。模型（5 - 1）~ 模型（5 - 3）是中石油柴油市场的模型结果，模型（5 - 4）~ 模型（5 - 6）是中石化柴油市场的模型结果。从整体结果来看，中石油柴油市场的整体模型（5 - 3）对假说的验证较好，其他模型的变量显著性并不强。主要原因如下：①中石化成本为估算数据（见第 4 章），其基本逻辑是按照中石油成本与价格之间的比例范围随机生成的，考虑两个企业的基本成本构成存在较为明显的差异，对中石化的成本估计较为粗略，可能会影响推测变分变量的准确性。因此，中石化模型（5 - 6）的准确性不高，其结果只能作为市场模型的参考。②零售市场和批发市场存在着较为明显的特点，其价格、销量数据较为准确，且市场份额、推测变分等能够明确区分，但是本模型［式（5 - 10）］的主要缺陷在于，成品油的炼化产能并不能与零售市场和批发市场对应，相应地，产能约束并不能直接体现在批发或者零售市场中。③中石油柴油整体市场的估计较为准确，但是也存在一定的局限性，主要表现在，成品油的炼化产能包含柴油、汽油、煤油等主要产品，单纯地分析柴油市场并不能完全体现产能约束的效果。但是，在研究期限内，柴油仍然是成品油中占比最大的产品，且模型考虑了产能与汽柴油消费量的对比定义产能约束情况，在一定程度上减少了结果的误差。

基于以上分析，模型（5-3）能够较好地验证前文提出的基本假说，即企业的市场价格受到双方产能的影响。具体来看，中石油、中石化的产能总和对中石油市场价格产生正向影响，这与理论模型的推断一致；中石油本身的产能对其市场价格产生负向影响，竞争对手的产能也会对其市场价格产生负向影响，该结论主要受到双方企业市场地位以及市场整体产能情况的影响。

另外，本章的模型涉及的控制变量较多，考虑了变量之间的多重共线性、异方差性以及内生性问题。由于模型存在异方差性和内生性，最终的回归结果为基于广义矩阵（GMM）的工具变量法，具体检验见后文分析。

表 5-4 模型回归结果

变量	模型（5-1）中石油柴油零售	模型（5-2）中石油柴油批发	模型（5-3）中石油柴油市场	模型（5-4）中石化柴油零售	模型（5-5）中石化柴油批发	模型（5-6）中石化柴油市场
$\ln(Q_{i,t}+Q_{j,t})$	0.128	-0.486	0.310**	0.122**	-0.184	0.133
	(0.107)	(0.499)	(0.127)	(0.0606)	(0.258)	(0.0920)
$\ln Q_{i,t}$	0.0190	0.453	-0.293**	-0.0526	0.191	-0.0518
	(0.0153)	(0.470)	(0.119)	(0.0414)	(0.231)	(0.0689)
$\ln Q_{j,t}$	-0.0867*	0.223	-0.143**	-0.0186	0.380*	-0.0829
	(0.0447)	(0.233)	(0.0603)	(0.0379)	(0.215)	(0.0740)
ln（市场份额）	0.435*	-0.160	0.0934	0.183*	0.108	-0.219*
	(0.224)	(0.148)	(0.176)	(0.111)	(0.0998)	(0.115)
ln（推测变分）	0.0859***	0.0925***	0.0971***	0.121***	0.144***	0.0893***
	(0.00942)	(0.0121)	(0.00630)	(0.0117)	(0.0203)	(0.0106)
ln（销量）	-0.0596**	-0.00902	0.0150	-0.112***	-0.0154	0.280**
	(0.0236)	(0.0223)	(0.0640)	(0.0302)	(0.0125)	(0.118)
lnGDP	-0.00590	-0.0126	-0.00542	-0.0111	0.00547	-0.0449***
	(0.00844)	(0.0128)	(0.00702)	(0.00993)	(0.00995)	(0.0127)
CPI	0.00613	0.00385	0.00723**	0.00612	-0.00269	0.0201***
	(0.00493)	(0.00539)	(0.00300)	(0.00482)	(0.00635)	(0.00557)

续表

变量	模型（5-1）中石油柴油零售	模型（5-2）中石油柴油批发	模型（5-3）中石油柴油市场	模型（5-4）中石化柴油零售	模型（5-5）中石化柴油批发	模型（5-6）中石化柴油市场
ln（人均可支配收入）	-0.001 13	-0.001 80	0.008 80	-0.005 08	0.000 298	0.005 15
	(0.0131)	(0.0162)	(0.008 74)	(0.0138)	(0.0135)	(0.0157)
工业增加值同比	0.001 32***	0.000 752	0.000 271	2.88×10^{-5}	6.72×10^{-5}	-0.000 412
	(0.000 438)	(0.000 534)	(0.000 386)	(0.000 556)	(0.000 508)	(0.000 640)
ln（新增道路面积）	0.003 90	-0.008 00	-0.001 17	-0.005 29	-0.003 60	-0.006 01
	(0.004 43)	(0.0100)	(0.003 08)	(0.004 76)	(0.007 45)	(0.005 34)
虚拟变量 F	控制	控制	控制	控制	控制	控制
虚拟变量 B	控制	控制	控制	控制	控制	控制
观测值	639	519	548	593	495	526
R^2	0.650	0.153	0.791	0.641	0.473	0.455
省（自治区、直辖市）数量	28	27	27	26	25	26

注：括号内为标准误差值；* 表示在 10% 水平下显著；** 表示在 5% 水平下显著；*** 表示在 1% 水平下显著。

5.4 相关检验

为了保证模型设定及结果的有效性，本章对数据和变量设置进行了相关检验，主要包括多重共线性检验、异方差检验、变量内生性检验以及模型的稳定性检验。

5.4.1 多重共线性检验

本章用方差膨胀因子（VIF）对模型变量的多重共线性进行检验，检验结果中，除 $\ln(Q_{i,t} + Q_{j,t})$ 和市场份额 $\ln s_{it}$ 变量以外，其余各变量的 VIF 值均远小于 10，可以认为变量之间不存在多重共线性。考虑多重共线性对模型的整体显著性和该变量的显著性并不产生直接的影响，为了保证模型运行的完整性，$\ln\,(Q_{i,t}+Q_{j,t})$ 和 $\ln s_{it}$ 变量可以放入模型进行回归。具体检验结果见表 5 – 5。

表 5 – 5 多重共线性检验结果

变量	因变量					
	中石油零售价	中石油批发价	中石油市场价	中石化零售价	中石化批发价	中石化市场价
$\ln q_{i,t}$	6.05	2.73	4.44	9.05	5.49	9.74
$\ln s_{i,t}$	7.46	4.02	7.96	13.86	3.84	11.84
$\ln\,(1+v_t^i)$	1.65	1.31	1.7	1.72	1.53	1.52
$\ln\,(Q_{i,t}+Q_{j,t})$	10.85	13.33	12.82	8.16	10.58	10.06
$\ln Q_{i,t}$	2.49	2.42	2.75	4.53	3.9	4.6
$\ln Q_{j,t}$	4.21	4.89	5.01	2.46	2.47	2.58
虚拟变量 F	6.91	8.53	8.09	5.4	6.96	6.78
虚拟变量 B	5.53	3.56	5.36	5.69	5.63	6.81
$\ln$ GDP	2.37	2.39	2.52	1.96	2.18	2.13
CPI	1.4	1.34	1.43	1.37	1.38	1.36
$\ln$（人均可支配收入）	2.45	1.95	2.19	2.36	2.15	2.17
工业增加值同比	1.27	1.2	1.29	2.45	1.19	1.7
$\ln$（新增道路长度）	2.24	2	2.26	2.02	1.67	1.96
平均值	4.22	3.82	4.45	4.69	3.77	4.87

5.4.2 模型选择检验

本章研究的内容是以地区为单位进行的，因此使用面板数据模型分析较为合适。根据模型的理论推导，价格的影响因素与时间和地区均有关系，模型的固定效应较为明显。基于此，笔者通过计量方法对这一猜想进行验证。按照陈强（2010）给出的方法，分三个步骤对模型方法进行检验。首先，对个体效应和混合回归之间的关系进行判断。结果显示，以地区为单位设定虚拟变量后，大部分地区虚拟变量的显著性均比较强（$P=0$），拒绝"所有个体虚拟变量都为 0"的原假设；同时，以月份为单位设定月度虚拟变量，联合检验的 F 值结果强烈拒绝"无时间效应"的原假设（$P=0$）。因此，笔者认为模型中应该包含个体效应和时间效应变量，其回归结果应该优于混合回归。

其次，对个体效应的具体影响方式进行判断，也就是对模型具体使用随机效应、固定效应或混合回归方法进行判断。具体检验结果见表 5 - 6。结果显示，固定效应结果优于混合回归（F 检验结果拒绝"混合回归可以接受"的原假设），随机效应模型结果优于混合回归（LM 检验结果强烈拒绝"不存在个体效应"的原假设）。

表 5 - 6　混合回归与个体效应比较检验结果

模型		固定效应			随机效应		
		F 值	P 值	结果	LM 值	P 值	结果
中石油	pcry	8.34	0	拒绝	78.70	0	拒绝
	pcwy	8.38	0	拒绝	63.91	0	拒绝
	pc	10.46	0	拒绝	88.62	0	拒绝
中石化	pxry	8.57	0	拒绝	69.06	0	拒绝
	pxwy	11.72	0	拒绝	141.89	0	拒绝
	px	10.08	0	拒绝	124.34	0	拒绝

最后，对固定效应模型和随机效应模型的选用进行检验。Hausman 检验结果的 P 值为 0，强烈拒绝"误差项与解释变量不相关"的原假设。考虑模型的聚类标准误差与普通标准误差相差较大，笔者进一步使用过度识别检验来对随机效应进行检验，具体检验结果见表 5 - 7。结果显示，模型使用固定效应进行估计是比较合适的。

表 5 - 7　Hausman 检验及 Sargen - Hansen 检验结果

模型		原假设：误差项与解释变量不相关					
		Hausman 检验值	P 值	结果	Sargen - Hansen 检验值	P 值	结果
中石油	pcry	67.08	0	拒绝	74.177	0	拒绝
	pcwy	55.73	0	拒绝	65.745	0	拒绝
	pc	69.47	0	拒绝	83.544	0	拒绝
中石化	pxry	82.74	0	拒绝	94.362	0	拒绝
	pxwy	85.23	0	拒绝	102.191	0	拒绝
	px	68.43	0	拒绝	77.700	0	拒绝

5.4.3 异方差检验

对于面板数据模型，可能存在的异方差问题包括组间异方差、组内自相关（序列相关）和组间同期相关（截面相关）。本章对组间异方差以及组内自相关问题进行检验，但是受到数据确实的影响，无法形成平衡面板，所以无法对截面相关问题进行全面检验。

使用沃尔德统计量对组间异方差进行检验，从检验结果（表 5 - 8）来看，全部检验结果均强烈拒绝"组间同方差"的原假设，说明模型存在组间异方差问题。

表 5 - 8　组间异方差检验结果

模型		原假设：组间同方差		
		检验值	P 值	结果
中石油	pcry	1215.50	0	拒绝
	pcwy	503.12	0	拒绝
	pc	283.55	0	拒绝
中石化	pxry	1439.90	0	拒绝
	pxwy	711.06	0	拒绝
	px	1265.88	0	拒绝

使用沃尔德检验对组内自相关进行检验，检验结果见表 5 - 9。从结果来看，基本都拒绝了"不存在一阶组内自相关"的原假设，说明模型本身存在一阶组内自相关。

表 5 - 9　组内自相关检验结果

模型		原假设：不存在一阶组内自相关		
		检验值	P 值	结果
中石油	pcry	181.255	0	拒绝
	pcwy	7.232	0.0123	拒绝
	pc	31.644	0	拒绝
中石化	pxry	103.511	0	拒绝
	pxwy	38.524	0	拒绝
	px	213.560	0	拒绝

本章使用 Breusch – Pagan LM 检验对模型的组间同期相关情况进行了检验，不能求出有效的结果。基于此，笔者使用多位学者提出的检验方法❶进行检验，其中推测变分变量缺失较多，对该变量进行了调整，在原有的 $(1 + v_t^i)$ 基础上调整为 $(3 + v_t^i)$。从检验结果来看，只有零售价格模型检验有 Pesaran 检验结果，检验结果拒绝 "无组间同期相关" 的原假设，说明模型存在组间同期相关。

5.4.4　内生性检验

从模型的设定上来看，产能对于企业来说在短期内并不会发生变化，因此产能可以看作是外生变量；同时经济环境与成品油价格之间并不存在严格的相互作用关系，也可以视为外生变量。需要讨论的可能出现内生性的解释变量包括企业销量、市场份额以及企业推测变分变量。内生性检验主要分为三个步骤：第一步，选择工具变量；第二步，识别工具变量的有效性；第三步，内生性检验。

首先，对工具变量进行选择。工具变量选择需要考虑其与解释变量的相关性和与因变量之间的非直接关系。考虑相关要求，笔者为三类可能有内生性的变量选择工具变量的理由如下：①对于企业销量，使用对应的企业加油站数量和市场中的柴油表观消费量作为工具变量。加油站的数量在短时间内的变化不大，对企业销量、价格的影响并不是短期的，但是一定程度上决定了企业规模特点；表观消费量代表企业所在市场的总体需求水平，是企业销量的重点决定因素，也能通过企业的销量影响到企业的价格决策。②对于企业的市场份额，使用加油站数量占比、加油站数量相对占比作为工具变量。主要是考虑到市场份额与企业的市场地位有关，加油站市场份额和相对市场份额是其比较直观且较为稳定的外生变量，且与企业的相对市场份额存在紧密联系。③对于推测变分，使用第三方加油站数量占比作为工具变量。主要是考虑到推测变分与企业的市场竞争情况和竞争地位相关，而第三方加油站数量占比对市场竞争有着非常重要的影响。基于以上分析，笔者认为相关指标既能够相互关联又可以在一定程度上降低原变量的内生性。

其次，对选定的工具变量进行过度识别检验。考虑面板模型的异方差问题和固定效应，使用广义矩阵法（GMM）估计并进行过度识别检验，检验结

---

❶ 陈强，2014. 高级计量经济学及 Stata 应用（第二版）[M]. 北京：高等教育出版社：282.

果见表5－10。在具体每个模型的识别中，根据变量的共线性等问题对工具变量进行筛选。从工具变量的有效性检验来看，全部的检验均无法拒绝"所有工具变量都是外生"的原假设，也就是说本章选择的模型工具变量是有效的。

表5－10　工具变量有效性验证结果❶

模型		原假设：所有工具变量都是外生的			
		工具变量	Sargan－Hansen检验值	P值	结果
中石油	pcry	lys lyxs los lq lstay	2.373	0.3053	无法拒绝原假设
	pcwy	lys lyxs los lq lstay	1.287	0.2566	无法拒绝原假设
	pc	lys lyxs los lstay	2.038	0.1534	无法拒绝原假设
中石化	pxry	lxs lxys los lq lstax	1.188	0.5522	无法拒绝原假设
	pxwy	lxs los lq lstax	0.668	0.4137	无法拒绝原假设
	px	lxs lxys los lstax	1.124	0.2890	无法拒绝原假设

最后，使用工具变量对解释变量的内生性进行检验。本章使用两种方式对解释变量的内生性进行检验，分别是Hausman检验和Davidson－MacKinnon检验，检验结果见表5－11。考虑模型本身存在较为明显的异方差问题，Davidson－MacKinnon检验的结果更具参考性。检验结果，均可以拒绝"所有解释变量均为外生"或者"没有内生性"的原假设。也就是说，模型解释企业销量、市场份额以及企业推测变分变量具有内生性，模型的具体回归应该使用工具变量法。

表5－11　模型内生性检验结果

模型		Hausman检验结果	P值	Davidson－MacKinnon检验结果	P值	结论
中石油	pcry	3997.36	0	10.3513	1.2×10^{-6}	无法拒绝原假设
	pcwy	－1670.00		7.5090	6.4×10^{-5}	无法拒绝原假设
	pc	－262.48	0.2135	4.9697	0.0021	无法拒绝原假设
中石化	pxry	－209.01		15.6410	8.9×10^{-10}	无法拒绝原假设
	pxwy	－958.71		11.0459	5.2×10^{-7}	无法拒绝原假设
	px	－3661.42		7.3950	7.5×10^{-5}	无法拒绝原假设

---

❶ lys为中石油加油站数量占比（取对数）；lyxs为中石油、中石化加油站数量比（取对数）；los为其他加油站数量占比（取对数）；lq为柴油表观消费量（取对数）；lstay为中石油加油站数量（取对数）；lxs为中石化加油站数量占比（取对数）；lxys为中石化中石油加油站数量比（取对数）；lstax为中石化加油站数量（取对数）。

5.4.5　稳健性检验

为了验证模型的稳健性，本章将不同计量方法得到的回归结果进行了对比分析。表 5 - 12 是中石油柴油市场模型的回归结果。其中，模型（5 - 7）~模型（5 - 9）是最小二乘法回归的结果，分别使用了普通标准误差、聚类稳健标准误差和稳健标准误差。模型（5 - 10）~模型（5 - 12）是固定效应的面板数据模型回归结果，其区别在于是否对时间变量进行控制，其中模型（5 - 11）按照月度虚拟变量控制时间，模型（5 - 12）则按照时间趋势项控制时间变量。模型（5 - 13）是本章的最终结果，即工具变量法得到的模型结果，用于对比分析。整体来看，关键解释变量的显著性和符号并未发生明显变化。因此，本章认为模型基本稳健，相关结果具有可解释性。

表 5 - 12　中石油柴油市场模型稳健性检验结果

变量	模型 (5 - 7)	模型 (5 - 8)	模型 (5 - 9)	模型 (5 - 10)	模型 (5 - 11)	模型 (5 - 12)	模型 (5 - 13)
	OLS			FE			IV
$\ln(Q_{i,t} + Q_{j,t})$	0.004 50 ***	0.004 50	0.004 50 ***	0.198 ***	0.0877	0.200 ***	0.310 **
	(0.001 56)	(0.003 08)	(0.001 64)	(0.0609)	(0.0606)	(0.0605)	(0.127)
$\ln Q_{i,t}$	0.001 80 *	0.001 80	0.001 80 **	- 0.189 ***	- 0.0823	- 0.190 ***	- 0.293 **
	(0.000 932)	(0.002 19)	(0.000 914)	(0.0576)	(0.0574)	(0.0573)	(0.119)
$\ln Q_{j,t}$	- 0.001 25 *	- 0.001 25	- 0.001 25 *	- 0.0934 ***	- 0.0483 *	- 0.0957 ***	- 0.143 **
	(0.000 656)	(0.001 11)	(0.000 656)	(0.0274)	(0.0271)	(0.0271)	(0.0603)
ln（市场份额）	0.0974 ***	0.0974 ***	0.0974 ***	0.0213	0.0194	0.0141	0.0934
	(0.006 80)	(0.0121)	(0.008 70)	(0.0140)	(0.0134)	(0.0145)	(0.176)
ln（推测变分）	0.0949 ***	0.0949 ***	0.0949 ***	0.0918 ***	0.0833 ***	0.0922 ***	0.0971 ***
	(0.001 87)	(0.003 30)	(0.004 43)	(0.001 87)	(0.002 19)	(0.001 92)	(0.006 30)
ln（销量）	- 0.0363 ***	- 0.0363 ***	- 0.0363 ***	- 0.0408 ***	- 0.0443 ***	- 0.0270 ***	0.0150
	(0.004 39)	(0.007 77)	(0.004 26)	(0.008 02)	(0.007 71)	(0.009 21)	(0.0640)
lnGDP	0.002 72	0.002 72	0.002 72	- 0.005 98	0.001 18	- 0.003 55	- 0.005 42
	(0.002 25)	(0.003 10)	(0.002 29)	(0.003 98)	(0.003 96)	(0.005 62)	(0.007 02)
CPI	- 0.000 284	- 0.000 284	- 0.000 284	0.006 08 ***	0.004 40 **	0.006 72 ***	0.007 23 **
	(0.001 27)	(0.002 26)	(0.001 16)	(0.002 24)	(0.002 16)	(0.002 36)	(0.003 00)

续表

变量	模型 (5-7)	模型 (5-8)	模型 (5-9)	模型 (5-10)	模型 (5-11)	模型 (5-12)	模型 (5-13)
	OLS			FE			IV
ln（人均可支配收入）	0.003 72	0.003 72	0.003 72	-0.001 21	0.007 13	-0.003 55	0.008 80
	(0.002 56)	(0.004 11)	(0.002 33)	(0.006 26)	(0.006 13)	(0.006 39)	(0.008 74)
工业增加值同比	6.99×10^{-5}	6.99×10^{-5}	$6.99 \times 10^{-5**}$	0.000 684***	0.000 508**	0.000 607***	0.000 271
	(4.55×10^{-5})	(5.96×10^{-5})	(3.35×10^{-5})	(0.000 205)	(0.000199)	(0.000 211)	(0.000 386)
ln（新增道路面积）	-0.001 60	-0.001 60	-0.001 60	-0.001 67	-0.003 50	-0.001 91	-0.001 17
	(0.001 86)	(0.002 80)	(0.001 81)	(0.002 21)	(0.002 14)	(0.002 20)	(0.003 08)
常数项	9.627***	9.627***	9.627***	9.544***	10.29***	9.341***	
	(0.155)	(0.288)	(0.142)	(0.291)	(0.301)	(0.313)	
时间变量					控制	控制	
虚拟变量 F	控制	控制	控制	控制	控制	控制	控制
虚拟变量 B	控制	控制	控制	控制	控制	控制	控制
观测值	549	549	549	549	549	549	548
R^2	0.840	0.840	0.840	0.858	0.870	0.864	0.791
省（自治区、直辖市）数量				28	28	28	27

注：括号内值为聚类标准误差值；* 表示在10%水平下显著；** 表示在5%水平下显著；*** 表示在1%水平下显著。

5.5 本章小结

前文对柴油市场的竞争模式识别认为，中国柴油市场的主要竞争方式为价格竞争，这一竞争形成的最终均衡下行业利润应该为零或者较低，这与目前成品油市场中的"高利润"存在明显的差异。基于此，本章将柴油市场的竞争进一步延伸至原油产业链的上一环节，将产能约束引入成品油终端竞争，推导了成品油市场中产能对企业策略的影响，提出了"企业定价受到双方炼化产能影响"的假说。

进一步，本章使用中石油柴油市场的数据对假说进行了验证，回归结果在一定程度上验证了"产能约束影响"的假说。虽然单以柴油市场对成品油市场的整体情况进行分析存在一定的局限性，但是也为目前中国成品油市场中的"伯川德悖论"提供了一种可参考的解释。

基于第 4 章和本章的分析，笔者对成品油市场的厂商策略行为进行了较为系统的分析，得到一种可能的解释：厂商的炼化产能对其终端的价格竞争起着至关重要的作用。从终端来看，如果厂商在炼化产能方面有足够能力满足区域需求，厂商的终端价格竞争就能得到一定的保证，相当于对竞争对手存在"产能"威胁；从产业链整体来看，纵向一体化厂商的总体决策顺序可能是"产能竞争—终端竞争"的顺序。因此，从行业整体来看，仍然是企业数量竞争主导，最终的结果仍然是古诺均衡。

本章的实证结果也为企业的炼化产能投资和整体产能过剩情况提供了一个可能的解释：从企业来看，如果在一个区域市场中的炼化产能不足，那么在具体的竞争过程中不占优势（外部运输成本偏高），或者说受到竞争对手的威胁较大。因此，企业有动力在区域市场中继续布局炼化产能，以便进一步介入当地市场竞争。同时，中石油、中石化具有的国有企业性质与企业的产能竞争决策共同作用，导致炼化产能在全国整体过剩的情况下继续扩张。

第 6 章

最高限价有效性的
经验验证

党的十八届三中全会正式通过了《中共中央关于全面深化改革若干重大问题的决定》，提出完善主要由市场决定价格的机制，"凡是能由市场形成价格的都交给市场，政府不进行不当干预"。其中特别强调了推动石油、天然气的价格改革，放开竞争性环节价格。截至 2019 年，我国还有 7 类 20 项商品由国家发展和改革委员会或者行业主管部门定价，成品油（含供军队及专项用户用油）价格仍按《国家发展改革委关于进一步完善成品油价格形成机制的通知》（发改价格〔2013〕624 号）管理，视体制改革进程适时放开。我国成品油政府指导定价采用的是成本加成定价，也就是基于布伦特等三地原油价，考虑炼厂成本、合理利润后制定成品油出厂价格，再附加流通费用后确定零售最高限价。一般而言，政府发挥"看得见的手"作用，实行价格管制的主要目的有两个：防止垄断企业掠取消费者剩余（Shajarizadeh，Hollis，2015），激励企业节约成本和推动技术创新（Sappington，Sibley，1992；Kearney，Favotto，1994）。

然而，2012 年后中国成品油实际市场价格与政府最高限价之间的价差逐步扩大，出现了政府这只"看得见的手"失灵的现象。从数据上看，2012—2015 年，93#（92#）汽油的价差从 4% 提高到 11%，0#柴油的价差从无价差快速扩大到 13%。对价格时间序列的进一步 t 检验结果显示，成品油市场实际价格对政府最高限价的偏离是系统性存在的，意味着现实中成品油最高限价政策已经背离了政策初衷。我们不禁要问：为什么成品油最高限价政策出现了失灵？政府这只"看得见的手"有无必要继续执行成品油最高限价政策？如果市场这只"看不见的手"能够在成品油定价中发挥作用，那么如何完善市场定价的成品油市场体系？成品油定价是政府价格管制的典型，本章对成品油最高限价政策失灵问题的研究，对深化我国市场决定价格改革具有重要理论意义和应用价值。

本章从厂商决策的角度提出"市场结构影响价格偏离"的假说。具体而言：①成品油市场结构决定了厂商的理性决策，当市场结构变动时，如果政府最高限价不符合企业的利润最大化决策，企业的实际定价将与之背离；②由于成品油企业拥有部分的成本隐藏信息，当寡头企业之间就油价成本信息达成合谋时，会引导政府制定符合其利润最大化目标的最高限价，是政府最高限价得以成立的条件；③当更低成本的第三方企业进入时，打破了寡头企业之间的合谋，激发了市场发现价格的功能，从而导致政府价格管制失灵。

为验证上述假说，笔者以影响价格的因素设定回归等式，测算了 2009—2015 年 16 个典型城市汽柴油批发市场的价格偏离度并作为因变量，构建市场结构指标为主要自变量，控制人均可支配收入、国际石油价格、消费量等因素。稳健性检验结果均显示，市场结构是影响价格偏离度的重要因素。这表明，在深化油气价格改革过程中，为提高资源配置效率，应充分考虑市场竞争在成品油市场价格形成机制中的关键作用，重新评估政府价格管制政策的利弊。

6.1　理论模型及假说

6.1.1　不同情况下的均衡状态分析

本章依据我国成品油市场主体及竞争情况，做如下设定：中国石油的成品油价格、成本及销量分别为 p_1、c_1、q_1，中国石化的成品油价格、成本及销量分别为 p_2、c_2、q_2，其他企业的成品油价格、成本及销量分别为 p_3、c_3、q_3；c 为行业平均成本，此处可以将成本理解为国际原油价格，并有 $c = c_1 = c_2$；企业的成本函数为线性形式，分加为 $C = c_i q_i$；市场需求为 $D(p)$，且市场需求函数使用以下形式进行分析：$D(p_e) = a - bp_e$，其中 p_e 为市场平均价格，同时假设 $a > 0$，$b > 0$ 且 $\frac{a}{b} > c$。据此，我们可以做如下情景分析。

情景 6-1：不存在政府限价和进入退出时的价格合谋

当政府不设定成品油最高限价，且市场上只有中石油、中石化两家企业（以下简称"两桶油"）。此时，市场为典型的双寡头市场。对在位的双寡头企业而言，存在"合谋"（策略 1）与"不合谋"（策略 2）两种策略。

一是当两家企业选择合谋时，成品油市场成为垄断市场，均衡（均衡 1）时价格和企业利润为

$$p_{1,2}^{c,*} = p^M = \frac{a + cb}{2b} \tag{6-1}$$

$$\pi_{1,2}^{c,*} = \frac{(a - cb)^2}{8b} \tag{6-2}$$

式中，下标1、2分别为企业1和企业2；上标c为合谋；p^M为垄断价格，表示此时成品油市场等价于一个垄断市场。

二是当两家企业不合谋时，成品油市场是标准的双寡头市场结构。考虑成品油企业的长期决策是产量决策，价格只是短期竞争决策，此处设定成品油市场为古诺竞争模型。● 均衡（均衡2）时市场价格可表示为：

$$p_1 = p_2 = p^N = \frac{a + 2cb}{3b} \tag{6-3}$$

$$\pi = \frac{(a - cb)^2}{9b} \tag{6-4}$$

式中，上标N为两家企业选择不合谋。可见，当$a > cb$，寡头企业不合谋时的市场均衡价格低于合谋时的价格，同时企业的利润也会低于合谋时的利润。因此，只要双寡头企业是理性的，那么在不存在政府干预的情况下，合谋是它们的理性决策。当两个企业选择合谋时，由于市场价格的上升，成品油市场的需求量将下降$(a - cb)/6$，意味着消费者剩余减少。

情景6-2：存在政府限价但不存在进入退出时的成本信息合谋

政府出于保护消费者利益或鼓励企业竞争的目的，对成品油市场设定最高限制P_0。由于政府只掌握国际原油价格的公开信息，不能及时或者准确掌握企业的成品油生产和流通成本信息，那么政府在确定P_0时，依赖于企业所提供的成本信息，这就导致政府与企业之间存在信息不对称现象。因此，此时双寡头企业的合谋，变成了成品油成本信息合谋，即是否向政府提供真实的成本信息。同时，随着政府的介入，双寡头企业还要选择是否遵守政府的最高限价。因此，在位企业的策略空间有四个元素，即｛（遵守，不合谋）（策略3）、（遵守，合谋）（策略4）、（不遵守，合谋）（策略5）、（不遵守，不合谋）（策略6）｝，对应的市场价格和企业利润分别为均衡3-a、均衡3-b、均衡5-a、均衡5-b，如图6-1所示。

	遵守	不遵守
合谋	均衡3-a	均衡5-a
不合谋	均衡3-b	均衡5-b

图6-1 在位寡头企业的博弈的支付矩阵

● 此处使用古诺竞争模型的主要原因在于：整体来看，成品油市场上的长期决策是产量决策，价格决策只是短期内影响企业的相关竞争行为。

当寡头企业合谋隐藏真实成本信息，共同推高政府限价，可以诱导政府所设定的限制价格符合企业的利润最大化目标。在这种情况下 $P_0 \geq p^M$，政府限价政策并不能达到政策初衷。双寡头企业的最优策略是合谋且遵守政府最高限价，即对应图 6-1 中的均衡 3-a。此时市场价格和企业利润可以表示为

$$p_1 = p_2 = p_0 \tag{6-5}$$

$$\frac{(a-cb)^2}{9b} \leqslant \pi \leqslant \frac{(a-cb)^2}{8b} \tag{6-6}$$

相应地，企业合谋但是不遵守最高限价，即在均衡 5-a 情况下，企业最优策略是接近垄断情况下的均衡，也就是无限接近于均衡 1 的情况。

当寡头企业就成品油真实成本信息不合谋，而向政府提供真实信息，那么政府为了达到限制垄断的目标，将设定一个低于垄断价格的最高限价，即 $P_0 < p^M$。此时，均衡 3-b 的市场价格和利润表示与均衡 3-a 一致。如果 $p^N \leqslant P_0 \leqslant p^M$，则均衡 5-b 与均衡 2 的情况一致；如果 $P_0 < p^N$，则两个企业的利润小于但无限接近于均衡 2。

可见，当政府介入并实行成品油最高限价政策时，成品油市场价格是否违背政府最高限价，取决于政府是否能够及时且准确掌握寡头企业的成品油真实信息。在此方面，政府掌握信息的方式有两种：在位企业主动向政府提供真实信息；或者第三方企业进入后打破在位寡头企业之间的成本信息合谋。

情景 6-3：存在政府限价且第三方企业进入打破合谋

当第三方企业（如地方炼厂）进入成品油市场时，不仅直接使市场集中度下降，影响在位企业的利润，而且地方炼厂按照其实际成本参与市场竞争，导致在位寡头公司间的合谋以及政府最高限价失败。在三寡头竞争下，市场均衡价格和企业利润分别为

$$p_1 = p_2 = p_3 = \frac{a + 3cb}{4b} \tag{6-7}$$

$$\pi = \frac{(a-cb)^2}{16b} \tag{6-8}$$

当"两桶油"作为在位企业一直严格遵守最高限价的情况下，形成均衡 4，此时"两桶油"的定价同式（6-5），如图 6-2 所示。假设此时第三方企业进入市场后，定价低于最高限价（$p_3 < P_0$），那么在理性经济人假设下，第三方企业能够尽可能地占有市场份额。

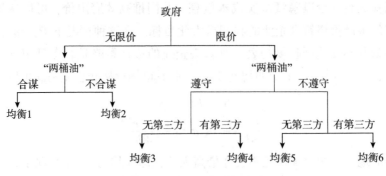

图 6 − 2　博弈均衡情况示意

6.1.2　市场竞争的边缘性特点分析

　　产业组织理论中的边缘性竞争认为，寡头市场中存在一些"小企业"，主要满足寡头企业瓜分市场后的剩余边缘性市场。从中国目前的竞争情况来看，存在"反向的边缘性市场"的特殊情况：第三方企业具有成本优势（表现为低定价），但其产量仅能满足部分市场需求。从数据来看，2017 年汽油与柴油的批零价格差双双收窄：社会加油站购进地方炼厂资源的汽油批零价格差是 2674 元/吨，同比收窄 26 元/吨；柴油批零价差 1648 元/吨，同比收窄 218 元/吨（各地区的最高零售限价平均值作为零售价，地方炼厂的出厂价作为批发价）。从批发价格来看，地方炼厂的汽柴油在批发市场一直具有价格优势，主营的出厂价（生产单位供国储和新疆生产建设兵团的价格）相比，可以看出地方炼厂汽油与柴油出厂价格的优势空间：2017 年，地方炼厂出厂价与国家指导价汽油价差 1347 元/吨，同比扩大 98 元/吨，柴油价差 784 元/吨，同比收窄 67 元/吨。图6 − 3和图 6 − 4 是中石油、中石化以及地方炼厂 0#柴油和 93# （92#） 汽油出厂价格的变化情况，地方炼厂选择的是较为典型的炼厂京博石化，其出厂价格在全部地方炼厂中略微偏高。从价格变化情况来看，地方炼厂汽柴油出厂价格在大部分时期都低于中石油、中石化炼厂的价格；从时间上来看，2015 年以后地方炼厂汽柴油价格与主营炼厂价格之间的差异逐步扩大。

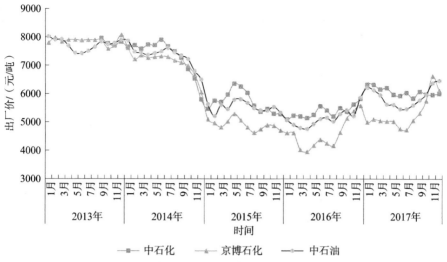

图 6 - 3　0#柴油出厂价比较（2013 年 1 月—2017 年 12 月）

数据来源：金联创，市场调查数据❶

图 6 - 4　93#（92#）汽油出厂价比较（2013 年 1 月—2017 年 12 月）

数据来源：金联创，市场调查数据

---

❶　中石油价格为调查数据，与第 4 章所用数据一致，是各地区销售企业购进价格的算术平均值；中石化价格为中石化交付销售企业的价格。

因此，即便"小企业"以低成本进入市场，"两桶油"之间的寡头竞争仍然占据大部分剩余市场 Q_D。如图 6-5 所示，实际的市场需求 $Q = Q_D + \overline{Q}_3$。

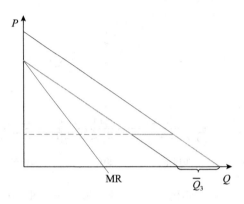

图 6-5　市场需求曲线示意

现实中，由于存在第三方企业，中国成品油市场更接近均衡 4 和均衡 6。在此种状况下，$\overline{Q}_3 < D(P_3)$，也即"两桶油"面临的市场需求函数可变，公式为

$$d(P_D) = \begin{cases} D(p_D) - \overline{Q}_3 & D(p_D) > \overline{Q}_3 \\ 0 & D(p_D) \leqslant \overline{Q}_3 \end{cases} \tag{6-9}$$

当第三方新进企业的产量超过一定临界值时，即 $\overline{Q}_3 \geqslant \dfrac{a - bc}{4}$，均衡 6 的企业价格和利润可以表示为式（6-7）和式（6-8）。反之，当第三方新进企业产量无法达到三寡头状况下的均衡产量，那么按照式（6-9），均衡情况下"两桶油"的价格可以表示为

$$p_1 = p_2 = p^n = \frac{a + 2cb - \overline{Q}_3}{3b} \tag{6-10}$$

$$\pi = \frac{(a - \overline{Q}_3 - cb)^2}{9b} \tag{6-11}$$

同样地，在均衡 4 的情形下，"两桶油"按照最高限价进行销售，其价格表示为式（6-5）。此时，企业的利润情况为

$$\frac{(a - \overline{Q}_3 - cb)^2}{9b} \leqslant \pi \leqslant \frac{(a - \overline{Q}_3 - cb)^2}{8b} \tag{6-12}$$

可见，虽然政府出于限制寡头企业滥用市场支配地位和保护消费者的目

的，对成品油市场采取最高限价政策，但是在实施过程中，最高限价政策是否有效，不仅取决于在位寡头企业是否合谋，而且取决于是否存在新进入企业，以及新进入企业的产量对市场供求的冲击大小。基于理论模型，下文根据中国成品油市场结构演进的实际情况，提出本章的研究假说。

6.1.3　基本假说

从成品油价形成机制和发展情况来看，以 1998 年❶为界，中国成品油限价政策历经两个明显不同的时期。1998 年以前由于政策和技术的约束，中国的成品油市场中第三方企业的数量很少、占有的份额不大，市场结构近似于双寡头。按照上文理论模型，在这样的市场结构中，面对政府设置的最高限价，寡头企业的占优策略是策略 1 而不是策略 2。因此，为了限制利润最大化的寡头企业制定过高的价格造成社会福利损失，政府设置最高限价具有政策合理性。在政府设置最高限价的情形下，企业的占有策略是策略 3 而不是策略 5，也即遵守政府最高限价。在这样的均衡中，不会造成成品油最高限价失灵。

但是，1998 年以后❷，随着技术进步和政策调整❸，第三方企业不仅数量增加，而且发挥经营灵活和低成本等优势，不断蚕食市场份额，逐步改变了既有的成品油双寡头市场。新进入企业也改变了在位寡头企业的占优策略 3，是政府限价失灵的重要原因。一方面，随着企业数量增加，市场竞争加剧，加大在位的"两桶油"降价的压力，其实际定价只能低于政府最高限价。更进一步，如果技术成本、运输成本、销售成本、品牌等因素导致在位企业的边际成本出现差异，那么在面临第三方企业进入的状况下，厂商很可能根据

---

❶　1998 年 3 月第九届全国人民代表大会一次会议审议通过《国务院机构改革方案》，国务院组建了中国石油天然气集团公司与中国石油化工集团公司。为配合两大石油公司的建立，国内原油、成品油价格管理体制改革终于正式启动，价格形式由国家定价变化为国家指导价。1998 年 6 月 3 日国家计划委员会出台了《原油成品油价格改革方案》。规定原油、成品油价格与国际市场接轨，国家计划委员会每月对国内原油基准价与成品油零售中准价进行调整。汽油、柴油零售中准价格制定的原则是：以国际市场汽油、柴油进口完税成本（离岸价加海上运保费、关税、消费税、增值税、港口费用等）为基础，加按合理流向计算的从炼厂中转配送到各加油站的运杂费，再加批发企业和零售企业的经营差率制定。

❷　受数据可获得性的限制，本书主要关注 2009—2015 年相关变化情况。

❸　技术主要是指炼化装置的升级；政策主要是指对第三方企业成品油批发资质的放开、允许外资进入成品油零售市场等。

真实成本定价以谋求利润最大化。在此种状况下，厂商的实际定价可能偏离政府最高限价。另一方面，第三方企业以低成本优势，优先进入对价格敏感的缝隙市场，但受到上游原油资源、产能产量和一些政策限制，即便进入市场后也无法满足全部市场需求，不能对最高限价带来颠覆性冲击。在这两方面因素的作用下，第三方企业进入都会造成政府最高限价的失灵，成品油市场实际价格 P_e 与最高限价 P_0 会出现偏离，偏离程度 DP 可以表示为

$$DP = P_0 - P_e \qquad\qquad (6-13)$$

根据前文的理论模型和中国成品油产业组织演进的实际情况，本章提出如下供进一步实证检验的假设。

给定其他条件不变，当第三方进入企业的数量越多，获取双寡头的市场份额越多，对在位企业的竞争压力越大，那么在位企业遵守政府最高限价面临的合约成本更高，违背政府最高限价的动力越强，寡头企业合谋的利益基础更为薄弱。从现实情况看，中国的成品油行业也确实如此。一方面，整体油气资源高度短缺的形势有所缓解，市场已经从资源竞争转向价格竞争。另一方面，在深化市场化改革的进程中，政府逐步放开批发资质管制，寡头企业合谋的行政基础有所动摇。根据《成品油市场管理办法》，截至2015年10月，已经公布的具有成品油批发经营资质的公司数量达到303家，属于中石油、中石化等央企下属或者控股公司为72家，占比为23.8%，其他企业为231家，占比为76.2%。❶ 根据 HHI（Herfindahl Index）指数测算，全行业的市场集中度呈逐步下降的态势。❷ 本研究对成品油市场集中度的定义为：HHI = 中石油销量份额^2 + 中石化销量份额^2 + 其他单位销量份额^2；由于成品油销售市场以中石油和中石化为主，将其他单位销量份额整体作为一个研究主体具有可行性。

假说6-1：市场集中度或者两大寡头市场份额的降低加剧成品油价格偏离程度

政府对成品油实行最高限价政策的初衷，是为了防止寡头企业"过分"逐利造成社会总体福利损失。这一政策得以成立的条件，是要求成品油市场的竞争程度不高，存在较高程度的垄断。当市场竞争情况发生变化时，最终

---

❶ 数据来源：http://www.xiduoil.com/hangyedongtai/news-2015100851.html.

❷ 由于中国成品油市场只能统计中石油、中石化份额，两者本身的份额变化会对指数产生影响，其中前期市场集中度变化的主要原因是中石油和中石化向对方市场逐步扩张，两者份额出现变化。后期市场集中度变化的主要原因是竞争主体的增加。

形成的市场价格可能低于政府的最高限价。

假说6-2：成品油市场竞争加剧价格偏离程度

成本是最终价格决定的重要因素（王俊豪，2001b；Hastings，Gilbert，2005；Bello，Cavero，2008）。[●] 考虑成品油企业的成本存在差异，本章放宽前文关于企业成本一致的假设，也即企业成品油的边际生产成本分为两个部分：一是各企业相同的成本部分（原油价格）c；二是各企业可变的成本部分 C_1，C_2，C_3。依据中国成品油市场实际，假设两个寡头企业的边际可变成本相当（即 C_1 约等于 C_2）。但是"两桶油"等企业与第三方（外资、民营）企业等成品油销售企业的成本存在差异，主要表现在如下几个方面。一是"两桶油"属于纵向一体化企业，其油品来源除进口国际原油外，还有国内的自有油田生产原油，因此在国际油价下降时，原料成本的调整较为复杂，无法实现快速调整。二是"两桶油"销售网络规模较大，配送和管理成本偏高，国际油价下降时，第三方企业能够更快地在区域市场体现成本优势。综合起来，设定第三方进入企业的边际可变成本较低，即 $C_1 \approx C_2 \geqslant C_3$。在这样的边际可变成本差异情况下，当国际油价下降时，第三方企业低成本优势更为明显，导致区域内成品油平均价格下降，拉大实际市场价格与最高限价的偏离程度。

假说6-3：国际油价下降将加剧成品油价格偏离程度

下文将分别对这三个关于成品油市场实际价格偏离政府最高限价的假说进行实证检验。

6.2 计量模型、变量与描述统计

6.2.1 实证模型

在实证分析价格偏离度时，除了市场集中度以外，还要控制两类变量。一是成本变量。根据相关研究文献，企业的前期投资成本、人员成本、原料成本以及运输成本（Yilmazkuday，2016；Fullerton et al，2015；Lewis，2012），

[●] 例如，根据前文有学者的研究，原油成本和炼化成本的差异，分别解释了美国加油站汽油零售价格的差异的51%和33%，合计超过84%。可见，成品油成本差异是零售价差异最主要的因素。由于对中国相关情况的定量分析较少，此处暂时参考国外数据。

都会影响企业的油价成本。考虑各企业的成本差异，本章将国际原油均价当作成本控制变量。二是供需变量。本章选择各城市所在地区的成品油产量进行控制。

使用不同的市场集中度指标对 0# 柴油模型进行回归分析，得到以下模型：

$$DPD_{i,t} = \beta_1 X_{i,t} + \beta_2 OIL_t + \beta_3 sq\_OIL_t + \beta_4 r_t + \beta_5 QD_{i,t} + \alpha_i + \varepsilon_{i,t} \qquad (6-14)$$

式中，DPD 为柴油价格偏离度；$X_{i,t}$ 为市场结构变量；OIL 为 WTI 原油价格的年度平均价；sq_OIL_t 为 WTI 原油价格当年的日度波动方差值；r 为当年的美元汇率；$QD_{i,t}$ 为柴油消费量；β 为待估参数；α 为个体虚拟变量；ε 为随机误差项；i 和 t 分别为地区、年份编号。此处需要做如下四点说明：一是本模型没有单独提取时间虚拟变量，因为国际油价是随着时间变化，且对全部城市和地区都产生影响，能够理解为时间维度上所产生的虚拟变量，而且固定效应模型本身就考虑了时间变化产生的影响；同时，添加时间效应变量之后，发现模型的时间效应变量由于存在共线性而被省略。二是设置了个体虚拟变量，不同城市之间的汽车保有量、消费习惯、基础设施、经济结构等方面存在差异。三是使用固定效应进行回归分析，根据前文分析，影响市场价格形成的运输成本、品牌效益等因素包含在误差项中，这些因素与消费量、国际油价等存在相关性。从模型指标的选择来看，由于存在量价数据，存在较为典型的内生性问题，需要使用工具变量对模型进行调整。具体的检验结果在 6.4 节进行说明。

模型（6 – 14）中，X 的选择使用了四类指标，可以对模型的稳健性进行检验：分别是城市"两桶油"柴油市场份额、城市柴油市场集中度指标、地区"两桶油"柴油市场份额、地区柴油市场集中度指标（具体的指标解释和分油品的指标区分参见 6.2.2 节）。

以 93#（92#）汽油价格偏离度作为因变量，形成实证模型如下：

$$DPG_{i,t} = \beta_1 X_{i,t} + \beta_2 OIL_t + \beta_3 sq\_OIL_t + \beta_4 r_t + \beta_5 QG_{i,t} + \alpha_i + \varepsilon_{i,t} \qquad (6-15)$$

式中，DPG 为汽油价格偏离度。X 的选择同样使用四类指标，对模型（6 – 15）的稳健性进行检验：分别是城市"两桶油"汽油市场份额、城市汽油市场集中度指标、地区"两桶油"汽油市场份额、地区汽油市场集中度指标（具体的指标解释和分油品的指标区分参见 6.2.2 节）。

6.2.2　变量数据

本章采用 2009—2015 年 16 个城市的面板数据进行分析。样本选择的主要依据有三个：一是数据可得性，该时间段以内，只有 16 个城市的相关变量数据可得；二是样本具有一定的代表性，此类城市包含直辖市和一、二线城市，基本上可以代表该地区的主要情况；三是样本城市的地理分布较为分散，并未全部集中在某一区域，基本上囊括了最高限价的相关价区情况。变量说明和数据来源如下：

（1）柴油价格偏离度（DPD）。即实际的市场价格与最高限价的差异，计算公式为 DPD =（0$^{\#}$柴油最高限价 – 0$^{\#}$柴油实际价格）/0$^{\#}$柴油最高限价 × 100%；实际市场价格来源于商务部公布数据（Wind 数据库整理），最高限价来源于《国际石油经济》公布的价格数据。

（2）汽油价格偏离度（DPG）。即实际的市场价格与最高限价的差异，计算公式为 DPG =［93$^{\#}$（92$^{\#}$）汽油最高限价 – 93$^{\#}$（92$^{\#}$）汽油实际价格］/93$^{\#}$（92$^{\#}$）汽油最高限价 ×100%；实际市场价格来源于商务部公布数据（Wind 数据库整理），最高限价根据最高零售限价计算得到，来源于《国际石油经济》公布的价格数据。

（3）国际油价（OIL）及其方差（sq_OIL）。根据 WTI 日数据计算得到的年度平均值；数据来自美国能源署（EIA）。

（4）汇率（r）。当年美元兑人民币汇率的平均值；数据来自中国人民银行（Wind 数据库整理）。

（5）市场份额（CR2）。受数据因素限制，在研究过程中只能计算"两桶油"在当地市场的份额，其计算公式为：CR2 =（该城市中国石油成品油销量 + 该城市中国石化成品油销量）/该城市表观消费量 × 100%。同理，CR2P、CR2D、CR2G、CR2PD、CR2PG 分别表示地区"两桶油"市场份额、城市"两桶油"柴油市场份额、城市"两桶油"汽油市场份额、地区"两桶油"柴油市场份额、地区"两桶油"汽油市场份额。在数据来源方面，城市级数据源自笔者的市场调查；地区数据源自国家统计局以及"两桶油"年报（Wind 数据库整理）。

（6）市场集中度指标（HHI）。城市市场集中度指标 HHI 的计算方式为：HHI =（中石油销量份额^2 + 中石化销量份额^2 + 其他单位销量份额^2）；销量份额计算方式是公司当年销量与当地表观消费量的比值，三个份额的和为100%。同理，HHIP、HHID、HHIG、HHIPD、HHIPG 分别为地区市场集中度指标、城市柴油市场集中度指标、城市汽油市场集中度指标、地区柴油市场集中度指标、地区汽油市场集中度指标。在数据来源方面，城市级数据源自笔者的市场调查；地区数据源自国家统计局以及"两桶油"年报（Wind 数据库整理）。

(7) 柴油消费量（QD）及汽油消费量（QG）。当年该城市所在地区的汽柴油表观消费量；数据源自国家统计局（Wind 数据库统计）。

6.2.3 描述统计

表 6 – 1 是变量的描述统计。需要说明的是，在计算价格偏离度过程中，会出现价格偏离度为负的情况，这一情况是合理的，主要原因为：其一，本章使用的价格上限数据是各地发展和改革委员会公布的数据，而实际数据为城市成交数据的加权平均值，在一定时间段内可能会存在数据不能完全对应的情况，产生负值；其二，在有些地区，省会（自治区首府）的限价高于本省（自治区、直辖市）的平均限价，在计算过程中会产生负值；其三，本章使用的是将日数据平均计算得到的年度数据，在计算过程中会出现一定的误差；其四，最高限价以及实际运行价格对应的趋势是有效的，能够有效反映价格的变化。

表 6 – 1　变量的描述统计

变量	符号	均值	标准差	最小值	最大值	观测数
柴油价格偏离度/（元/吨）	DPD	220.7	346.8	-455.2	1352.1	112
汽油价格偏离度/（元/吨）	DPG	415.2	380.8	-374.3	1536.5	112
国际油价/（美元/桶）	OIL	81.68	17.954	48.75	97.89	112
国际油价方差	sq_OIL	81.79	58.416	27.55	177.70	112
汇率（美元兑人民币中间价）	r	6.04	0.234	5.69	6.41	112
城市"两桶油"市场份额	CR2	94.34	0.062	73.2	100	112
城市市场集中度指标	HHI	0.5027	0.684	0.3638	0.6817	112
地区"两桶油"汽油市场份额	CR2P	92.0	0.073	64.2	100	112
地区市场集中度指标	HHIP	0.4961	0.614	0.3163	0.6299	112
城市"两桶油"柴油市场份额	CR2D	94.3	0.063	74.4	100	112
城市柴油市场集中度指标	HHID	0.4991	0.682	0.3537	0.6920	112
城市"两桶油"汽油市场份额	CR2G	94.5	0.075	60.4	100	112
城市汽油市场集中度指标	HHIG	0.5264	0.734	0.3845	0.6879	112
地区"两桶油"汽柴油市场份额	CR2PD	92.1	0.073	73.5	100	112
地区柴油市场集中度指标	HHIPD	0.4885	0.617	3415	0.6166	112

续表

变量	符号	均值	标准差	最小值	最大值	观测数
地区 "两桶油" 汽油市场份额	CR2PG	92.0	0.086	53.0	100	112
地区汽油市场集中度指标	HHIPG	0.5192	0.716	0.3137	0.6802	112
汽油消费量/万吨	QG	442.930	283.73	90.54	1259.5	112
柴油消费量/万吨	QD	614.55	313.27	182.35	1668.56	112
*人均可支配收入/万元	income	2.60	0.71	1.54	4.50	112
*国内生产总值/亿元	GDP	21 985.83	15 463.19	3912.68	72 812.55	112
*公路货运周转量/（万吨/公里）	fre	6 578 410	6 932 047	365 765	3.29×10^7	112
*民用汽车拥有量/万辆	car	429.52	296.30	90.89	1471.40	112

*表示标注的变量为工具变量。

图 6-6~图 6-8 展示主要自变量与因变量关系的散点（图中虚线表示市场份额散点趋势）。以柴油为例，可以看出，柴油价格的偏离度与 "两桶油" 的市场份额存在着较为明显的负相关关系，与理论假设相符；偏离度与国际油价及柴油消费量存在负相关关系，与理论预期一致。汽油图形的变化特点与柴油基本一致。不难发现，由于未控制相关重要变量，图形展示的结论可能有偏差，以下提供更为严谨的实证检验。

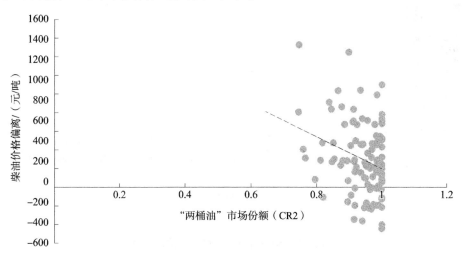

图 6-6 柴油价格偏离度与成品油市场份额

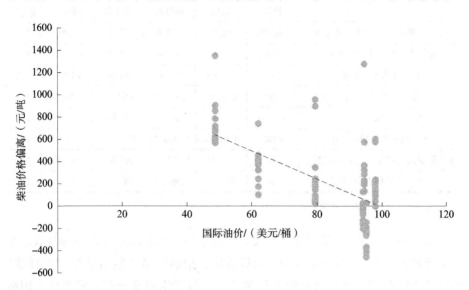

图 6 – 7　柴油价格偏离度与国际油价

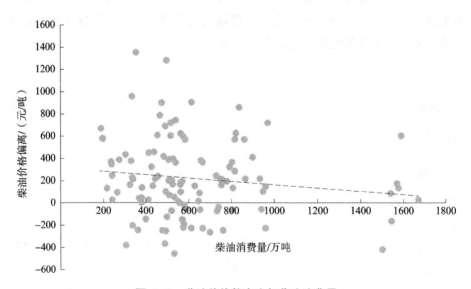

图 6 – 8　柴油价格偏离度与柴油消费量

6.3　实证结果分析

应用 16 个城市的市场结构数据，分别对 $0^{#}$ 柴油价格和 $93^{#}$（$92^{#}$）汽油价格的偏离度进行回归分析，出于稳健性考虑，计量分析采用固定效应模型并经过非传统 Hausman[1] 验证。之后，考虑地区作为一个限价区域的情况，以地区的市场结构数据对价格偏离度进行回归分析。

6.3.1　价格偏离度的影响因素

柴油价格偏离度与其影响因素的估计值见表 6 - 3。模型（6 - 1）和模型（6 - 2）是 OLS 回归结果，其中模型（6 - 2）使用了聚类标准误，由于两类标准误存在差异，且 OLS 统计结果的残差存在明显的自相关情况，因此本章的相关检验选用聚类标准计算法。模型（6 - 3）~ 模型（6 - 5）是固定效应模型，其中模型（6 - 4）使用了聚类标准误，模型（6 - 5）是全面广义最小二乘法，解决了异方差的问题。模型（6 - 6）~ 模型（6 - 10）是工具变量法进行回归的结果，整体来看，各变量的估计系数具有较好稳健性。即：估算结果大体相同，市场份额的系数大小略有差异；在分别以"两桶油"汽柴油市场份额、柴油市场份额指标为因变量时，各估计系数的符号和显著性也表现出较好的一致性；以市场集中度指标进行估计时，估计系数的符号符合预期，然而显著性较差。为了验证模型使用的正确性，对每个模型进行非传统 Hausman 检验[2]，统计上建议选用固定效应模型，最终得到的结果符合本章假设。各因素的影响如下：

（1）"两桶油"市场份额对价格偏离的影响。CR2 和 CR2D 两个指标对柴油价格偏离度的影响均显著为负。即其他条件不变时，"两桶油"在该城市占有的市场份额越大，价格偏离程度越低，也就是说实际的市场价格越接近国

---

[1]　传统的 Hausman 检验中，要求扰动项不存在异方差；当可能存在异方差时，可以通过自助法，即计算机模拟再抽样的方法计算（$\bar{\beta}_{FE} - \bar{\beta}_{RE}$），也就是非传统的 Hausman 检验法。参见：陈强，2014. 高级计量经济学及 stata 应用（第二版）［M］. 北京：高等教育出版社：257.

[2]　由于使用了聚类标准误，因此不能直接使用传统的 Hausman 方法进行检验。

家发展和改革委员会给出的上限价格，这与本章给出的假设是一致的。基本的逻辑是，在成本投入（国际油价）、竞争程度（消费量）既定时，某个城市中石油以及中石化的市场份额越大，对市场垄断便会越强。从两大集团的销售行为来看，当没有第三方介入时，两者一般会进行联合，按照最高限价进行油品的售卖；当其他销售主体进入市场后，会打破原有的平衡，竞争程度加强，市场的实际成交价格会更加接近完全竞争状态下的均衡价格，远离最高限价。这与前章所做的假说基本相符。具体而言，当其他条件不发生变化的情况下，两大集团整体的汽柴油市场份额下降1%，城市的实际柴油批发价格与最高限价之间的差值会增加 14～16 元/吨，也就是说实际价格会远离最高限价。

（2）市场集中度指标对价格偏离的影响。HHI 和 HHID 两个指标对柴油价格偏离的影响均为负值，显著性略有不足。可能的原因包括两点：一为市场集中度测算方式不合适，市场竞争主体数量不能够明确展示；二为"两桶油"占有市场份额过高，市场集中度指标与价格偏离度无明显相关关系。

（3）国际油价的影响。OIL 对柴油价格偏离度的影响为负，且数值改变不大；即国际原油价每减小每桶 1 美元，价格偏离度会增加 14～16 元/吨；这与理论预期是完全一致的。主要原因如下：中国自产原油全部来自中石油、中石化、中海油等国有企业，其他国有企业、民营企业、地方炼厂等的原油来源大部分为国际原油；中国自产原油价格和国际原油价格之间具有一定差异，如果国际原油价偏低，"三桶油"❶以外的其他企业用油成本偏低，利润空间增大，在其原油进口增加的情况下推高下游市场份额，加大成品油的市场竞争；相反，当国际原油价格上升时，"三桶油"以外的经营企业利润空间缩小，对市场的影响能力降低。同时，国际油价的方差变化对柴油价格偏离程度也会产生一定影响。国际油价的波动对价格偏离有正向影响，这与经验是一致的：当国际油价波动大时，由于最高限价本身调整具有时间黏性，如调整不及时，与市场实际价格的偏离就会加大。

（4）汽油价格偏离度及其影响因素的估计结果见表 6-4。整体来看，汽油模型的结果与预期基本一致，也可以作为柴油模型的稳健性检验，此处不再做进一步探讨。需要说明的是，汽油模型中，汽油消费量对价格偏离的作用是显著的，可能的解释是：汽油本身的消费能够在一定程度上代表该区域

---

❶ 中石油、中石化、中海油三家企业统称"三桶油"。

的竞争程度。汽油价格形成过程中的因素与柴油有所不同，主要包括以下四个方面：一是消费群体存在差异，不同于柴油消费者大部分为企业、工矿、物流用户，汽油消费者大部分是车队和个人用户，价格与最终消费者的偏好、认知相关性较强，油品企业的品牌、质量等因素都会对价格产生影响。二是利润空间存在差异，汽油毛利率远高于柴油，按照 0.68 元/（吨·千米）[1] 的运输成本计算，企业愿意承担更远距离的运输费用，因此城市附近是否能够生产汽油对价格产生的影响较小。三是需求特点存在差异，柴油需求大部分为基础建设、房地产等工业需求，受经济增长影响较大，随着近些年中国经济发展速度放缓，柴油需求增长速度也随之下降；汽油需求大部分为车辆用油，目前中国汽车保有量增长仍然处于成长期[2]，汽油需求也处于快速增长阶段。四是汽油市场的构成更加复杂，除炼厂产出的汽油外，通过混合芳烃等调和的汽油量占比约为 10%[3]。

6.3.2　市场结构影响：以地区为单位

以地区的市场份额、市场集中度对柴油价格偏离度、汽油价格偏离度的估计结果见表 6 - 2 ~ 表 6 - 4。具体结果如下：

（1）地区成品油市场对柴油价格偏离度的影响显著。CR2P、CR2PD、HHIP、HHIPD 四个指标对柴油价格偏离度的影响均显著为负。具体来看，当地区"两桶油"整体的汽柴油市场份额下降 1%，城市的柴油价格偏离增加约 3 元/吨；当地区内"两桶油"整体柴油份额下降 1%，城市的柴油价格偏离增加 2 元/吨左右；当地区内市场集中度下降 1，城市的柴油价格偏离增加 2000 元/吨左右。

（2）地区成品油市场对汽油价格偏离度的影响显著。CR2P、CR2PG、HHIP、HHIPG 对汽油价格偏离的影响均为负值，且影响显著。具体而言，当其他条件不变时，地区内"两桶油"整体的汽柴油市场份额下降 1%，城市的汽油价格偏离增加 3 元/吨；地区内"两桶油"整体的汽油市场份额下降 1%，城市的汽油价格偏离增加 2 元/吨；当地区内市场集中度下降 1，城市汽油价格偏离增加约 4090 元/吨；当地区内汽油市场集中度下降 1，城市汽油价格偏离增加约 1390 元/吨。

---

[1]　笔者根据行业经验值测算得到。
[2]　汽车保有量增长符合"S 型"规律，分为孕育期、成长期、成熟期，其中成长期的增长速度最快。
[3]　笔者根据原料使用量测算得到。

表6-2　0#柴油价格偏离高度影响因素估计结果（城市级集中度）

变量	模型 (6-1) OLS	模型 (6-2) OLS	模型 (6-3) FE	模型 (6-4) FE	模型 (6-5) FGLS	模型 (6-6) IV	模型 (6-7) IV	模型 (6-8) IV	模型 (6-9) IV	模型 (6-10) IV
CR2	-484.3	-484.3	-1,402*	-1,402**	-670.5***	-1,530*	-1,530**			
	(373.9)	(278.0)	(751.9)	(504.2)	(162.3)	(862.5)	(608.7)			
r	-563.6***	-563.6***	-480.8***	-480.8***	-612.6***	-422.6*	-422.6**	-492.4***	-426.3*	-496.9***
	(118.6)	(72.55)	(143.1)	(92.71)	(123.5)	(239.1)	(168.8)	(146.2)	(167.8)	(141.2)
sq_OIL	1.001**	1.001***	0.922**	0.922***	0.702**	0.904**	0.904***	0.994***	0.921***	1.006***
	(0.409)	(0.292)	(0.398)	(0.331)	(0.358)	(0.403)	(0.336)	(0.315)	(0.327)	(0.310)
QD	-0.158**	-0.158**	0.0531	0.0531	-0.0834	0.337	0.337	0.152	0.320	0.148
	(0.0731)	(0.0651)	(0.402)	(0.289)	(0.0920)	(1.017)	(0.660)	(0.604)	(0.652)	(0.589)
OIL	-15.68***	-15.68***	-14.99***	-14.99***	-16.30***	-14.67***	-14.67***	-15.60***	-14.48***	-15.59***
	(1.444)	(0.994)	(1.500)	(0.824)	(1.325)	(1.843)	(0.915)	(1.004)	(0.963)	(0.979)
HHI								-0.102		
								(0.0858)		
CR2D									-1359***	
									(515.9)	
HHID										-0.0709
										(0.0653)
常数	5380***	5380***	5566***	5566***	5892***	5135***	5135***	4811***	4990***	4679***
	(791.9)	(369.2)	(1049)	(372.1)	(796.1)	(1765)	(1041)	(1144)	(1214)	(1158)
观测数	112	112	112	112	112	112	112	112	112	112
R^2	0.563	0.563	0.610	0.610						
样本数	16	16	16	16	16	16	16	16	16	16

注：FE 为固定效应模型；FGLS 全面的广义最小二乘法；IV 为工具变量法。括号内为标准误差值；* 表示在10%水平下显著；** 表示在5%水平下显著；*** 表示在1%水平下显著。

表 6 - 3 93#（92#）汽油价格偏离度影响因素估计结果（城市级集中度）

变量	模型 (6-11) OLS	模型 (6-12) OLS	模型 (6-13) FE	模型 (6-14) FE	模型 (6-15) FGLS	模型 (6-16) IV	模型 (6-17) IV	模型 (6-18) IV	模型 (6-19) IV	模型 (6-20) IV
CR2	-1573***	-1573***	-2509**	-2509***	-1410***	-4821***	-4821***			
	(530.5)	(395.1)	(1123)	(663.4)	(321.9)	(1500)	(1014)			
r	-153.3	-153.3	5.942	5.942	-152.4	1,092***	1,092***	819.4**	981.1***	792.9**
	(167.4)	(152.3)	(233.7)	(289.0)	(213.6)	(396.0)	(358.7)	(335.2)	(341.9)	(361.2)
sq_OIL	0.935	0.935*	0.854	0.854	0.916	0.614	0.614	0.918	0.747	0.997
	(0.567)	(0.523)	(0.583)	(0.542)	(0.682)	(0.721)	(0.611)	(0.596)	(0.551)	(0.626)
QC	0.222***	0.222***	0.642	0.642	0.145	4.220***	4.220***	3.739***	4.222***	3.974***
	(0.116)	(0.0648)	(0.521)	(0.495)	(0.111)	(1.103)	(1.240)	(1.222)	(1.212)	(1.180)
OIL	-9.696***	-9.696***	-8.446***	-8.446***	-10.58***	-0.843	-0.843	-4.142	-2.742	-3.869
	(2.018)	(1.206)	(2.372)	(2.105)	(2.526)	(3.488)	(2.980)	(2.671)	(3.061)	(2.871)
HHI								-0.244		
								(0.197)		
CR2G									-4.011***	
									(768.7)	
HHIG										0.0195
										(0.131)
常数	3442***	3442***	3080*	3080*	3308**	-3493	-3493*	-4705**	-3433	-6007**
	(1105)	(734.9)	(1578)	(1516)	(1340)	(2547)	(2017)	(2674)	(2224)	(3015)
观测数	112	112	112	112	112	112	112	112	112	112
R^2	0.303	0.303	0.305	0.305						
样本数	16	16	16	16	16	16	16	16	16	16

注：FE 为固定效应模型；FGLS 全面的广义最小二乘法；IV 为工具变量法。括号内为标准误差值。*** 表示在 1% 水平下显著；** 表示在 5% 水平下显著；* 表示在 10% 水平下显著。

表 6-4 价格偏离度影响因素估计结果 (地区集中度)

变量	柴油价格偏离度					汽油价格偏离度		
	模型 (6-21)	模型 (6-22)	模型 (6-23)	模型 (6-24)	模型 (6-25)	模型 (6-26)	模型 (6-27)	模型 (6-28)
CR2P	-2514*** (475.5)				-2860** (1413)			
r	-429.7*** (144.0)	-489.6*** (119.7)	-416.6*** (146.4)	-429.5*** (112.7)	862.9*** (323.1)	812.7*** (301.2)	765.9** (326.5)	712.9** (350.9)
sq_OIL	0.823*** (0.315)	1.005*** (0.321)	0.869*** (0.297)	1.001*** (0.324)	0.773 (0.635)	0.962 (0.600)	0.885 (0.567)	1.048* (0.576)
QD	0.376 (0.527)	0.271 (0.513)	0.464 (0.562)	0.540 (0.488)				
OIL	-14.10*** (0.961)	-15.39*** (0.865)	-14.16*** (0.964)	-15.06*** (0.910)	-2.318 (2.746)	-3.680 (2.543)	-3.533 (2.883)	-4.424 (2.851)
HHIP		-0.217*** (0.0636)				-0.409** (0.197)		
CR2PD			-1812*** (358.7)					
HHIPD				-0.189*** (0.0605)				
QG					3.982*** (1.241)	3.915*** (1.186)	3.853*** (1.177)	3.752*** (1.125)
CR2PG							-2295 (1678)	
HHIPG								-0.139 (0.204)
常数	5985*** (1202)	5268*** (1058)	5208*** (1333)	4558*** (1055)	-3808 (2796)	-3983* (2339)	-3594 (3089)	-4560 (3207)
观测数	112	112	112	112	112	112	112	112
样本数	16	16	16	16	16	16	16	16

注：均为工具变量法；括号内为聚类标准误差值；* 表示在10%水平下显著；** 表示在5%水平下显著；*** 表示在1%水平下显著。

6.4　相关检验说明

为保证模型设定和结果有效性，本章对数据和变量设定进行了相关检验，主要包括对价格偏离的统计学检验、异方差检验、变量内生性检验以及模型的稳定性检验。此外，考虑不同变量间的关联，对变量的交互项有效性进行了检验。

6.4.1　价格偏离的统计学检验

使用 t 检验对价格偏离的系统性进行检验，其主要原理是：检验 1 个样本平均数和 1 个已知总体平均数之间的差别是不是显著。选择美国柴油零售价格、最高限价及中国实际零售价格等数据（共含有柴油实际价格、美国柴油价格、柴油最高限价、汽油实际价格、美国汽油价格、汽油最高限价六个变量），分别进行 t 检验（两两对应开展），检验结果均显著拒绝"不存在系统性差异"原假设，具体结果见表 6 - 5。也就是说，我国成品油价与美国成品油价、中国成品油价与政府最高限价之间出现系统性的偏离。需要说明的是，我国的汽柴油价格数据来源是市场调查价格，用市场占比较大的 93$^{\#}$（92$^{\#}$）汽油零售价格和 0$^{\#}$ 柴油零售价格作为代表；美国的数据来源于海外数据库，是多个品号的油品加权平均值，用美国汽油零售价、美国柴油零售价两个变量作为代表。总体来看，中国和美国的数据都具有代表性，不影响检验和模型的结果。

表 6 - 5　中美价格比较的 t 检验

变量	变量	检验值	P 值	检验结果
柴油实际价格	美国柴油价格	49.9889	0	拒绝原假设
柴油实际价格	柴油最高限价	- 3.6099	0.0004	拒绝原假设
柴油最高限价	美国柴油价格	41.0076	0	拒绝原假设
汽油实际价格	美国汽油价格	35.5783	0	拒绝原假设

续表

变量	变量	检验值	P 值	检验结果
汽油实际价格	汽油最高限价	−1.9530	0.0532	拒绝原假设
汽油最高限价	美国汽油价格	35.3765	0	拒绝原假设

我国成品油市场实际价格变化与美国成品油价变化情况基本一致,如图 6-9 和图 6-10 所示。相关数据显示,两者的相关系数较高,中国汽油实际价格与美国汽油实际价格的相关程度达 92.0%,中国柴油实际零售价和美国柴油实际零售价之间的相关程度达 97.7%;且二者最大值与最小值出现的时间基本一致。

实际价格与政府限价的关系:从偏离程度来看,2009—2015 年汽油的平均偏离程度 8%,柴油为 8%。从基本走势来看,政府限价与实际价格走势基本一致,其上升和下降的时间点基本是一样的。

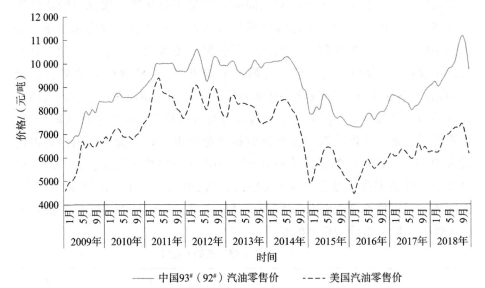

—— 中国93#(92#)汽油零售价　　---- 美国汽油零售价

图 6-9　中美汽油零售价格比较❶ (2009 年 1 月—2018 年 12 月)

数据来源:商务部成品油零售价格;EIA

---

❶ 本书将美国成品油价格“美元/加仑”换算为元/吨,使用当月的人民币兑美元平均汇率以及汽油吨升换算系数;1 加仑(美)=3.785 412 升,1 吨轻柴油≈1211 升,1 吨车用成品油≈1378 升。

图 6 - 10　中美柴油零售价格比较（2009 年 1 月—2018 年 12 月）

数据来源：商务部成品油零售价格；EIA

6.4.2　必要的模型检验

1. 多重共线性检验

本章用 VIF 检验模型变量的多重共线性，结果显示各个变量的 VIF 值均远小于 10，可以认为变量之间不存在多重共线性。具体检验结果见表 6 - 6 和表 6 - 7。

表 6 - 6　汽油模型变量多重共线性检验结果

变量	汽油价格偏离							
	VIF							
r	1.6	1.61	1.55	1.54	1.54	1.55	1.53	1.53
OIL	1.38	1.34	1.34	1.34	1.36	1.34	1.34	1.34
sq_OIL	1.15	1.14	1.15	1.14	1.15	1.14	1.14	1.14
CR2	1.12							
HHI		1.33						

续表

变量	汽油价格偏离							
	VIF							
CR2P					1.04			
HHIP						1.12		
CR2G			1.03					
HHIG				1.11				
CR2PG							1.01	
HHIPG								1.02
QG	1.13	1.36	1.07	1.15	1.06	1.17	1.04	1.05
平均值	1.28	1.36	1.23	1.26	1.23	1.26	1.21	1.22

表 6-7　柴油模型变量多重共线性检验结果

变量	柴油价格偏离							
	VIF							
r	1.55	1.52	1.56	1.54	1.5	1.5	1.51	1.5
OIL	1.36	1.33	1.38	1.33	1.34	1.33	1.35	1.33
sq_OIL	1.15	1.14	1.15	1.14	1.15	1.14	1.15	1.14
CR2	1.08							
HHI		1.06						
CR2P					1.02			
HHIP						1.00		
CR2D			1.10					
HHID				1.08				
CR2PD							1.02	
HHIPD								1.01
QD	1.06	1.06	1.07	1.08	1.02	1.01	1.01	1.02
平均值	1.24	1.22	1.25	1.23	1.21	1.20	1.21	1.2

2. 固定效应和随机效应的检验

本章使用面板数据模型，依据对变量以及行业性质的理解，认为模型应该为固定效应。为了验证该结论，采用辅助回归法对固定效应以及随机效应进行分析。第一步，检验模型的个体效应以及时间效应。结果表明双向固定效应与个体效应模型相比更好，模型的显著性明显提高，且时间变量均显著；但是时间固定效应中有三个变量由于存在共线性被省略掉了，实际的模型中，使用聚类的稳定标准误时，没有使用时间效应变量。第二步，对随机效应、固定效应以及混合回归方法进行判断。具体结果见表 6 – 8，结果表明固定效应优于混合回归（F 检验拒绝"混合回归可以接受"的原假设），随机效应模型结果优于混合回归（LM 检验拒绝"不存在个体效应"原假设）。

表 6 – 8　混合回归与个体效应比较检验结果

模型		固定效应			随机效应		
		F 值	P 值	结果	LM 值	P 值	结果
柴油	CR2	2.59	0.0029	拒绝	11.58	0.0003	拒绝
	HHI	2.56	0.0033	拒绝	11.51	0.0003	拒绝
	CR2D	2.40	0.0058	拒绝	9.88	0.0008	拒绝
柴油	HHID	2.51	0.0040	拒绝	11.19	0.0004	拒绝
	CR2P	2.94	0.0008	拒绝	12.10	0.0003	拒绝
	HHIP	3.12	0.0004	拒绝	12.54	0.0002	拒绝
	CR2DP	2.86	0.0011	拒绝	12.22	0.0002	拒绝
	HHIDP	3.03	0.0006	拒绝	12.85	0.0002	拒绝
汽油	CR2	1.74	0.0574	拒绝	1.85	0.0871	拒绝
	HHI	2.11	0.0161	拒绝	4.54	0.0166	拒绝
	CR2G	1.96	0.0275	拒绝	4.46	0.0174	拒绝
	HHIG	2.19	0.0123	拒绝	4.87	0.0137	拒绝
	CR2P	2.11	0.0163	拒绝	4.86	0.0137	拒绝
	HHIP	2.23	0.0107	拒绝	5.98	0.0072	拒绝
	CR2PG	2.33	0.0076	拒绝	7.06	0.0039	拒绝
	HHIPG	2.58	0.0031	拒绝	7.26	0.0035	拒绝

　　第三步，对固定效应以及随机效应模型进行检验，由于模型聚类标准误与普通标准误相差较大，因此 Hausman 检验不适用。本章使用过度识别来检验随机效应，具体结果见表 6 – 9。结果显示，模型使用固定效应估计是合适的。汽油模型随机效应的结果与混合 OLS 结果一致，故没有相应的检验值。

表 6 – 9 Hausman 检验结果

模型		原假设：个体异质性与解释变量不相关		
		Sargen – Hansen 检验值	P 值	结果
柴油	CR2	965.900	0	拒绝
	HHI	887.208	0	拒绝
	CR2D	626.484	0	拒绝
	HHID	756.190	0	拒绝
	CR2P	1385.168	0	拒绝
	HHIP	1105.055	0	拒绝
	CR2PD	1147.459	0	拒绝
	HHIPD	817.926	0	拒绝

3. 异方差检验

本章对面板模型是否存在异方差进行检验，主要包括三个方面，分别是组间异方差、组内自相关以及组间同期相关的检验。整体来看，模型具有较为明显的异方差问题。具体检验过程如下：

使用沃尔德统计量检验组间异方差，从结果（表 6 – 10）来看，全部结果均强烈拒绝"组间同方差"的假设。

表 6 – 10 组间异方差检验结果

模型		原假设：组间同方差		
		检验值	P 值	结果
柴油	CR2	512.96	0	拒绝
	HHI	374.31	0	拒绝
	CR2D	355.89	0	拒绝
	HHID	398.12	0	拒绝
	CR2P	397.31	0	拒绝
	HHIP	414.62	0	拒绝
	CR2PD	547.65	0	拒绝
	HHIPD	500.28	0	拒绝

续表

模型		原假设：组间同方差		
		检验值	P 值	结果
汽油	CR2	69.04	0	拒绝
	HHI	89.10	0	拒绝
	CR2G	65.42	0	拒绝
	HHIG	32.42	0.0088	拒绝
	CR2P	45.23	0.0001	拒绝
	HHIP	52.65	0	拒绝
	CR2PG	42.84	0.0003	拒绝
	HHIPG	48.06	0	拒绝

与前文一致，本章使用沃尔德检验对组内自相关进行检验，检验结果见表 6-11。从结果来看，基本都拒绝了"不存在一阶组内自相关"的原假设，说明模型本身存在一阶组内自相关。

表 6-11 组内自相关检验结果

模型		原假设：不存在一阶组内自相关		
		检验值	P 值	结果
柴油	CR2	5.938	0.0277	拒绝
	HHI	6.679	0.0207	拒绝
	CR2D	5.720	0.0303	拒绝
	HHID	6.460	0.0226	拒绝
	CR2P	4.840	0.0439	拒绝
	HHIP	6.696	0.0206	拒绝
	CR2PD	4.897	0.0428	拒绝
	HHIPD	5.950	0.0276	拒绝
汽油	CR2	10.672	0.0052	拒绝
	HHI	10.834	0.0049	拒绝
	CR2G	11.037	0.0046	拒绝
	HHIG	11.363	0.0042	拒绝
	CR2P	11.608	0.0039	拒绝
	HHIP	11.603	0.0039	拒绝
	CR2PG	11.385	0.0042	拒绝
	HHIPG	11.626	0.0039	拒绝

本章使用的模型是较为典型的 n 大 T 小的短面板，因此在检验组间同期相关时使用一些学者提出的检验方法（Friedman，1937；Frees，1995，2004；Pesaran，2004）。❶ 表 6 –12 为组间同期相关检验结果，从中能够发现，结果均拒绝"无组间同期相关"的原假设。

表 6 – 12　组间同期相关检验结果

模型		Pesaran 检验			Friedman 检验			Free 检验	
		检验值	P 值	结果	检验值	P 值	结果	检验值	结果
柴油	CR2	18.266	0	拒绝	61.955	0	拒绝	4.393	拒绝
	HHI	17.960	0	拒绝	62.357	0	拒绝	4.591	拒绝
	CR2D	17.970	0	拒绝	60.054	0	拒绝	4.155	拒绝
	HHID	17.848	0	拒绝	60.804	0	拒绝	4.369	拒绝
	CR2P	18.071	0	拒绝	58.982	0	拒绝	4.025	拒绝
	HHIP	19.793	0	拒绝	64.446	0	拒绝	4.877	拒绝
	CR2PD	18.581	0	拒绝	61.795	0	拒绝	4.574	拒绝
	HHIPD	19.205	0	拒绝	63.991	0	拒绝	4.872	拒绝
汽油	CR2	15.641	0	拒绝	56.143	0	拒绝	3.631	拒绝
	HHI	16.624	0	拒绝	58.152	0	拒绝	3.953	拒绝
	CR2G	17.120	0	拒绝	62.143	0.0001	拒绝	4.440	拒绝
	HHIG	18.014	0	拒绝	63.964	0.0001	拒绝	4.733	拒绝
	CR2P	17.034	0	拒绝	59.330	0.0002	拒绝	4.129	拒绝
	HHIP	17.674	0	拒绝	62.839	0	拒绝	4.889	拒绝
	CR2PG	17.714	0	拒绝	63.268	0	拒绝	4.584	拒绝
	HHIPG	18.681	0	拒绝	68.518	0	拒绝	5.622	拒绝

4. 内生性检验

本章内生性检验重点分为三步：第一步，选择工具变量；第二步，识别变量有效性；第三步，内生性检验。考虑主要的自变量为市场份额，首先对市场份额变量的内生性进行检验。

首先，对工具变量进行选择。考虑本章模型的备选变量较多，可以互为工具变量进行验证。主要选择原则如下：①对于城市级别的市场份额或者集

---

❶　陈强. 高级计量经济学及 Stata 应用(第二版). 282。

中度参数，使用对应的市场集中度、市场份额指标以及对应的地区内指标作为工具变量；反之，地区内指标使用城市指标作为工具变量。主要是考虑地区内指标与城市指标在一定程度上存在差异，如果模型本身存在内生变量，不同范围的指数在一定程度上符合工具变量的要求，既能够与原变量相关，同时可以降低原变量的内生性。②对于汽油相关指标，主要使用对应的柴油市场指标作为工具变量，柴油反之。主要原因是汽油、柴油的终端市场用户存在差异，汽油以车辆使用为主，柴油以基建、物流等大客户使用为主，因此相关指标既能够相互关联又能够降低原变量的内生性。

其次，对选定的工具变量进行过度识别检验。考虑面板模型的异方差问题和固定效应，使用 GMM 估计并进行过度识别检验，检验结果见表 6 – 13。从变量的有效性检验来看，全部检验均无法拒绝"所有工具变量都是外生"的原假设，也就是说本章所选择的模型工具变量均科学有效。

表 6 – 13　工具变量有效性验证结果（市场份额）

模型		原假设：所有工具变量都是外生的			
		工具变量	Sargan – Hansen 检验值	P 值	结果
柴油	CR2	HHI、CR2P、HHIP	2.564	0.2775	无法拒绝原假设
	HHI	CR2、CR2P、HHIP	3.389	0.1837	无法拒绝原假设
	CR2D	HHID、CR2G、HHIG	2.571	0.2765	无法拒绝原假设
	HHID	CR2D、CR2G、HHIG	3.790	0.1503	无法拒绝原假设
	CR2P	HHI、CR2、HHIP	0.262	0.8774	无法拒绝原假设
	HHIP	HHI、CR2、CR2P	0.740	0.6909	无法拒绝原假设
	CR2PD	HHIPD、CR2PG、HHIPG	1.557	0.4591	无法拒绝原假设
	HHIPD	CR2PD、CR2PG、HHIPG	0.932	0.6276	无法拒绝原假设
汽油	CR2	HHI、CR2P、HHIP	0.022	0.9891	无法拒绝原假设
	HHI	CR2、CR2P、HHIP	0.365	0.8333	无法拒绝原假设
	CR2G	HHIG、CR2D、HHID	3.379	0.1846	无法拒绝原假设
	HHIG	CR2G、CR2D、HHID	3.708	0.1566	无法拒绝原假设
	CR2P	HHI、CR2、HHIP	2.076	0.3541	无法拒绝原假设
	HHIP	HHI、CR2、CR2P	1.490	0.4748	无法拒绝原假设
	CR2PG	HHIPG、CR2PD、HHIPD	0.745	0.6892	无法拒绝原假设
	HHIPG	CR2PG、CR2PD、HHIPD	1.978	0.3720	无法拒绝原假设

同时，考虑工具变量与目标变量的关系，对其相关性进行检验，以准确识别工具变量。实际操作中，使用面板数据模型进行相关性检验，检验结果见表6-14。

表6-14　工具变量检验结果（市场份额）

变量		P 值	结果
CR2	HHI	0.015	有效工具变量
	CR2P	0.009	有效工具变量
	HHIP	0.658	无效工具变量
HHI	CR2	0.003	有效工具变量
	CR2P	0.013	有效工具变量
	HHIP	0.005	有效工具变量
CR2D	HHID	0.006	有效工具变量
	CR2G	0.002	有效工具变量
	HHIG	0.230	无效工具变量
HHID	CR2D	0.000	有效工具变量
	CR2G	0.203	无效工具变量
	HHIG	0.013	有效工具变量
CR2P	HHI	0.073	无效工具变量
	CR2	0.023	有效工具变量
	HHIP	0.001	有效工具变量
HHIP	HHI	0.048	有效工具变量
	CR2	0.619	无效工具变量
	CR2P	0.000	有效工具变量
CR2PD	HHIPD	0.003	有效工具变量
	CR2PG	0.347	无效工具变量
	HHIPG	0.032	有效工具变量
HHIPD	CR2PD	0	有效工具变量
	CR2PG	0.480	无效工具变量
	HHIPG	0.693	无效工具变量
CR2G	HHIG	0.001	有效工具变量
	CR2D	0.123	无效工具变量
	HHID	0.058	有效工具变量
HHIG	CR2G	0.184	无效工具变量
	CR2D	0.067	有效工具变量
	HHID	0.065	有效工具变量

续表

变量		P 值	结果
CR2PG	HHIPG	0.002	有效工具变量
	CR2PD	0.230	无效工具变量
	HHIPD	0.566	无效工具变量
HHIPG	CR2PG	0.001	有效工具变量
	CR2PD	0.045	有效工具变量
	HHIPD	0.662	无效工具变量

最后，使用工具变量对解释变量的内生性进行检验。本章使用两种方式检验解释变量的内生性，分别是 Hausman 检验和 Davidson – MacKinnon 检验，得到的结果见表 6 – 15。从检验结果来看，都无法拒绝"所有解释变量都是外生"或者"没有内生性"的原假设，也就是说，解释变量没有内生性或者内生性对结果影响不大。

表 6 – 15　模型内生性检验结果（市场份额）

模型		Hausman 检验		Davidson – MacKinnon 检验		结果
		检验值	P 值	结果	P 值	
柴油	CR2	5.34	0.3760	0.6032	0.4394	无法拒绝原假设
	HHI	2.48	0.7802	1.6840	0.1977	无法拒绝原假设
	CR2D	0.20	0.9991	0.0322	0.8579	无法拒绝原假设
	HHID	0.10	0.9998	1.2274	0.2709	无法拒绝原假设
	CR2P	1.04	0.9593	0.0012	0.9722	无法拒绝原假设
	HHIP	0.11	0.9998	1.3853	0.2423	无法拒绝原假设
	CR2PD	0.48	0.9929	0.2619	0.6101	无法拒绝原假设
	HHIPD	0.02	1.0000	0.7881	0.3770	无法拒绝原假设
汽油	CR2	0.19	0.9992	0.0693	0.7929	无法拒绝原假设
	HHI	3.28	0.6573	1.2245	0.2714	无法拒绝原假设
	CR2G	0.00	1.0000	0.2558	0.6142	无法拒绝原假设
	HHIG	0.56	0.9899	0.3477	0.5569	无法拒绝原假设
	CR2P	3.94	0.5578	0.9588	0.3301	无法拒绝原假设
	HHIP	1.91	0.8616	0.5662	0.4537	无法拒绝原假设
	CR2PG	0.72	0.9485	0.2145	0.6443	无法拒绝原假设
	HHIPG	0.00	1.0000	0.0020	0.9643	无法拒绝原假设

同时，模型使用消费量作为控制变量，考虑价格偏离是由最高限价与实际市场价格计算得到，因此该变量可能存在内生性，需要进一步进行检验。仍然按照前文所述的三步进行分析。第一步，选择工具变量，考虑消费量为主要的市场供给变量，因此，使用需求相关的变量作为工具变量：柴油选择对应地区的国内生产总值、货运周转量作为工具变量；汽油选择汽车保有量、道路长度作为工具变量。第二步，对选定的工具变量进行过度识别检验，同样使用 GMM 估计并进行过度识别检验，检验结果见表 6－16。从变量的有效性检验来看，全部检验均无法拒绝"所有工具变量都是外生"的原假设。基于此，进一步对变量的使用进行检验（表 6－17）。第三步，使用工具变量对解释变量的内生性进行检验，结果见表 6－18。从检验结果来看，柴油模型都无法拒绝"所有解释变量都是外生"或者"没有内生性"的原假设，也就是说，解释变量没有内生性或者内生性对结果影响不大。但是，汽油模型能够拒绝原假设，也就是说解释变量具有内生性，需要使用工具变量法对模型进行估计，以保证估计的准确性。

表 6－16　工具变量有效性验证结果（消费量）

模型		原假设：所有工具变量都是外生的			
		工具变量	Sargan－Hansen 检验值	P 值	结果
柴油	CR2	GDP、fre	0.569	0.4507	无法拒绝原假设
	HHI	GDP、fre	0.267	0.6056	无法拒绝原假设
	CR2D	GDP、fre	0.411	0.5216	无法拒绝原假设
	HHID	GDP、fre	0.305	0.5807	无法拒绝原假设
	CR2P	GDP、fre	0.323	0.5701	无法拒绝原假设
	HHIP	GDP、fre	0.444	0.5050	无法拒绝原假设
	CR2PD	GDP、fre	0.335	0.5626	无法拒绝原假设
	HHIPD	GDP、fre	0.478	0.4893	无法拒绝原假设
汽油	CR2	car、income	0.730	0.3929	无法拒绝原假设
	HHI	car、income	1.412	0.2347	无法拒绝原假设
	CR2G	car、income	0.562	0.4535	无法拒绝原假设
	HHIG	car、income	1.401	0.2366	无法拒绝原假设
	CR2P	car、income	1.795	0.1803	无法拒绝原假设
	HHIP	car、income	1.951	0.1625	无法拒绝原假设
	CR2PG	car、income	1.517	0.2180	无法拒绝原假设
	HHIPG	car、income	1.865	0.1720	无法拒绝原假设

表 6-17　工具变量检验结果（消费量）

变量		P 值	结果
QD	GDP	0.234	无效工具变量
	fre	0.010	有效工具变量
QG	car	0.010	有效工具变量
	income	0.130	无效工具变量

表 6-18　模型内生性检验结果（消费量）

模型		Hausman 检验		Davidson - MacKinnon 检验		结果
		检验值	P 值	结果	P 值	
柴油	CR2	9.20	0.1629	0.0920	0.7622	无法拒绝原假设
	HHI	0.03	1.0000	0.0921	0.7621	无法拒绝原假设
	CR2D	0.14	0.9996	0.1576	0.6923	无法拒绝原假设
	HHID	0.03	1.0000	0.0962	0.7572	无法拒绝原假设
	CR2P	0.01	1.0000	0.1644	0.6861	无法拒绝原假设
	HHIP	0.01	1.0000	0.1145	0.7358	无法拒绝原假设
	CR2PD	-0.41		0.3336	0.5649	无法拒绝原假设
	HHIPD	0.03	1.0000	0.3729	0.5430	无法拒绝原假设
汽油	CR2	-72.69		32.6197	0.0000	拒绝原假设
	HHI	-4.16		32.2414	0	拒绝原假设
	CR2G	-42.35		31.5887	0	拒绝原假设
	HHIG	-0.78		38.4040	0	拒绝原假设
	CR2P	-14.05		35.3068	0	拒绝原假设
	HHIP	-0.64		33.0748	0	拒绝原假设
	CR2PG	-19.27		33.2405	0	拒绝原假设
	HHIPG	-0.52		32.7294	0	拒绝原假设

6.4.3　模型交互项验证

考虑控制变量中，国际油价以及消费量等不同水平的差异，可能对价格偏离造成影响，本章对控制变量与主要解释变量的交互项进行了验证。表 6-19 和表 6-20 分别是柴油模型、汽油模型的回归结果。从结果来看，增加交互项以后，大部分的交互项并不显著，就说明不同的油价水平以及成品油消费量水平不会对模型产生影响。

表6-19 柴油模型控制变量交互项验证

变量	模型（6-29）	模型（6-30）	模型（6-31）	模型（6-32）
CR2	-19219	-1088		
	(38130)	(1024)		
r	-652.5*	-393.7**	-529.2***	-467.6***
	(337.1)	(164.0)	(115.1)	(131.5)
sq_OIL	1.041***	0.874***	1.000***	0.967***
	(0.396)	(0.337)	(0.335)	(0.309)
OIL	-15.72***	-8.015	-15.76***	-10.82*
	(2.012)	(10.79)	(1.110)	(6.133)
QD	-37.13	0.484	-0.206	0.276
	(80.65)	(0.636)	(8.624)	(0.557)
CR2×QD	39.07			
	(84.49)			
CR2×OIL		-6.946		
		(11.53)		
HHI			-0.120	-0.0374
			(0.861)	(0.132)
HHI×QD			3.21×10^{-5}	
			(0.00171)	
HHI×OIL				-0.000935
				(0.00171)
常数项	23525	4448***	5253	4254***
	(38329)	(1353)	(4770)	(1206)
样本量	112	112	112	112
城市数量	16	16	16	16

注：工具变量法；括号内为聚类标准误差；*表示在10%水平下显著；**表示在5%水平下显著；***表示在1%水平下显著。

表6-20 汽油模型控制变量交互项验证

变量	模型（6-33）	模型（6-34）	模型（6-35）	模型（6-36）
CR2	-79356	-6347**		
	(115183)	(2578)		

续表

变量	模型 (6-33)	模型 (6-34)	模型 (6-35)	模型 (6-36)
r	-437.6	1182 ***	-102.6	903.3 ***
	(1446)	(351.4)	(341.3)	(340.6)
sq_OIL	1.266	0.650	1.326	0.882
	(1.786)	(0.620)	(0.937)	(0.598)
QG	-309.8	4.506 ***	-43.78 *	4.036 ***
	(472.3)	(1.158)	(25.57)	(1.193)
OIL	-12.58	-17.38	-6.228 ***	2.568
	(12.89)	(32.59)	(2.213)	(14.31)
CR2 × QG	325.3			
	(492.1)			
CR2 × OIL		18.36		
		(34.16)		
HHI			-3.173 *	-0.159
			(1.626)	(0.262)
HHI × QG			0.008 42 *	
			(0.004 90)	
HHI × OIL				-0.001 24
				(0.002 82)
常数项	78 732	-2791	17 291 *	-5808 **
	(118 900)	(2621)	(9532)	(2499)
样本量	112	112	112	112
城市数量	16	16	16	16

注：工具变量法；括号内为聚类标准误差；* 表示在10%水平下显著；** 表示在5%水平下显著；*** 表示在1%水平下显著。

6.4.4　稳健性检验

为了验证模型的稳健性，本章在模型中逐步加入控制变量，用于观测解释变量的显著性及模型变化。表6-21~表6-24是柴油模型和汽油模型的回归结果。以表6-21为例，该结果是以 CR2 作为市场结构变量进行的回归分析，引入控制变量后发现统计结果均为显著，且市场组成的影响系数绝对值有所下降，说明控制变量的影响较为显著。整体上，逐步增加控制变量后，关键解释变量的显著性和符号并未出现明显改变。所以，可以认为模型基本稳健，相关结果具有可解释性。

表6-21　柴油模型稳健性检验结果（CR2）

变量	模型（6-37）	模型（6-38）	模型（6-39）	模型（6-40）	模型（6-41）
CR2	-3395 ***	-2326 ***	-2298 ***	-1378 ***	-1529 **
	(684.9)	(352.6)	(388.8)	(456.9)	(608.7)
r				-491.7 ***	-422.6 **
				(85.26)	(168.8)
sq_OIL			0.334	0.925 **	0.903 ***
			(0.261)	(0.328)	(0.335)
QD					0.337
					(0.660)
OIL		-12.06 ***	-11.92 ***	-15.05 ***	-14.67 ***
		(1.029)	(1.080)	(1.011)	(0.915)
常数项	3422 ***	3399 ***	3333 ***	5647 ***	5135 ***
	(645.7)	(332.8)	(384.0)	(408.2)	(1040)
样本量	112	112	112	112	112
R^2	0.105	0.531	0.535	0.610	
城市数量	16	16	16	16	16

注：括号内为聚类标准误差值；* 表示在10%水平下显著；** 表示在5%水平下显著；*** 表示在1%水平下显著。

表6-22　柴油模型稳健性检验结果（HHI）

变量	模型（6-42）	模型（6-43）	模型（6-44）	模型（6-45）	模型（6-46）
HHI	-0.111	-0.210 **	-0.211 **	-0.103	-0.102
	(0.162)	(0.0949)	(0.0947)	(0.0845)	(0.0858)
r				-520.0 ***	-492.3 ***
				(84.14)	(146.2)
sq_OIL			0.403	0.998 ***	0.994 ***
			(0.262)	(0.314)	(0.315)
OIL		-13.01 ***	-12.83 ***	-15.73 ***	-15.59 ***
		(1.082)	(1.147)	(1.042)	(1.004)

续表

变量	模型（6-42）	模型（6-43）	模型（6-44）	模型（6-45）	模型（6-46）
QD					0.152
					(0.604)
常数项	779.6	2338***	2296***	5085***	4811***
	(815.7)	(495.9)	(508.8)	(448.8)	(1144)
样本量	112	112	112	112	112
R^2	0.008	0.510	0.515	0.601	
城市数量	16	16	16	16	16

注：括号内为聚类标准误差值；* 表示在 10% 水平下显著；** 表示在 5% 水平下显著；*** 表示在 1% 水平下显著。

表 6-23　汽油模型稳健性检验结果（CR2）

变量	模型（6-47）	模型（6-48）	模型（6-49）	模型（6-50）	模型（6-51）
CR2	-3292***	-2505***	-2447***	-2094***	-4820***
	(414.5)	(285.5)	(294.8)	(476.3)	(1014)
r				-188.8	1092***
				(168.8)	(358.7)
sq_OIL			0.670*	0.897	0.614
			(0.372)	(0.521)	(0.611)
OIL		-8.888***	-8.607***	-9.809***	-0.843
		(1.209)	(1.260)	(1.356)	(2.980)
QG					4.220***
					(1.239)
常数项	3519***	3503***	3371***	4259***	-3493**
	(390.8)	(262.9)	(270.8)	(724.6)	(2017)
样本量	112	112	112	112	112
R^2	0.081	0.273	0.284	0.294	
城市数量	16	16	16	16	16

注：括号内为聚类标准误差值；* 表示在 10% 水平下显著；** 表示在 5% 水平下显著；*** 表示在 1% 水平下显著。

表 6 – 24　汽油模型稳健性检验结果（HHI）

变量	模型（6 – 52）	模型（6 – 53）	模型（6 – 54）	模型（6 – 55）	模型（6 – 56）
HHI	− 0. 202	− 0. 278 **	− 0. 280 ***	− 0. 238 **	− 0. 244
	(0. 139)	(0. 0965)	(0. 0937)	(0. 0994)	(0. 197)
r				− 201. 5	819. 4 ***
				(164. 8)	(335. 2)
sq_OIL			0. 747 *	0. 977 *	0. 918
			(0. 383)	(0. 508)	(0. 596)
OIL		− 9. 990 ***	− 9. 663 ***	− 10. 79 ***	− 4. 142
		(1. 126)	(1. 163)	(1. 111)	(2. 671)
QG					3. 739 ***
					(1. 222)
常数项	1432 *	2629 ***	2553 ***	3633 ***	− 4704 **
	(697. 3)	(489. 7)	(477. 8)	(840. 1)	(2674)
样本量	112	112	112	112	112
R^2	0. 021	0. 266	0. 280	0. 291	
城市数量	16	16	16	16	16

注：括号内为聚类标准误差值；* 表示在10%水平下显著；** 表示在5%水平下显著；*** 表示在1%水平下显著。

6.5　本章小结

　　本章从近年来我国成品油市场实际价格偏离政府最高限价的现象切入，提出并验证了成品油市场结构变动是导致政府最高限价政策失灵的重要原因，认为成品油市场具备了由市场决定价格的条件。

　　采用2009—2015年16个典型城市的面板数据，用城市级、地区级的中石油、中石化市场份额和市场集中指标作为市场结构的测度，研究其对价格偏离的影响程度。实证结果显示：两大成品油寡头企业的市场份额对成品油价的偏离度有显著负向影响；在特定的市场结构下，国际油价下降对不同企业的成本冲击不同。国际油价下降越多，成品油价格偏离度越大。这就表明，形成于特定时期、出于特定目标而实施的成品油最高限价政策，已经不再适应国内成品油市场结构的动态变化。今后，在中国成品油市场逐步走向有序竞争的过程中，区域性市场结构变化将是推动成品油价格形成机制改革的重要因素。本章研究结果对于进一步研究成品油定价机制对社会福利的影响具有参考意义，也是评估政府最高限价政策实施效率的重要依据。

第 7 章

"暴利税"政策对国内
油价的影响分析

中国原油的对外依存度逐年上升，2017 年原油对外依存度已经达到 70%。因此，国际市场对石油行业的影响至关重要。中国本身也是原油生产大国，2017 年中国原油产量约 2.0 亿吨，占全世界原油产量的比重为 4.6%。但是，由于地质条件及资源禀赋的差异，我国国产原油的生产成本与国际油价差异明显。自 2004 年以来，国内原油的生产利润在不断增加，而国际原油价格呈现持续上涨态势且频繁波动，导致利益分配在各行业之间严重不平衡。为了减轻国际油价变动对国内市场的冲击，妥善处理各方面的利益均衡关系，保障我国能源的长期稳定发展，从 2006 年开始，我国创新性地设立了"石油特别收益金"❶，又称"暴利税"。其是指原油的销售价格在超过一定水平的时候，国家对石油开采企业的这部分超额收入按照一定比例进行征税。

石油特别收益金纳入中央财政预算管理，属中央财政非税收入❷，自运行以来进行了两次起征点的调整❸，按照 5 级超额累进从价定率计征。我国石油特别收益金的征收对象为原油企业，这些企业在我国陆地领域和所辖海域进行原油开采活动和原油销售活动。因此，中石油、中石化及中海油三大油企成为我国石油特别收益金的主要缴纳者。❹

"暴利税"在其他国家有过较为典型的先例。一是美国针对原油征收的"暴利税"。第二次石油危机爆发后，卡特政府颁布《原油暴利税法案》，政府对石油公司征收暴利税，从 1980 年 3 月 1 日起正式实施，1988 年提前终

---

❶ 2006 年 3 月 25 日，财政部下发《国务院关于开征石油特别收益金的决定》（国发〔2006〕13 号）、《石油特别收益金征收管理办法》（财企〔2006〕72 号），决定从 2006 年 3 月 26 日开始征收石油特别收益金（也称"暴利税"）。《石油特别收益金征收管理办法》规定，石油特别收益金实行 5 级超额累进从价定率计征，按季征缴，按月计算，征收比率按石油开采企业销售原油的月加权平均价格确定，起征点为 40 美元/桶。原油价格为 40~45（含）美元/桶时，征收比率为 20%；原油价格 45~50（含）美元/桶时，征收比率 25%；油价为 50~55（含）美元桶/时，征收比率 30%；油价 55~60（含）美元/桶时，征收比率 35%；油价超过 60 美元/桶时，征收比率 40%。

❷ 《财政部关于印发〈石油特别收益金征收管理办法〉的通知》（财企〔2006〕72 号）。

❸ 《财政部关于提高石油特别收益金起征点的通知》（财企〔2011〕480 号），从 2011 年 11 月 1 日开始，石油特别收益金的起征点上调至 55 美元/桶；2014 年 12 月 25 日，在国务院的批准下财政部发表的《关于提高石油特别收益金起征点的通知》（财税〔2014〕115 号）中，将石油特别收益金的起征点上调至 65 美元/桶。

❹ 根据相关资料统计，"2006—2011 年，中石油、中石化和中海油上缴的特别收益金共计 5535 亿元，分别占各公司税费总额的 31.9%、16.4% 和 39.4%。"对于三大石油企业，特别收益金已成为最重要的税费支出项目。

止。美国 "暴利税" 的征收,一方面有积极的作用,降低了消费的损失;但另一方面导致了国内产量下降、对外依存度上升。二是英国政府针对公用事业私有化征收的 "暴利税"。主要目的是保护消费者利益、限制垄断、弥补国有资产流失,自 1997 年 7 月颁布《1997 年暴利税法》后,一次性征收共计 52 亿英镑 "暴利税"。

"暴利税" 政策可能影响油价波动。国际油价和国内油价会对中国市场的参与企业行为产生较为显著的影响,具体到成品油市场中厂商的竞争行为,主要表现在两个方面:一是原油价格变动对国内厂商成本的影响,引起国内市场竞争行为的变化;二是国内政策变化与国际原油进口量变化,引起国内市场结构以及竞争行为的变化,也就是原油进口权放开对国内厂商行为的影响。具体表现在中石油和中石化两个市场寡头企业,其成本构成存在较为明显的差异,进一步导致其对国际油价变化情况下的最优竞争策略不同。而石油特别收益金政策在一定程度上改变了企业成本,进而影响企业的竞争策略,对寡头市场的均衡价格形成产生影响。

本章的目的是利用双重差分方法(Difference in Difference,DID)研究 "暴利税" 对中国油价波动的影响。在已有的文献中,有五种较为常用的方法被应用于公共政策效果的实证检验:①单差法,即简单比较政策前后观测因素的变化;②双重差分法,即选取其他的主体作为对照组;③断点回归法,即观察在政策实施点观测因素是否发生突变;④倾向得分匹配法(PSM);⑤合成控制法(SCM)。其中,单差法存在明显缺陷,即简单地比较政策施行前后的效果非但不能区分油品政策和其他政策的效果,也不能区分成品油价格波动的固有趋势。断点回归法则将政策看作一个突然改变的影响因素,从而将其产生的影响与其他一些连续变化的变量产生的影响区别开。然而在现实世界中,市场可能对上述事件(如对政策产生影响的时点和效果是有一定预见性的)早有预期,从而导致该事件的效应逐步提前释放,因此,我们在政策实施点不一定能观测到突发变化。倾向得分匹配法和合成控制法对个体数据量的要求较高,具体到本行业的研究,相关变量的数据可得性有限,能够用于分析的经济体数量不足。基于此,选择双重差分方法对政策效果进行分析,并考虑使用合成控制方法进行简单验证。

已有文献的研究集中在以下三个方面:一是政府政策对油价的影响。孔廷等(Contín et al.,1999)比较了西班牙成品油市场完全管制、最高限价、完全放开等各阶段的价格特点,发现市场竞争 Herfindahl 指数(以下简称

"HHI"指数)是影响价格最重要的因素。吉纳科斯等(Genakos et al.,2015)发现设置价格天花板反而为批发企业合谋提供了参考,不利于通过市场竞争形成价格。艾莉亚(Arya,2014)比较研究了加拿大新斯科舍省寡头市场上的汽油零售价格,发现存在零售价格上下限管制时,竞争程度越高的区域,零售价格越低。孔廷等(Contín, et al., 2001)对西班牙成品油市场的价格偏离度采用误差修正模型进行了研究,发现放开价格管制后,市场价格随原油价格的波动反而更大,认为在以国有企业为主的市场上放开管制存在一定的风险。二是暴利税政策效果研究。梁咏(2009)对石油暴利税的法律特点进行了较为深入的研究,从法律角度揭示其效果和风险;秦朗(2012)从国内企业的国际石油合同风险方面开展了论述;韩笑梅(2014)通过案例分析,对"暴利税"是否构成间接征收、是否违反公平与公正待遇进行了探讨分析。三是影响国际油价的方式和效果。大量研究表明,石油价格冲击会带来较高的通货膨胀压力,与就业水平、消费和投资、经济产出之间存在负向关系。但是现有文献还存在一些问题没有解决:一是对石油特别收益金的讨论较为宽泛,大多围绕其出发点和实际影响讨论;二是缺乏实证分析,偏重定性描述;三是鲜有从价格影响角度讨论其效果。本章将在三个方面拓展既有的研究:一是在理论上,对中国的实际市场竞争情况进行模型分析,使用产业组织理论对企业行为进行解释,拓展研究角度;二是量化分析其政策效果和影响;三是对成品油市场的典型行业研究,为今后其他领域进行政策评估或者效果评价提供参考。

7.1 模型构建

7.1.1 理论模型和假说

作为典型的石油市场寡头企业,中石油、中石化在经营结构、行为动机等方面都有一定的相似性。但同时,由于两者原油成本构成的差异,其市场竞争行为也不尽相同。

中石油使用的原油构成中,国内生产的原油占比偏高;而中石化使用的原油构成中,进口原油占比偏高,如图7-1所示。根据国家发展和改革委员会的统计数据，2017 年中石油生产原油 10 254 万吨，进口原油 8773 万吨，国内原油和国际原油的占比分别为 54% 和 46%；中石化 2017 年原油进口量 21 023 万吨，国内原油产量 3505 万吨，国内原油和进口原油的占比分别为 14% 和 86%。因此，当国际油价和国内原油生产成本相差较大时，中石油、中石化油品生产的边际成本存在差异。

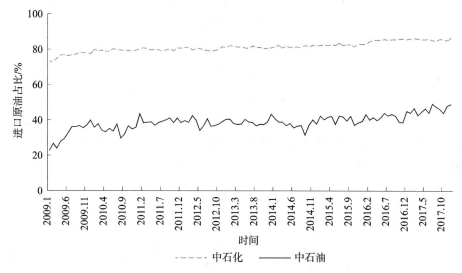

图 7-1　中石油、中石化进口原油占比（2009—2017 年）

数据来源：国家发展和改革委员会

基于此，笔者对中石油、中石化的成本构成进行如下假设：

$$\begin{cases} C_y = \alpha P_n + (1 - \alpha) P_x \\ C_x = \beta P_n + (1 - \beta) P_x \end{cases} \qquad (7-1)$$

式中，C_y、C_x 分别为中石油、中石化边际成本；P_n 为国内生产成本，P_x 为国际油价；α 为中石油国内生产原油占比；β 为中石化国内生产原油占比。经换算可以得到

$$C_y - C_x = (\alpha - \beta)(P_n - P_x) \qquad (7-2)$$

在 $\alpha > \beta$ 的情况下，当 $C_y < C_x$ 时，$P_n < P_x$；当 $C_y \geqslant C_x$ 时，$P_n \geqslant P_x$。同样，引入第三方企业后，本章使用与第 6 章一致的假设，成品油市场的需求函数假设为 $D(p_e) = a - bp_e$，其中中石油、中石化在第三方企业满足的市场需求以外进行古诺竞争，中石油、中石化成本存在差异时形成市场均衡价格为

$$P^{N*} = \frac{\dfrac{(a-A)}{b} + C_y + C_x}{3} = \frac{a-A}{3b} - \frac{(\alpha+\beta)(P_x - P_n)}{3} + \frac{2}{3}P_x \quad (7-3)$$

式中，A 表示第三方占有的需求量，为常数。

由于第三方企业的价格总是略低于中石油、中石化古诺竞争的均衡价格，可以将两者的均衡价格视为市场均衡价格。实际上，石油特别收益金相当于在国际油价偏高的时候，增加了国内生产原油的成本，也就是当 $P_x \geqslant Z \geqslant P_n$ 时（Z 表示政策规定的国际油价标准），两个企业的成本函数为

$$\begin{cases} C_y^* = \alpha P_n(1+t) + (1-\alpha)P_x \\ C_x^* = \beta P_n(1+t) + (1-\beta)P_x \end{cases} \quad (7-4)$$

式中，t 为特别收益金的征收率（石油特别收益金按照累进方式征收，共分为 5 级，此处为了简化说明，以统一的征收率代表）且 $20\% \leqslant t \leqslant 40\%$。此时的市场均衡价格为

$$P^{N**} = \frac{\dfrac{(a-A)}{b} + C_y^* + C_x^*}{3}$$

$$= \frac{a-A}{3b} - \frac{(\alpha+\beta)(P_x - P_n - tP_n)}{3} + \frac{2}{3}P_x \quad (7-5)$$

因此，可以得到政策效果显现前后均衡价格的比较：

$$P^{N**} - P^{N*} = \frac{(\alpha+\beta)}{3} \cdot t \cdot P_n > 0 \quad (7-6)$$

政策前后价格偏离程度的衡量：

$$\Delta P^{N*} = \Delta P^{N**} = \frac{2-\alpha-\beta}{3} > 0 \quad (7-7)$$

可见，征收石油特别收益金后，市场均衡价格受到政策效果的影响。特别是成品油销售端以价格竞争来表现，具体为：当国际原油价格升高时，中石油的整体生产边际成本相对中石化偏低，在市场竞争中更具优势，更有动力扩大其成品油市场份额，更有动力维持原有价格水平甚至降低价格水平来销售终端油品；但是石油特别收益金政策的实施相当于提高了国内原油生产的成本，对中石油来说成本优势减小，扩大市场份额的动机不强，因此也会随行就市提高其销售价格，表现在国际油价升高时市场均衡价格也升高。反之，当国际原油价格降低时，中石油本身的成本优势变化并不明显，且国内原油生产成本与国际原油生产成本差异缩小，两家厂商的竞争策略变化不大，

对国际原油变化带来的冲击反应不明显。

石油特别收益金政策提出后,不管是不是符合征收条件,都相当于增加了国内原油生产的成本,企业对国际油价变化带来的成本变化反应就会"钝化",表现在市场价格上,即其整体的波动性降低。

式(7-6)可以明显地看出,石油特别收益金政策的出台直接提高了市场均衡价格。具体表现在:没有政策的情况下,国际油价在政策范围内继续增长时,中石油有动力降价销售成品油,使国内油价平均水平下降。但是该政策的实施提高了中石油的成本,企业不会有动力降价,那么市场上的成品油均价会保持较高水平。

假说 7 - 1:石油特别收益金政策,使国内油价的平均水平相对提高

根据式(7-7),国内油价水平相对于国际油价求导后,为正的常数。也就是说国内油价的变化与国际油价的变化为同向变化,但是国内油价的具体调整过程又与国际油价相关。在国际油价偏高且没有政策的情况下,国内原油开采企业具有成本优势,有动力降价销售以获得更高利润;但是由于该政策的存在,其成本优势被抵消,降价动机消失,成品油市场价格的波动幅度较无政策情况下降低。也就是说,石油特别收益金政策的实施,使得实际的成品油价格波动幅度小于既有趋势,政策出台降低了成品油市场价格波动的幅度。具体来看,其包括两个方面:一是国际油价增长时,国内油价的增长波动幅度降低;二是国际油价增长时,国内油价均衡价格提高。因此,以波动幅度除以价格水平衡量的价格波动率降低。

假说 7 - 2:石油特别收益金政策,使国际油价增长时,国内油价的波动率降低

7.1.2 实证模型

双重差分法在 1978 年引入西方经济学研究,周黎安和陈烨(2005)在研究农村税费改革政策效果时引入国内。双重差分法具有计量模型简单易用、估计方法成熟等优点,避免了将政策作为解释变量时存在的内生性问题,可以控制不可观测的个体异质性,在满足自然实验的前提假设时还能控制随时间变化的不可观测总体因素影响(陈林,伍海军,2015),被广泛地用于定量地评估公共政策或项目的实施结果,对于政策实施前后有显著影响的问题较

为适用。双重差分方法的核心思想可以用图 7 – 2 表示，上方的实线和下方的实线分别是控制组和处理组根据所观察的数据形成的图像，而最下方的虚线为处理组在没有相关政策影响情况下的波动情况。通过对前后两次波动之差做差，可以估计出相关政策对于汽柴油价格波动情况的影响。

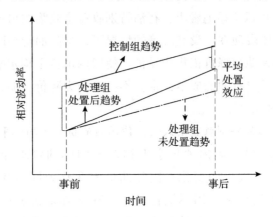

图 7 – 2　双重差分效应示意

双重差分模型最简单的表达形式为

$$y_{i,t} = \alpha + \beta \mathrm{Treat}_i + \gamma \mathrm{After} + \delta \mathrm{Treat}_i \times \mathrm{After} + u_{i,t} \qquad (7-8)$$

式中，Treat_i 为分组虚拟变量，表示控制组与处理组的固有差异，控制组 = 0，处理组 = 1，无论政策是否实施，控制组和虚拟组都存在差异；After 为分期虚拟变量，表示政策实施前后的时间效应，即使不实施政策，分期虚拟变量也存在，政策实施后 = 1，政策实施前 = 0，允许使用多期数据；交互项 $\mathrm{Treat}_i \times \mathrm{After}$ 表示在政策实施后处理组的效应，即处理效应。这是因为经过第一次对时间的差分可以看出，处理组的前后期望变化为

$$E(y_{i,t} \mid \mathrm{Treat}_i = 1, \mathrm{After} = 1) - E(y_{i,t} \mid \mathrm{Treat}_i = 1, \mathrm{After} = 0) = \gamma + \delta \;(7-9)$$

而控制组期望值的前后变化为

$$E(y_{i,t} \mid \mathrm{Treat}_i = 0, \mathrm{After} = 1) - E(y_{i,t} \mid \mathrm{Treat}_i = 0, \mathrm{After} = 0) = \gamma \quad (7-10)$$

再将上述两个公式相减（即第二次对样本进行差分）可得政策带来的真正效果为 δ，即回归方程中交叉项 $\mathrm{Treat}_i \times \mathrm{After}$ 的系数。模型的设置如下：

$$P_{i,t} = \beta_0 + \beta_1 \mathrm{Treat}_i + \beta_2 \mathrm{After}_t + \beta_3 \mathrm{Treat}_i \times \mathrm{After}_t + \lambda Z_{i,t} + t + u_{i,t} \;(7-11)$$

$$E_{i,t} = \beta_0 + \beta_1 \mathrm{Treat}_i + \beta_2 \mathrm{After}_t + \beta_3 \mathrm{Treat}_i \times \mathrm{After}_t + \lambda Z_{i,t} + t + u_{i,t} \;(7-12)$$

$$LP_{i,t} = \beta_0 + \beta_1 \mathrm{Treat}_i + \beta_2 \mathrm{After}_t + \beta_3 \mathrm{Treat}_i \times \mathrm{After}_t + \lambda Z_{i,t} + t + u_{i,t} \;(7-13)$$

其中，式 (7 – 11) 为价格水平为因变量的模型，$P_{i,t}$ 为成品油市场价格；式（7-12）为价格波动为因变量的模型，$E_{i,t}$ 为成品油市场价格波动幅度；式（7-13）为价格波动率为因变量的模型，$LP_{i,t}$ 为 $E_{i,t}$ 与 $P_{i,t}$ 相除的结果，为成品油市场价格波动率。After 为石油特别收益金政策变量（After＝1 表示政策实施后，After＝0 表示政策实施前）。2006 年 3 月 25 日，财政部印发《石油特别收益金征收管理办法》，该通知明确石油特别收益金起征点为国际油价 40 美元/桶，此后中国的石油特别收益金政策一直实施直到现在。本章将 2006 年 3 月 26 日所在时间点设置为政策当期，即该时间段（含）以后的 After 变量取值为 1，此前取值为 0。在具体的研究过程中，考虑石油特别收益金政策是在国际油价达到某个阈值时才实际起作用，设定政策变量 After-t 作为变量 After 的替代变量，验证模型的稳健性。具体来说，将 2006 年 3 月 26 日所在时间点前 After-t 取值为 0；该时间以后，当国际油价均价达到政策触发点时，After-t 取值为 1，否则为 0。$Treat_i$ 为用于对比的主体，本章选择美国作为对照组，也就是当 $Treat_i$ 为 1 时表示中国，$Treat_i$ 为 0 时表示美国。进行国际分析中，可以使用经济体作为对照组（赵健，2016），但是需要较为严格的论证和检验。这样的设定具有一定的可行性，具体理由有四个方面：一是两国原油的结构基本一致，都是国产原油和国际原油各占一部分；二是国内石油市场为寡头市场；三是寡头企业之间存在进口原油和本国原油的比例差异；四是美国在 1988 年以后没有再针对石油企业收取 "暴利税"，便于比较政策带来的实际效果。$Z_{i,t}$ 为控制变量，本章选用六个控制变量，分别是国内油价水平、进口原油占总原油量的比例、国际油价波动率、成品油相对国际油价的溢价、PPI 同比及 M2 同比。

此外，使用法国、德国、西班牙、俄罗斯、意大利等五个国家的数据进行进一步的稳健性检验，即分别替代中国和美国的角色，更换处理组和控制组，用于进一步验证模型的合理性。更换处理组时，将上述国家的 $Treat_i$ 变量取值设置为 1，美国的 $Treat_i$ 变量设置为 0；更换控制组时，将上述国家的 $Treat_i$ 变量设置为 0，中国的 $Treat_i$ 变量设置为 1。

同时，为了进一步验证模型的准确性，在数据可得的基础上尝试了合成控制方法，以避免 "单一" 对照组可能出现的影响。

7.2 数据描述

7.2.1 数据来源

本章采用中美两国 2003 年第 31 周 ~ 2018 年第 52 周共 802 个周度数据（图 7 - 3）进行分析，变量说明和数据来源如下：

（1）柴油价格波动率（lpd）。为了更好地衡量价格波动，本章对价格数据进行了趋势分解，具体而言：参考相关文献（效赛丽 等，2014；齐昊，邹风院，2016；胡友，祁春节，2014）的做法，使用 HP 滤波法[1]（Hodrick，Prescott，1980，1997）将价格进行趋势项和波动项的分离，并将波动项与趋势项的商作为波动程度的衡量（波动成分对趋势成分的偏离称为偏离率，一般用于衡量数据的短期波动）。其中，中国数据使用 Wind 提供的 16 个城市 $0^{\#}$ 柴油市场价格（含税）平均值；美国数据来源于 Wind 数据库，为含税的柴油零售价周度数据；其他国家的数据来源于 Global Petro Price 价格数据库[2]，为含税的柴油零售价周度数据。

（2）柴油价格波动（pd_cycle）。价格数据分解后的波动项。

（3）柴油价格水平（pd_trend）。价格数据分解后的趋势项。

（4）汽油价格波动率（lpg）。使用 HP 滤波法波动项与趋势项的商。数据来源于柴油一致，使用 $92^{\#}$（$93^{\#}$）汽油价格作为基础数据。

（5）汽油价格波动（pg_cycle）。价格数据分解后的波动项。

（6）汽油价格水平（g_trend）。价格数据分解后的趋势项。

（7）国际油价（pbrt）。国际原油价格使用布伦特原油的现货价格，使用日数据计算出当周均价作为变量数据；数据来源为 Wind 数据库。国际油价的波动定义方式与汽柴油价格波动的定义方式一致。

（8）进口原油占比（w）。其计算方法为进口原油除以原油总量（也就是

---

[1] 该 HP 滤波方法认为时间序列的趋势项既不是永远不变也不是随机变动，其趋势是缓慢变动的。

[2] GlobalPetroPrice 价格数据库［EB/OL］．［2019 - 05 - 20］．https：//www.globalpetrolprices. com/.

进口原油加上国内自产原油）。其中，中国数据来自国家统计局和海关总署，美国数据来源 EIA；其他国家的数据来源为：原油产量数据来源于 EIA，原油进口数据来源于 OPEC。

（9）柴油相对国际油价的溢价（pdcr）。其计算方法为 pdcr =（pdr − pbrt)/pbrt，其中 pdr 为经过汇率和单位调整的国内柴油零售价格。价格相关计算参考《石油特别收益金征收管理办法》第八条[1]的要求，其中汇率指当周人民币对美元汇率的中间价，吨桶比计算使用数据为 1 吨 = 7.3 桶，桶和加仑的换算使用数据为 1 桶 = 42 加仑。

（10）汽油相对国际油价的溢价（pgcr）。其计算方法为 pgcr =（pgr − pbrt)/pbrt，其中 pgr 为经过汇率和单位调整的国内汽油零售价格。

（11）居民消费价格指数（CPI）。美国数据来源于美国劳工部，并使用 1982—1984 年的 CPI 定基进行了换算，将全部价格数据进行统一。

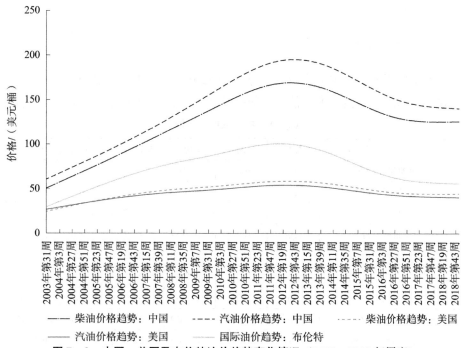

图 7 – 3　中国、美国及布伦特油价趋势变化情况（2003—2018 年周度）
数据来源：Wind 数据库，HP 滤波分析数据

---

[1]　《石油特别收益金征收管理办法》第八条：计算石油特别收益金时，原油吨桶比按石油开采企业实际执行或挂靠油种的吨桶比计算；美元兑换人民币汇率以中国人民银行当月每日公布的中间价按月平均计算。

（12）生产者价格指数（PPI）。中国数据来源于国家统计局，加拿大数据来源于加拿大统计局，德国数据来源于德国统计局，法国数据来源于法国统计局，美国数据来源于美国劳工部，意大利数据来源于意大利统计局，英国数据来源于英国统计局，俄罗斯数据来源于俄罗斯联邦统计局，西班牙 PPI 未找到相关数据，使用欧盟数据进行替代，数据来源于欧盟统计局。

（13）货币供应量同比（M2）。中国数据来源于中国人民银行，美国数据来源于美联储，加拿大数据来源于加拿大央行，法国数据来源于法国央行，德国数据来源于德国统计局，意大利数据来源于意大利央行，英国数据来源于英国央行，俄罗斯数据来源于俄罗斯央行，西班牙 M2 同比未找到相关数据，使用欧盟数据进行替代，数据来源于欧洲央行。

7.2.2 描述性统计

1. 基本数据描述

本章使用的用于中美比较的数据情况见表 7 - 1。基本数据包括七个变量在 802 个周度的取值；模型使用的数据是在基本数据的基础上计算得到的。

表 7 - 1　中美数据基本情况

变量	符号	观测数	均值	标准差	最小值	最大值
柴油价格波动率	lpd	1604	- 0.0037	0.1353	- 0.3717	0.5272
汽油价格波动率	lpg	1604	- 0.0030	0.1269	- 0.4232	0.4304
柴油价格溢价	pdcr	1604	0.7991	0.3577	0.0765	2.7732
汽油价格溢价	pgcr	1604	0.8882	0.4603	0.0308	3.4282
进口原油占比	w	1604	0.5553	0.0953	0.3206	0.7125
国际油价波动率（布伦特）	lpbrt	1604	- 0.0086	0.2214	- 0.5817	0.7726
柴油价格/（美元/桶）	pdr	1604	125.8115	35.5515	55.5824	200.0880
汽油价格/（美元/桶）	pgr	1604	131.0574	39.1170	63.3780	227.1963
调整后柴油价格波动率	dlpd	1604	- 0.0034	0.1293	- 0.3630	0.5009
调整后汽油价格波动率	dlpg	1604	- 0.0027	0.1214	- 0.4155	0.3912
调整后柴油价格溢价	dpdcr	1604	0.7991	0.3577	0.0765	2.7732
调整后汽油价格溢价	dpgcr	1604	0.8882	0.4603	0.0308	3.4282
调整后国际油价波动率	dlpbrt	1604	- 0.0077	0.2166	- 0.5788	0.7341

续表

变量	符号	观测数	均值	标准差	最小值	最大值
调整后柴油价格/(美元/桶)	dpdr	1604	56.3735	14.0962	30.0445	92.1732
调整后汽油价格/(美元/桶)	dpgr	1604	58.7593	15.5566	32.4369	99.1301
居民消费价格指数	CPI	1604	2.3835	1.6852	-2.0000	8.7000
生产者物价指数	PPI	1604	2.4013	5.2629	-14.7100	16.7600
货币供应量同比	M2	1604	10.7248	5.9405	1.6300	29.7400
汇率	r	1604	3.9843	3.0306	1.0000	8.2800

从中国和美国汽柴油市场价格与国际油价变化的对比来看, 其趋势基本一致。图 7-4~图 7-7 分别是中国和美国的汽柴油市场价格变化与国际油价变化走势。整体来看, 中国和美国汽柴油市场价格变化与国际油价波动的情况较为一致; 从直观的波动幅度来看, 美国汽柴油市场价格的变化与国际油价的变化情况更为一致。

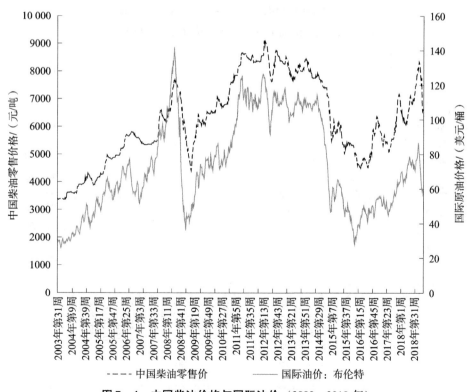

图 7-4 中国柴油价格与国际油价 (2003—2018 年)

数据来源: Wind 数据库

图 7 – 5　中国汽油价格与国际油价（2003—2018 年）

数据来源：Wind 数据库

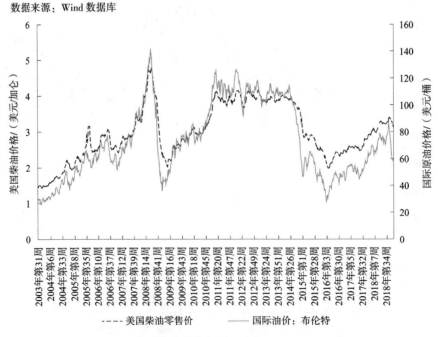

图 7 – 6　美国柴油价格与国际油价（2003—2018 年）

数据来源：Wind 数据库

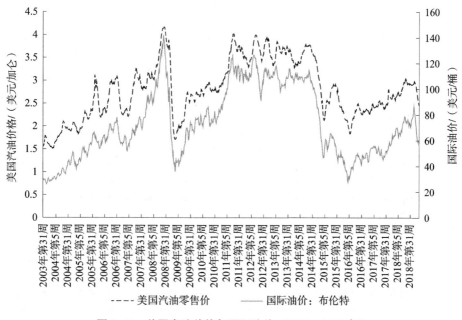

图 7 - 7　美国汽油价格与国际油价（2003—2018 年）

数据来源：Wind 数据库

　　本章使用的用于相关检验的数据来自八个国家，分别是美国、加拿大、德国、法国、英国、西班牙、意大利和俄罗斯，八个国家面板数据的整体描述见表 7 - 2。整体来看，除俄罗斯以外，各国的成品油价格波动与国际油价波动具有一定的相似性，各国汽柴油价格波动与国际油价的波动基本一致，具体价格变化情况如图 7 - 8 和图 7 - 9 所示。可以看到，绝大部分国家的相关汽柴油波动情况与国际油价存在相关性，其波动与国际油价波动基本同步；但是俄罗斯作为石油出口国，与其他国家存在较为明显的差异，其汽柴油价格的波动情况与国际油价波动基本不同步。基于此，在使用相关国家进行分析时，使用俄罗斯作为对比国家，从侧面验证相关结果。

表7-2 八个国家相关检验数据基本情况

变量	符号	观测数	均值	标准差	最小值	最大值
柴油价格波动率	lpd	6914	-0.0029	0.1298	-0.3829	0.5272
汽油价格波动率	lpg	6914	-0.0021	0.1148	-0.4232	0.4304
柴油价格溢价	pdcr	6914	1.8405	1.1746	0.0765	7.3790
汽油价格溢价	pgcr	6914	2.0455	1.2890	0.0308	7.8050
进口原油占比	w	6832	0.2703	0.1805	0.0000	0.7125
国际油价波动率（布伦特）	lpbrt	7218	-0.0086	0.2213	-0.5817	0.7726
柴油价格／（美元/桶）	pdr	6914	200.2041	78.9419	55.5824	422.8602
汽油价格／（美元/桶）	pgr	6914	213.2555	83.0081	63.3780	405.0468
调整后柴油价格波动率	dlpd	6914	-0.0026	0.1234	-0.3742	0.5009
调整后汽油价格波动率	dlpg	6914	-0.0018	0.1089	-0.4155	0.3912
调整后柴油价格溢价	dpdcr	6914	1.8405	1.1746	0.0765	7.3790
调整后汽油价格溢价	dpgcr	6914	2.0455	1.2890	0.0308	7.8050
调整后国际油价波动率	dlpbrt	7218	-0.0077	0.2166	-0.5788	0.7341
调整后柴油价格／（美元/桶）	dpdr	6914	89.7588	34.9441	29.1349	193.0692
调整后汽油价格／（美元/桶）	dpgr	6914	95.6196	36.7065	30.3190	184.4515
居民消费价格指数	CPI	7218	2.6896	2.8286	-2.0000	16.9200
生产者物价指数	PPI	6831	3.0018	5.5511	-14.7100	33.6800
货币供应量同比	M2	7113	8.8900	8.6868	-10.7300	60.1700
汇率	r	7218	5.6817	12.6835	0.4800	80.1600

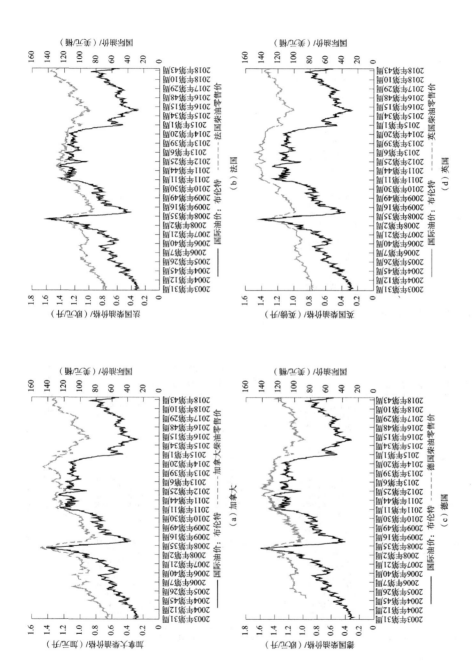

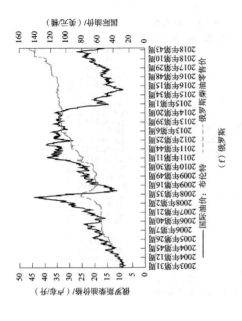

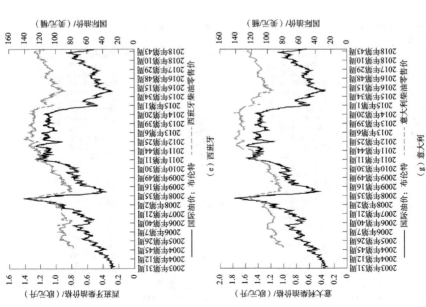

图 7-8 各国柴油价格与国际油价 (2003—2018 年)

数据来源: https: //www. globalpetrolprices. com/; Wind

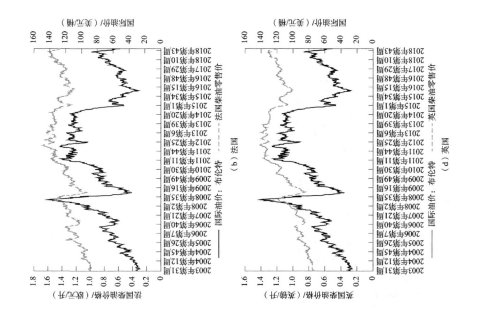

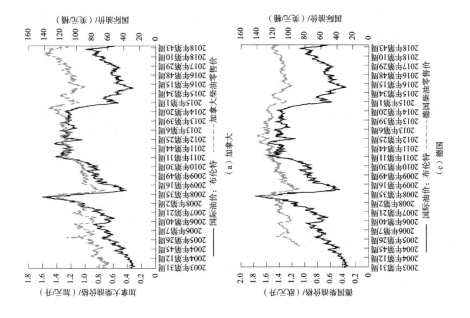

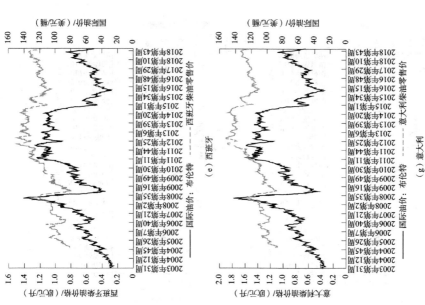

图 7 - 9 各国汽油价格与国际油价（2003—2018 年）

数据来源：https：//www.globalpetrolprices.com/；Wind

2. 数据对比分析

本章主要使用双重差分对政策效果进行评价,重点关注处理组和对照组在政策前后的变量均值变化,具体使用的用于比较的数据情况见表 7 - 3 和表 7 - 4。数据包括六个因变量和五个自变量在 802 个周度的取值。具体来看,作为控制组的各国在政策前后的价格波动率均值均有所减少,价格波动增加,价格水平提升。

表 7 - 3 　因变量数据描述统计 (1982—1984 年美国 CPI = 100)

国家	时期	柴油价格波动率/%	柴油价格波动/(美元/升)	柴油价格水平/(美元/升)	汽油价格波动率/%	汽油价格波动/(美元/升)	汽油价格水平/(美元/升)
中国	政策前	- 0. 50	- 0. 25	35. 97	0. 46	0. 14	41. 39
	政策后	- 0. 29	0. 05	60. 63	- 0. 46	- 0. 03	69. 25
美国	政策前	- 1. 79	- 0. 49	44. 99	- 1. 97	- 0. 76	45. 55
	政策后	- 0. 06	0. 10	58. 84	0. 11	0. 16	54. 74
德国	政策前	- 2. 77	- 3. 10	110. 93	- 2. 87	- 3. 69	127. 68
	政策后	0. 06	0. 30	114. 53	0. 14	0. 36	128. 99
法国	政策前	- 1. 04	- 0. 82	95. 78	- 1. 23	- 1. 40	113. 52
	政策后	- 0. 05	0. 17	110. 37	0. 11	0. 30	125. 31
西班牙	政策前	- 0. 78	- 0. 73	88. 37	- 1. 32	- 1. 29	96. 18
	政策后	- 0. 13	0. 07	99. 28	- 0. 02	0. 13	107. 45
意大利	政策前	- 3. 58	- 4. 17	115. 04	- 2. 32	- 2. 94	124. 60
	政策后	0. 13	0. 40	125. 39	0. 07	0. 28	135. 64
加拿大	政策前	- 1. 45	- 0. 46	54. 81	- 1. 58	- 0. 74	56. 78
	政策后	- 0. 10	0. 10	71. 14	0. 08	0. 16	73. 47
英国	政策前	- 1. 17	- 1. 43	128. 60	- 1. 20	- 1. 44	124. 43
	政策后	0. 09	0. 30	133. 77	0. 12	0. 30	128. 64
俄罗斯	政策前	- 4. 81	- 2. 13	45. 58	- 4. 97	- 2. 52	51. 51
	政策后	0. 07	0. 21	52. 55	0. 20	0. 24	55. 79

表7-4 典型自变量数据描述统计 (1982—1984 年美国 CPI = 100)

国家	时期	柴油价格 /(美元/升)	汽油价格 /(美元/升)	柴油相对 国际原油 溢价	汽油相对 国际原油 溢价	进口原油 占比/%
中国	政策前	35.72	41.53	0.59	0.85	40.70
	政策后	60.68	69.22	0.84	1.11	57.07
美国	政策前	44.49	44.78	0.94	0.98	65.28
	政策后	58.95	54.90	0.77	0.65	55.08
德国	政策前	107.84	123.99	2.80	3.37	25.76
	政策后	114.83	129.35	2.47	2.95	29.41
法国	政策前	94.96	112.12	3.22	4.05	21.00
	政策后	110.54	125.61	2.38	2.85	21.76
西班牙	政策前	87.64	94.88	2.09	2.34	15.69
	政策后	99.35	107.58	2.02	2.29	20.45
意大利	政策前	110.87	121.66	2.91	3.29	21.67
	政策后	125.79	135.92	2.84	3.17	23.48
加拿大	政策前	54.35	56.04	1.38	1.48	22.46
	政策后	71.24	73.63	1.14	1.25	16.24
英国	政策前	127.17	122.99	4.72	4.54	14.27
	政策后	134.07	128.95	3.09	2.94	17.29
俄罗斯	政策前	43.45	48.99	0.53	0.72	0.43
	政策后	52.75	56.03	0.58	0.69	0.22

笔者以柴油市场为例，对典型变量画图进行描述分析。图7-10~图7-15 分别是相关变量的变化情况对比（图中竖线为相关政策开始实施的时间点）。从价格波动情况和价格水平情况来看，政策前后中美之间的差异较为明显，在一定程度上可以支持前文提出的假说。但是，相关数据产生差异的时间并不完全与政策节点时间契合。这可能与经济体之间的差异有关，需要考虑相关控制变量的影响。基于此，下文通过更为精确的计量方法对假说进行验证。

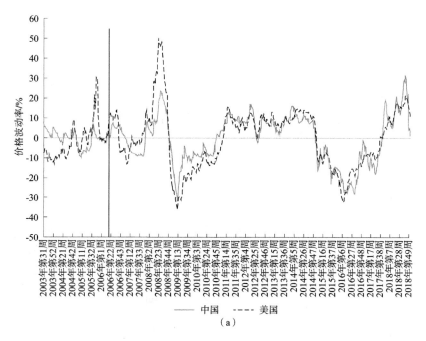

（a）

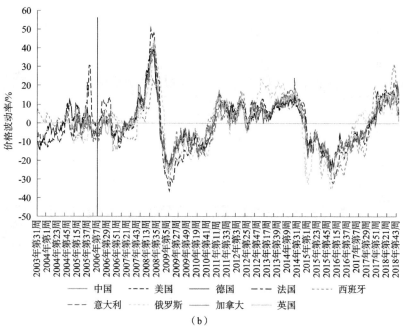

（b）

图 7 - 10　柴油价格波动率对比（2003—2018 年）

数据来源：根据基本数据计算得到

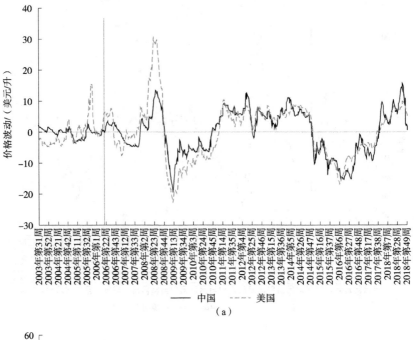

（a）

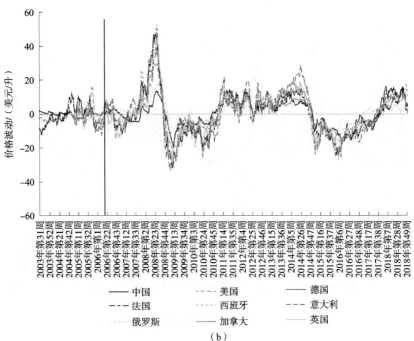

（b）

图 7-11 柴油价格波动对比（2003—2018 年）

数据来源：根据基本数据计算得到

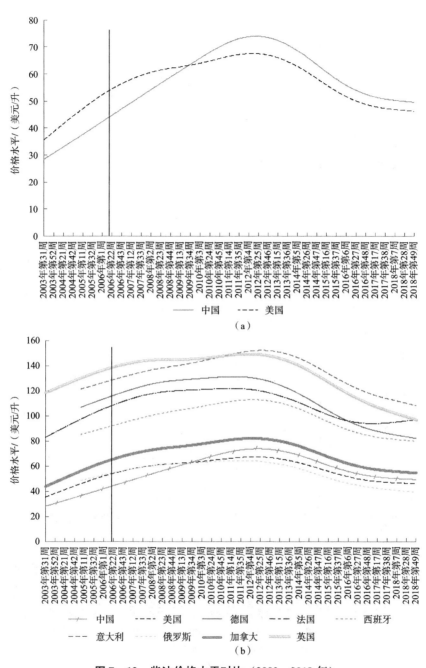

图 7 - 12 柴油价格水平对比（2003—2018 年）

数据来源：根据基本数据计算得到

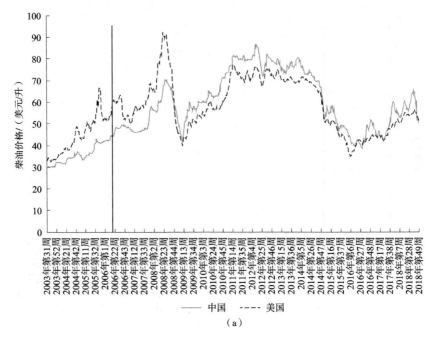

（a）

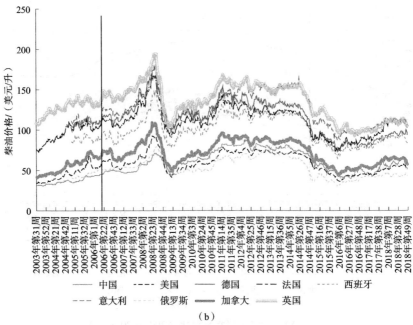

（b）

图 7 – 13 柴油价格对比（2003—2018 年）

数据来源：根据基本数据计算得到（按照美国基准 CPI 调整后）

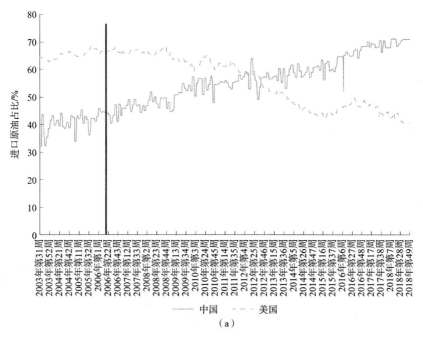

（a）

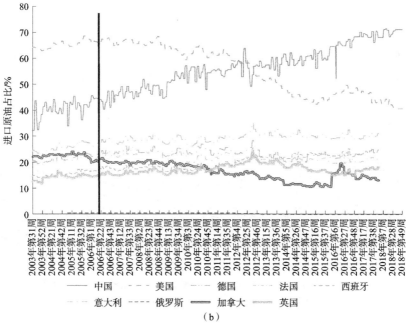

（b）

图 7 - 14 进口原油占比对比（2003—2018 年）

数据来源：OPEC

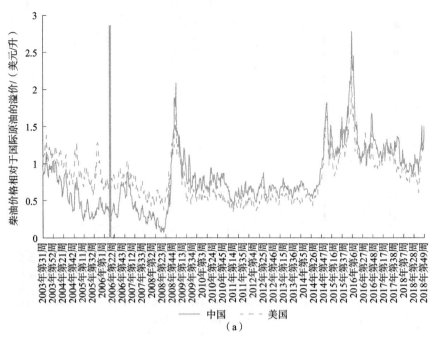

（a）

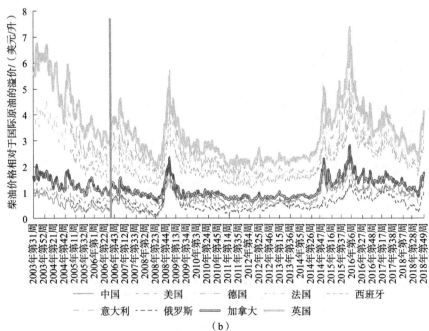

（b）

图 7 – 15　柴油价格相对于国际原油的溢价对比（2003—2018 年）

数据来源：根据基本数据计算得到

7.3 实证结果

7.3.1 柴油模型结果

石油特别收益金政策对柴油市场影响的回归结果见表 7 - 5 ~ 表 7 - 7。表 7 - 5 是价格波动率作为因变量的回归结果，其中模型（7 - 1）~ 模型（7 - 5）逐步增加了相关的控制变量，模型（7 - 6）更换了政策变量 After。从模型的结果来看，交互项 Treat × After 的系数显著为负，与预期一致。这在一定程度上证明了假说 7 - 2，即"暴利税"政策的出台在一定程度上加大了柴油价格的波动率。模型（7 - 5）的交互项回归系数表示的经济意义为："暴利税"政策的出台，使柴油价格的波动率较"无政策"情况下降低了 8.26 个百分点。表 7 - 6 是价格波动，也是 HP 滤波的波动量作为因变量的回归结果，其中模型（7 - 7）~ 模型（7 - 11）逐步增加了相关控制变量，模型（7 - 12）更换了政策变量 After。从模型的结果来看，交互项 Treat × After 的系数显著为负，与预期一致。根据表 7 - 7 对柴油价格水平波动的结果分析，发现模型交互项 Treat × After 的系数显著为正，与预期一致，一定程度上证明了假说 7 - 1，即"暴利税"政策在一定程度上推高了柴油价格整体水平。模型（7 - 17）的交互项回归系数表示的经济意义为："暴利税"政策的出台，使柴油价格较"无政策"情况下提高了约 4.0 美元/桶。结合表 7 - 6 和表 7 - 7 的结果，说明柴油市场价格波动率受到政策的负向影响，同时表现在两个方面，即一是价格波动幅度的下降，二是价格水平的提升。

需要说明的是，当政策变量 After 更换为 After - t 后，交互项的回归系数仍然与预期一致。该变量设置的主要原因在于：石油特别收益金政策推出后，相关的起征点进行过两次调整，可能会对结果有所影响。具体政策变化为：财政部于 2006 年 3 月 25 日印发的《石油特别收益金征收管理办法》，确定了石油特别收益金的起征点为 40 美元/桶；2011 年 12 月 29 日印发的《关于提高石油特别收益金起征点的通知》将石油特别收益金的起征点调整为 55 美元/桶，较 2006 年增加了 15 美元；2014 年 12 月 25 日印发的《关于提高石油特别收益金起征点的通知》将石油特别收益金的起征点调整为 65 美元/桶，较

2011 年增加了 10 美元, 较 2006 年增加了 25 美元。三个阶段的石油特别收益金征收执行时间分别为 2006 年 3 月 26 日、2011 年 11 月 1 日和 2015 年 1 月 1 日。从回归结果来看, 相关调整对政策效果的影响一致, 在作用程度上略有差异: 价格波动率的影响, 降低了 3.84 个百分点; 在价格方面增加了约 1.5 美元/桶。

表 7-5　石油特别收益金政策对柴油市场价格波动率的影响回归结果

变量	模型 (7-1)	模型 (7-2)	模型 (7-3)	模型 (7-4)	模型 (7-5)	模型 (7-6)
After	-0.0411 ***	-0.0298 ***	-0.0490 ***	-0.0377 ***	-0.0313 ***	
	(0.005 82)	(0.003 94)	(0.004 23)	(0.003 84)	(0.003 77)	
Treat	0.0434 ***	0.0969 ***	0.0636 ***	0.0628 ***	0.0405 ***	-0.0113 **
	(0.006 98)	(0.005 42)	(0.006 57)	(0.006 07)	(0.005 80)	(0.004 72)
Treat × After	-0.0517 ***	-0.115 ***	-0.0798 ***	-0.0752 ***	-0.0826 ***	-0.0384 ***
	(0.007 71)	(0.006 75)	(0.008 16)	(0.007 44)	(0.007 41)	(0.004 81)
原油溢价		0.136 ***	0.144 ***	0.145 ***	0.162 ***	0.148 ***
		(0.005 76)	(0.005 24)	(0.005 04)	(0.005 73)	(0.006 06)
进口原油占比			-0.157 ***	-0.205 ***	-0.158 ***	-0.230 ***
			(0.0143)	(0.0142)	(0.0155)	(0.0140)
国际油价波动率	0.399 ***	0.527 ***	0.525 ***	0.469 ***	0.504 ***	0.519 ***
	(0.009 80)	(0.006 67)	(0.006 95)	(0.008 28)	(0.009 71)	(0.0115)
柴油价格	0.003 48 ***	0.004 10 ***	0.004 40 ***	0.004 63 ***	0.004 41 ***	0.003 13 ***
	(0.000 160)	(0.000 153)	(0.000 139)	(0.000 131)	(0.000 128)	(0.000 134)
PPI 同比				0.003 83 ***	0.003 90 ***	0.005 12 ***
				(0.000 244)	(0.000 237)	(0.000 266)
M2 同比				0.003 12 ***	0.003 83 ***	
				(0.000 293)	(0.000 389)	
After - t						0.0163 ***
						(0.004 60)
常数	-0.163 ***	-0.315 ***	-0.233 ***	-0.242 ***	-0.293 ***	-0.212 ***
	(0.007 10)	(0.0108)	(0.0147)	(0.0132)	(0.0150)	(0.0113)
观测值	1604	1604	1604	1604	1604	1604
R^2	0.821	0.891	0.900	0.914	0.918	0.892

注: 括号内为标准误差值; * 表示在 10% 水平下显著; ** 表示在 5% 水平下显著; *** 表示在 1% 水平下显著。

表 7 - 6　石油特别收益金政策对柴油市场价格波动的影响回归结果

变量	模型 (7 - 7)	模型 (7 - 8)	模型 (7 - 9)	模型 (7 - 10)	模型 (7 - 11)	模型 (7 - 12)
After	- 3. 171 ***	- 2. 527 ***	- 3. 765 ***	- 3. 112 ***	- 2. 858 ***	
	(0. 289)	(0. 184)	(0. 199)	(0. 185)	(0. 183)	
Treat	2. 261 ***	5. 330 ***	3. 173 ***	3. 125 ***	2. 232 ***	- 0. 894 ***
	(0. 352)	(0. 281)	(0. 347)	(0. 317)	(0. 306)	(0. 261)
Treat × After	- 2. 710 ***	- 6. 355 ***	- 4. 062 ***	- 3. 797 ***	- 4. 093 ***	- 1. 533 ***
	(0. 401)	(0. 365)	(0. 453)	(0. 409)	(0. 412)	(0. 265)
原油溢价		7. 800 ***	8. 289 ***	8. 381 ***	9. 068 ***	7. 502 ***
		(0. 330)	(0. 294)	(0. 273)	(0. 316)	(0. 337)
进口原油占比			- 10. 17 ***	- 12. 91 ***	- 11. 04 ***	- 13. 51 ***
			(0. 795)	(0. 750)	(0. 838)	(0. 801)
国际油价波动率	22. 22 ***	29. 54 ***	29. 44 ***	26. 21 ***	27. 59 ***	28. 46 ***
	(0. 533)	(0. 445)	(0. 458)	(0. 508)	(0. 582)	(0. 700)
柴油价格	0. 230 ***	0. 265 ***	0. 285 ***	0. 298 ***	0. 289 ***	0. 229 ***
	(0. 008 32)	(0. 008 47)	(0. 007 47)	(0. 006 97)	(0. 006 90)	(0. 007 75)
PPI 同比				0. 221 ***	0. 224 ***	0. 295 ***
				(0. 0136)	(0. 0135)	(0. 0154)
M2 同比					0. 125 ***	0. 198 ***
					(0. 0181)	(0. 0242)
After - t						- 0. 732 ***
						(0. 253)
常数	- 10. 17 ***	- 18. 92 ***	- 13. 61 ***	- 14. 07 ***	- 16. 16 ***	- 12. 63 ***
	(0. 387)	(0. 626)	(0. 848)	(0. 760)	(0. 878)	(0. 655)
观测值	1604	1604	1604	1604	1604	1604
R^2	0. 833	0. 900	0. 911	0. 925	0. 927	0. 895

注：括号内为标准误差值；* 表示在 10% 水平下显著；** 表示在 5% 水平下显著；*** 表示在 1% 水平下显著。

表7－7　石油特别收益金政策对柴油市场价格水平的影响回归结果

变量	模型 (7-13)	模型 (7-14)	模型 (7-15)	模型 (7-16)	模型 (7-17)	模型 (7-18)
After	3.171 ***	2.527 ***	3.765 ***	3.112 ***	2.858 ***	
	(0.289)	(0.184)	(0.199)	(0.185)	(0.183)	
Treat	−2.261 ***	−5.330 ***	−3.173 ***	−3.125 ***	−2.232 ***	0.894 ***
	(0.352)	(0.281)	(0.347)	(0.317)	(0.306)	(0.261)
Treat × After	2.710 ***	6.355 ***	4.062 ***	3.797 ***	4.093 ***	1.533 ***
	(0.401)	(0.365)	(0.453)	(0.409)	(0.412)	(0.265)
原油溢价		−7.800 ***	−8.289 ***	−8.381 ***	−9.068 ***	−7.502 ***
		(0.330)	(0.294)	(0.273)	(0.316)	(0.337)
进口原油占比			10.17 ***	12.91 ***	11.04 ***	13.51 ***
			(0.795)	(0.750)	(0.838)	(0.801)
国际油价波动率	−22.22 ***	−29.54 ***	−29.44 ***	−26.21 ***	−27.59 ***	−28.46 ***
	(0.533)	(0.445)	(0.458)	(0.508)	(0.582)	(0.700)
柴油价格	0.770 ***	0.735 ***	0.715 ***	0.702 ***	0.711 ***	0.771 ***
	(0.008 32)	(0.008 47)	(0.007 47)	(0.006 97)	(0.006 90)	(0.007 75)
PPI 同比				−0.221 ***	−0.224 ***	−0.295 ***
				(0.0136)	(0.0135)	(0.0154)
M2 同比					−0.125 ***	−0.198 ***
					(0.0181)	(0.0242)
After − t						0.732 ***
						(0.253)
常数	10.17 ***	18.92 ***	13.61 ***	14.07 ***	16.16 ***	12.63 ***
	(0.387)	(0.626)	(0.848)	(0.760)	(0.878)	(0.655)
观测值	1604	1604	1604	1604	1604	1604
R^2	0.918	0.951	0.956	0.963	0.964	0.949

注：括号内为标准误差值；* 表示在10%水平下显著；** 表示在5%水平下显著；*** 表示在1%水平下显著。

　　进一步，为了验证柴油市场价格的正向和负向波动情况，笔者分别对波动的绝对值、正向波动和负向波动进行了回归，表7-8和表7-9是具体的回归结果。其中，表7-8使用政策出台时间变量 After，表7-9使用替代变量 After-t，从交互的符号和显著性方面来看，变量替换对模型的显著性影响不大。重要的交互项 Treat × After 回归系数均显著为负，这与预期一致。

模型（7-20）和模型（7-23）正向波动情况下的回归结果显示模型交互项均显著为负，说明政策出台后，国际油价升高时，柴油价格的正向波动显著降低。模型（7-21）和模型（7-24）是负向波动情况下的回归结果，说明在国际油价升高时，政策对企业的降价也存在较为显著的影响。但是从波动幅度来看，正向波动的波动率和波动幅度均大于负向波动。正向波动时，政策影响下的柴油价格波动率显著下降了 7.00 个百分点，而负向波动时，柴油价格波动率只下降了 4.59 个百分点，绝对波动率显著下降了 5.47 个百分点，是正负向波动综合结果。从价格波动幅度来看，正向波动时，政策影响使得价格波动幅度平均下降 4.87 美元/桶，而负向波动时政策影响使价格波动幅度平均下降 1.66 美元/桶。综合来看，政策影响对绝对波动幅度的平均影响为下降 3.98 美元/桶。

从表 7-8 和表 7-9 的对比情况来看，使用 After-t 变量和 After 变量的结果略有差异，主要是交互项系数绝对值较小。模型（7-19）的回归结果显示，波动率绝对值在政策影响下，平均降低 5.47 个百分点；模型（7-26）中，政策对波动率绝对值的影响略低，降低了 3.46 个百分点。政策出台后，无论是否达到了征收特别收益金的阈值，都对市场价格波动有着显著影响；而政策出台本身对市场价格波动的影响程度更大。

整体来看，在 "暴利税" 政策作用下，柴油市场价格的波动率和波动幅度相对下降。也就说明企业在政策作用下，企业提升价格或者降低价格的动作并不大，市场价格基本保持平稳。这也在一定程度上验证了假说 7-2。

表 7-8　石油特别收益金政策对柴油市场的影响回归结果

变量	模型（7-19）价格波动率绝对值	模型（7-20）价格波动率正向波动	模型（7-21）价格波动率负向波动	模型（7-22）价格波动绝对值	模型（7-23）价格波动正向波动	模型（7-24）价格波动负向波动
After	0.0890 ***	- 0.005 60	- 0.0548 ***	5.246 ***	- 0.496 *	- 3.243 ***
	(0.008 00)	(0.006 86)	(0.004 33)	(0.444)	(0.297)	(0.267)
Treat	- 0.005 22	0.003 14	0.0254 ***	0.421	1.289 **	0.640 *
	(0.008 17)	(0.0107)	(0.006 01)	(0.442)	(0.576)	(0.340)
Treat × After	- 0.0547 ***	- 0.0700 ***	- 0.0459 ***	- 3.980 ***	- 4.867 ***	- 1.656 ***
	(0.0114)	(0.009 66)	(0.009 51)	(0.670)	(0.525)	(0.558)

续表

变量	模型 (7-19) 价格波动率绝对值	模型 (7-20) 价格波动率正向波动	模型 (7-21) 价格波动率负向波动	模型 (7-22) 价格波动绝对值	模型 (7-23) 价格波动正向波动	模型 (7-24) 价格波动负向波动
原油溢价	0.0830***	0.215***	0.129***	3.687***	10.92***	8.620***
	(0.00995)	(0.00875)	(0.00622)	(0.587)	(0.503)	(0.382)
进口原油占比	0.230***	-0.0677***	-0.211***	14.99***	-3.669***	-15.07***
	(0.0295)	(0.0167)	(0.0187)	(1.746)	(0.911)	(1.108)
国际油价波动率	0.147***	0.441***	0.489***	5.666***	22.88***	32.02***
	(0.0186)	(0.0154)	(0.0156)	(1.093)	(0.932)	(0.953)
柴油价格	-0.00101***	0.00322***	0.00544***	0.00532	0.254***	0.244***
	(0.000211)	(0.000195)	(0.000204)	(0.0122)	(0.0114)	(0.0113)
PPI 同比	-0.00271***	0.00428***	0.00200***	-0.170***	0.247***	0.126***
	(0.000455)	(0.000364)	(0.000257)	(0.0277)	(0.0218)	(0.0146)
M2 同比	0.00295***	0.00618***	0.00143***	0.182***	0.331***	0.0686***
	(0.000689)	(0.000684)	(0.000336)	(0.0421)	(0.0428)	(0.0198)
常数	-0.105***	-0.327***	-0.260***	-9.995***	-21.65***	-10.08***
	(0.0278)	(0.0202)	(0.0186)	(1.658)	(1.245)	(1.113)
观测值	1604	836	768	1604	836	768
R^2	0.258	0.816	0.872	0.278	0.826	0.878

注：括号内为标准误差值；* 表示在10%水平下显著；** 表示在5%水平下显著；*** 表示在1%水平下显著。

表 7-9　石油特别收益金政策对柴油市场的影响回归结果（更换时间变量）

变量	模型 (7-26) 价格波动率绝对值	模型 (7-27) 价格波动率正向波动	模型 (7-28) 价格波动率负向波动	模型 (7-29) 价格波动绝对值	模型 (7-30) 价格波动正向波动	模型 (7-31) 价格波动负向波动
Treat	-0.0196**	-0.0161	-0.0154***	-0.865**	-0.290	-0.958***
	(0.00768)	(0.0106)	(0.00519)	(0.436)	(0.593)	(0.291)
Treat × After	-0.0346***	-0.0584***	-0.0530***	-2.517***	-3.798***	-2.011***
	(0.00739)	(0.00803)	(0.00785)	(0.422)	(0.442)	(0.442)
原油溢价	0.102***	0.212***	0.164***	4.620***	10.54***	10.65***
	(0.00906)	(0.00883)	(0.0101)	(0.525)	(0.522)	(0.609)

续表

变量	模型 (7-26) 价格波动率 绝对值	模型 (7-27) 价格波动率 正向波动	模型 (7-28) 价格波动率 负向波动	模型 (7-29) 价格波动率 绝对值	模型 (7-30) 价格波动率 正向波动	模型 (7-31) 价格波动 负向波动
进口原油占比	0.131***	-0.0779***	-0.315***	8.495***	-4.533***	-19.04***
	(0.0219)	(0.0163)	(0.0208)	(1.255)	(0.904)	(1.160)
国际油价波动率	0.129***	0.429***	0.635***	4.670***	22.26***	40.21***
	(0.0185)	(0.0159)	(0.0231)	(1.088)	(0.979)	(1.381)
柴油价格	-0.000444**	0.00277***	0.00265***	0.0378***	0.230***	0.0885***
	(0.000226)	(0.000177)	(0.000229)	(0.0134)	(0.0105)	(0.0132)
PPI 同比	-0.00355***	0.00456***	0.00338***	-0.216***	0.260***	0.191***
	(0.000464)	(0.000381)	(0.000312)	(0.0281)	(0.0232)	(0.0177)
M2 同比	0.00163**	0.00696***	0.00360***	0.115**	0.389***	0.163***
	(0.000741)	(0.000778)	(0.000520)	(0.0448)	(0.0488)	(0.0293)
After-t	0.0487***	0.0179***	0.0471***	2.853***	0.540*	2.335***
	(0.00633)	(0.00629)	(0.00747)	(0.359)	(0.300)	(0.425)
常数	-0.0430**	-0.314***	-0.152***	-5.799***	-20.55***	-5.013***
	(0.0215)	(0.0201)	(0.0145)	(1.267)	(1.246)	(0.810)
观测值	1604	836	768	1604	836	768
R^2	0.215	0.804	0.821	0.240	0.808	0.836

注：括号内为标准误差值；* 表示在 10% 水平下显著；** 表示在 5% 水平下显著；*** 表示在 1% 水平下显著。

7.3.2　汽油模型结果

石油特别收益金政策对汽油市场影响的回归结果见表 7-10～表 7-12。表 7-10 是价格波动率作为因变量的回归结果，与柴油模型对应，模型 (7-32)～模型 (7-36) 是逐步增加了相关的控制变量，模型 (7-37) 更换了政策变量 After。从模型的结果来看，交互项 Treat × After 的系数显著为负，与预期一致。这也证明了假说 7-2，即 "暴利税" 政策的出台在一定程度上加大了汽油价格的波动率。模型 (7-36) 的交互项回归系数表示的经济意义为："暴利税" 政策的出台，使汽油价格的波动率较 "无政策" 情况下降低了 13.6 个百分点。表 7 - 11 是价格波动作为因变量的回归结果，其中模型 (7 - 38) ~ 模型 (7 - 42) 逐步增加了相关控制变量，模型 (7 - 43) 更换了政策变量 After。从模型的结果来看，交互项 Treat × After 的系数显著为负，与预期一致。根据表 7 - 12 对汽油价格水平波动的结果分析，发现模型交互项 Treat × After 的系数显著为正，与假说 7 - 1 的预期一致，即"暴利税"政策在一定程度上推高了汽油价格整体水平。模型 (7 - 42) 的交互项回归系数表示的经济意义为："暴利税"政策的出台，使汽油价格水平较"无政策"情况下增加了约 7. 10 美元/桶。结合表 7 - 11 和表 7 - 12 的结果，说明汽油市场价格波动率受到政策的负向影响，表现在两个方面，即价格波动幅度的下降和价格水平的提升。

当政策变量 After 更换为 After - t 后，交互项的回归系数与预期一致。从回归结果来看，相关调整对政策效果的影响作用一致，在作用程度上略有差异：价格波动率的影响，由 13.60% 到 5.24%，降低了 8.36 个百分点；价格水平的影响，由 7.10 美元/桶到 1.45 美元/桶，减少了约 5.65 美元/桶。

从汽油市场与柴油市场的对比情况来看，政策效果对汽油价格波动率的影响程度更大，对汽油市场价格的提升幅度更大。模型 (7 - 36) 中交互项的系数为 - 0.136，模型 (7 - 5) 对应的系数为 - 0.0826，从绝对值上来看，政策对柴油市场价格波动率的降低效果为 8.26%，小于汽油市场价格波动率受到的 13.60% 的影响。同样，从价格水平上来看，模型 (7 - 48) 显示，政策对汽油市场价格水平的影响为提升了 7.10 美元/桶，其影响幅度高于模型 (7 - 17) 中政策对柴油市场价格水平的影响提升 4.09 美元/桶。

表 7 - 10　石油特别收益金政策对汽油市场价格波动率的影响回归结果

变量	模型 (7 - 32)	模型 (7 - 33)	模型 (7 - 34)	模型 (7 - 35)	模型 (7 - 36)	模型 (7 - 37)
After	- 0. 0214 ***	0. 0129 ***	- 0. 004 30	0. 005 67	0. 0137 ***	
	(0. 005 89)	(0. 004 28)	(0. 004 79)	(0. 004 59)	(0. 004 66)	
Treat	0. 0356 ***	0. 0514 ***	0. 0121 *	0. 009 07	- 0. 0219 ***	- 0. 0950 ***
	(0. 007 26)	(0. 004 98)	(0. 006 40)	(0. 006 08)	(0. 006 31)	(0. 005 56)
Treat × After	- 0. 0911 ***	- 0. 163 ***	- 0. 129 ***	- 0. 129 ***	- 0. 136 ***	- 0. 0524 ***
	(0. 008 46)	(0. 007 99)	(0. 009 41)	(0. 008 89)	(0. 008 88)	(0. 005 68)
原油溢价		0. 119 ***	0. 128 ***	0. 134 ***	0. 151 ***	0. 148 ***
		(0. 005 42)	(0. 004 98)	(0. 005 02)	(0. 005 57)	(0. 006 62)

续表

变量	模型 (7-32)	模型 (7-33)	模型 (7-34)	模型 (7-35)	模型 (7-36)	模型 (7-37)
进口原油占比			-0.169 ***	-0.217 ***	-0.166 ***	-0.312 ***
			(0.0163)	(0.0170)	(0.0182)	(0.0176)
国际油价波动率	0.349 ***	0.501 ***	0.505 ***	0.459 ***	0.497 ***	0.503 ***
	(0.0117)	(0.008 81)	(0.009 18)	(0.0108)	(0.0124)	(0.0142)
汽油价格	0.003 48 ***	0.003 62 ***	0.003 90 ** *	0.00422 ***	0.003 99 ***	0.003 03 ***
	(0.000 158)	(0.000 151)	(0.000 141)	(0.000 144)	(0.000 146)	(0.000 166)
PPI 同比				0.003 28 ***	0.003 43 ***	0.004 41 ***
				(0.000 301)	(0.000 288)	(0.000 322)
M2 同比					0.003 70 ***	0.003 90 ***
					(0.000 325)	(0.000 397)
After-t						0.0353 ***
						(0.005 18)
常数	-0.167 ***	-0.286 ***	-0.198 ***	-0.209 ***	-0.267 ***	-0.146 ***
	(0.008 26)	(0.0107)	(0.0155)	(0.0148)	(0.0161)	(0.0113)
观测值	1604	1604	1604	1604	1604	1604
R^2	0.753	0.837	0.848	0.859	0.867	0.836

注: 括号内为标准误差值; * 表示在 10% 水平下显著; ** 表示在 5% 水平下显著; *** 表示在 1% 水平下显著。

表 7-11 石油特别收益金政策对汽油市场价格波动的影响回归结果

变量	模型 (7-38)	模型 (7-39)	模型 (7-40)	模型 (7-41)	模型 (7-42)	模型 (7-43)
After	-1.921 ***	-0.0774	-1.234 ***	-0.777 ***	-0.586 ***	
	(0.284)	(0.191)	(0.221)	(0.212)	(0.220)	
Treat	1.695 ***	2.547 ***	-0.105	-0.244	-0.980 ***	-5.550 ***
	(0.354)	(0.222)	(0.314)	(0.301)	(0.326)	(0.322)
Treat × After	-5.359 ***	-9.237 ***	-6.909 ***	-6.925 ***	-7.103 ***	-1.450 ***
	(0.436)	(0.431)	(0.506)	(0.483)	(0.487)	(0.332)
原油溢价		6.406 ***	7.021 ***	7.278 ***	7.675 ***	7.028 ***
		(0.328)	(0.304)	(0.304)	(0.331)	(0.396)
进口原油占比			-11.36 ***	-13.58 ***	-12.37 ***	-18.60 ***
			(0.919)	(0.975)	(1.035)	(1.050)

变量	模型 (7-38)	模型 (7-39)	模型 (7-40)	模型 (7-41)	模型 (7-42)	模型 (7-43)
国际油价波动率	19.44***	27.59***	27.86***	25.77***	26.67***	27.23***
	(0.631)	(0.509)	(0.559)	(0.672)	(0.733)	(0.853)
汽油价格	0.242***	0.250***	0.269***	0.284***	0.278***	0.222***
	(0.008 60)	(0.008 54)	(0.007 87)	(0.008 18)	(0.008 33)	(0.009 80)
PPI 同比				0.151***	0.154***	0.218***
				(0.0167)	(0.0166)	(0.0195)
M2 同比					0.0880***	0.128***
					(0.0196)	(0.0249)
After-t						0.198
						(0.292)
常数	-11.14***	-17.56***	-11.59***	-12.13***	-13.49***	-7.514***
	(0.442)	(0.613)	(0.876)	(0.845)	(0.927)	(0.675)
观测值	1604	1604	1604	1604	1604	1604
R^2	0.784	0.854	0.868	0.875	0.876	0.831

注：括号内为标准误差值；* 表示在 10% 水平下显著；** 表示在 5% 水平下显著；*** 表示在 1% 水平下显著。

表 7-12　石油特别收益金政策对汽油市场价格水平的影响回归结果

变量	模型 (7-44)	模型 (7-45)	模型 (7-46)	模型 (7-47)	模型 (7-48)	模型 (7-49)
After	1.921***	0.0774	1.234***	0.777***	0.586***	
	(0.284)	(0.191)	(0.221)	(0.212)	(0.220)	
Treat	-1.695***	-2.547***	0.105	0.244	0.980***	5.550***
	(0.354)	(0.222)	(0.314)	(0.301)	(0.326)	(0.322)
Treat × After	5.359***	9.237***	6.909***	6.925***	7.103***	1.450***
	(0.436)	(0.431)	(0.506)	(0.483)	(0.487)	(0.332)
原油溢价		-6.406***	-7.021***	-7.278***	-7.675***	-7.028***
		(0.328)	(0.304)	(0.304)	(0.331)	(0.396)
进口原油占比			11.36***	13.58***	12.37***	18.60***
			(0.919)	(0.975)	(1.035)	(1.050)
国际油价波动率	-19.44***	-27.59***	-27.86***	-25.77***	-26.67***	-27.23***
	(0.631)	(0.509)	(0.559)	(0.672)	(0.733)	(0.853)

续表

变量	模型 (7-44)	模型 (7-45)	模型 (7-46)	模型 (7-47)	模型 (7-48)	模型 (7-49)
汽油价格	0.758 ***	0.750 ***	0.731 ***	0.716 ***	0.722 ***	0.778 ***
	(0.008 60)	(0.008 54)	(0.007 87)	(0.008 18)	(0.008 33)	(0.009 80)
PPI 同比				-0.151 ***	-0.154 ***	-0.218 ***
				(0.0167)	(0.0166)	(0.0195)
M2 同比					-0.0880 ***	-0.128 ***
					(0.0196)	(0.0249)
After - t						-0.198
						(0.292)
常数	11.14 ***	17.56 ***	11.59 ***	12.13 ***	13.49 ***	7.514 ***
	(0.442)	(0.613)	(0.876)	(0.845)	(0.927)	(0.675)
观测值	1604	1604	1604	1604	1604	1604
R^2	0.932	0.954	0.959	0.961	0.961	0.947

注：括号内为标准误差值； * 表示在 10% 水平下显著； ** 表示在 5% 水平下显著； *** 表示在 1% 水平下显著。

同样，为了验证汽油市场价格的正向和负向波动情况，分别对波动的绝对值、正向波动和负向波动进行了回归分析，表 7-13 和表 7-14 是具体的回归结果。其中，表 7-13 使用政策出台时间变量 After，表 7-14 使用替代变量 After-t。从交互的符号和显著性方面来看，变量替换对模型的显著性影响不大，重要的交互项 Treat × After 回归系数均显著为负，与预期一致。

模型 (7-51) 和模型 (7-54) 是正向波动情况下的回归结果，模型 (7-52) 和模型 (7-55) 是负向波动情况下的回归结果，说明政策导致了企业的大幅度降价。从波动幅度来看，汽油市场与柴油市场一致，正向波动的波动率和波动幅度均大于负向波动。例如，正向波动时，政策影响下的汽油价格波动率显著下降了 12.30 个百分点，而负向波动时，柴油价格波动率只下降了 7.08 个百分点，绝对波动率显著下降了 8.08 个百分点，是正负向波动的综合结果。从价格波动幅度来看，正向波动时，政策影响使价格波动幅度平均下降 6.98 美元/桶，而负向波动时的政策影响使价格波动幅度平均下降 3.62 美元/桶，综合来看，政策影响对绝对波动幅度的平均影响为下降 4.66 美元/桶。

从表 7-13 和表 7-14 的对比情况来看，使用 After-t 变量和 After 变量的结果差异仍然体现在交互项系数绝对值方面。例如，模型（7-50）的回归结果显示，波动率绝对值在政策的影响下，平均降低8.08个百分点；模型（7-56）中，政策对波动率绝对值的影响略低，降低了3.14个百分点。政策出台后，无论是否达到征收特别收益金的阈值，都对市场价格波动有着显著影响；而政策出台本身对市场价格波动的影响更大。

在"暴利税"政策作用下，汽油市场价格的波动率和波动幅度相对下降。说明企业在政策作用下，企业提升价格或者降低价格的动作并不大，市场价格基本保持平稳。同样也在一定程度上验证了假说7-2。

从汽柴油市场的对比情况来看，政策对汽油市场的影响更大。模型（7-50）显示，政策影响使汽油市场价格的绝对波动率下降8.08%，较柴油市场价格的5.47%多降了2.61个百分点。

表7-13 石油特别收益金政策对汽油市场的影响回归结果

变量	模型（7-50）	模型（7-51）	模型（7-52）	模型（7-53）	模型（7-54）	模型（7-55）
	价格波动率绝对值	价格波动率正向波动	价格波动率负向波动	价格波动绝对值	价格波动正向波动	价格波动负向波动
After	0.0972 ***	0.0442 ***	-0.0215 ***	5.517 ***	2.087 ***	-1.507 ***
	(0.007 61)	(0.009 19)	(0.005 48)	(0.409)	(0.394)	(0.325)
Treat	0.0347 ***	-0.0182	-0.0338 ***	2.714 ***	-0.453	-2.923 ***
	(0.008 37)	(0.0143)	(0.005 84)	(0.464)	(0.692)	(0.334)
Treat × After	-0.0808 ***	-0.123 ***	-0.0708 ***	-4.661 ***	-6.977 ***	-3.618 ***
	(0.009 54)	(0.0137)	(0.0108)	(0.527)	(0.700)	(0.630)
原油溢价	0.0428 ***	0.165 ***	0.103 ***	1.892 ***	8.512 ***	6.118 ***
	(0.007 32)	(0.008 27)	(0.006 24)	(0.423)	(0.443)	(0.385)
进口原油占比	0.305 ***	-0.008 70	-0.291 ***	19.41 ***	-0.517	-20.42 ***
	(0.0299)	(0.0199)	(0.0213)	(1.723)	(1.070)	(1.262)
国际油价波动率	0.0721 ***	0.360 ***	0.460 ***	1.970 **	18.58 ***	27.90 ***
	(0.0177)	(0.0176)	(0.0203)	(1.002)	(0.952)	(1.215)
汽油价格	-0.001 05 ***	0.002 50 ***	0.004 52 ***	-0.003 97	0.212 ***	0.214 ***
	(0.000 168)	(0.000 223)	(0.000 186)	(0.0103)	(0.0124)	(0.0111)
PPI 同比	-0.001 56 ***	0.004 43 ***	0.000 995 ***	-0.0994 ***	0.247 ***	0.0635 ***
	(0.000 429)	(0.000 370)	(0.000 311)	(0.0252)	(0.0203)	(0.0195)
M2 同比	0.001 01 *	0.003 42 ***	0.001 16 ***	0.0547	0.176 ***	0.0528 *
	(0.000 572)	(0.000 770)	(0.000 422)	(0.0350)	(0.0423)	(0.0274)

续表

变量	模型 (7−50)	模型 (7−51)	模型 (7−52)	模型 (7−53)	模型 (7−54)	模型 (7−55)
	价格波动率绝对值	价格波动率正向波动	价格波动率负向波动	价格波动率绝对值	价格波动正向波动	价格波动负向波动
常数	−0.120***	−0.271***	−0.154***	−10.85***	−18.53***	−3.752***
	(0.0214)	(0.0186)	(0.0198)	(1.201)	(0.988)	(1.167)
观测值	1604	812	792	1604	812	792
R^2	0.253	0.704	0.837	0.280	0.742	0.835

注：括号内为标准误差值；* 表示在10%水平下显著；** 表示在5%水平下显著；*** 表示在1%水平下显著。

表7−14　石油特别收益金政策对汽油市场的影响回归结果（更换时间变量）

变量	模型 (7−56)	模型 (7−57)	模型 (7−58)	模型 (7−59)	模型 (7−60)	模型 (7−61)
	价格波动率绝对值	价格波动率正向波动	价格波动率负向波动	价格波动绝对值	价格波动正向波动	价格波动负向波动
Treat	0.000442	−0.0548***	−0.0930***	0.800	−2.841***	−6.058***
	(0.00848)	(0.0134)	(0.00568)	(0.488)	(0.692)	(0.354)
Treat × After	−0.0314***	−0.0820***	−0.0553***	−2.145***	−4.341***	−2.462***
	(0.00725)	(0.00971)	(0.00860)	(0.410)	(0.521)	(0.501)
原油溢价	0.0512***	0.164***	0.122***	2.265***	8.346***	7.023***
	(0.00755)	(0.00891)	(0.00879)	(0.435)	(0.483)	(0.549)
进口原油占比	0.180***	−0.0677***	−0.398***	12.29***	−3.658***	−25.20***
	(0.0245)	(0.0208)	(0.0196)	(1.404)	(1.161)	(1.184)
国际油价波动率	0.0474**	0.344***	0.524***	0.547	17.80***	31.34***
	(0.0184)	(0.0183)	(0.0247)	(1.042)	(1.013)	(1.483)
汽油价格	−0.00101***	0.00208***	0.00294***	0.00434	0.190***	0.124***
	(0.000198)	(0.000197)	(0.000227)	(0.0118)	(0.0111)	(0.0139)
PPI 同比	−0.00228***	0.00506***	0.00260***	−0.142***	0.282***	0.150***
	(0.000446)	(0.000385)	(0.000380)	(0.0261)	(0.0215)	(0.0234)
M2 同比	−0.00113*	0.00384***	0.00366***	−0.0564	0.214***	0.185***
	(0.000607)	(0.000840)	(0.000541)	(0.0359)	(0.0466)	(0.0334)
After − t	0.0612***	0.0505***	0.0333***	3.362***	2.139***	1.433***
	(0.00655)	(0.00733)	(0.00710)	(0.361)	(0.337)	(0.431)

续表

变量	模型 (7-56) 价格波动率 绝对值	模型 (7-57) 价格波动率 正向波动	模型 (7-58) 价格波动率 负向波动	模型 (7-59) 价格波动 绝对值	模型 (7-60) 价格波动 正向波动	模型 (7-61) 价格波动 负向波动
常数	-0.000 191 (0.0162)	-0.217 *** (0.0156)	-0.0720 *** (0.0127)	-4.273 *** (0.898)	-15.50 *** (0.863)	0.309 (0.764)
观测值	1604	812	792	1604	812	792
R^2	0.208	0.689	0.802	0.236	0.718	0.797

注：括号内为标准误差值；* 表示在10%水平下显著；** 表示在5%水平下显著；*** 表示在1%水平下显著。

7.4 相关检验

7.4.1 安慰剂检验

在使用双重差分方法对汽柴油波动与政策影响的关系进行分析时，假设中国与美国的汽柴油价格波动在政策出台以前有共同的趋势。但是考虑两个经济主体之间存在较大的差异，政策期间产生的差异有可能是主体之间的属性差异导致的，从而影响最终结果。因此，需要对相关数据进行共同趋势检验，以保证处理组和控制组在筛选过程中满足随机性并存在共同趋势。随机对处理组和控制组进行选择能够排除政策以外其他不可观测因素的影响，而时间趋势相同能在最大限度上确保控制组是处理组的一种"反事实"状态。尽管中国和美国之间存在差异，但是只要在政策出台前相关变量的发展趋势一致，两者之间的差异是固定的，就可以认为美国是合适的"对照组"。

安慰剂❶检验能够检验基准回归是否满足随机性和共同趋势假设的要求。

---

❶ "安慰剂"（Placebo）一词来自医学上的随机实验，如要检验某种新药的疗效。此时，可将参加实验的人群随机分为两组，其中一组为实验组，服用真药；而另一组为控制组，服用安慰剂（如无用的糖丸），并且不让参与者知道自己服用的究竟是真药还是安慰剂，以避免由于主观心理作用而影响实验效果，称为"安慰剂效应"（Placebo Effect）。

具体地，选择政策出台前两期以及政策出台后两期分别分析。政策出台当周为 2006 年第 15 周，以此时间为节点，假定在此之前发生了政策或者外生事件差异（时间趋势差异），考虑事件节点的随机性，将政策前样本进行对半拆分，即假定政策前事件中，2003 年第 31 周 ~ 2004 年第 48 周为非政策期，即事前组；2004 年第 49 周 ~ 2006 年第 14 周为外生冲击期，为事后组，进行双重差分模拟，测算交互项的系数估计情况。同样地，政策后的虚拟冲击也进行同样的处理，对双重差分交互项结果进行对比。需要说明的是，由于本章测算波动性时使用的是 H – P 滤波方法，因此需要在数据截断后根据新的数据时间测算该时间段对应的波动情况。

表 7 – 15 为石油特别收益金政策对柴油市场的虚拟冲击检验结果。模型 (7 – 62) ~ 模型 (7 – 64) 是政策前的虚拟冲击检验结果，因变量分别为柴油价格波动率、柴油价格波动和柴油价格水平。从检验情况来看，政策前假设的虚拟冲击对柴油价格波动的影响显著为正，对柴油价格水平的影响显著为负，与基准回归结果的符号正好相反。

这表明导致处理组波动上升的关键因素是控制组和处理组的时间趋势差异，且随着时间的推移，中国汽柴油价格的波动高于同特征的美国波动。尽管未能严格满足共同趋势假设，但是由于政策作用的方向与时间趋势的影响完全相反，这不仅支持了基准回归中石油收益金政策对波动影响显著降低的结果，而且说明在政策推出后，政策影响带来的波动降低足以扭转由固有时间趋势决定的波动增加的效果。模型 (7 – 65) ~ 模型 (7 – 67) 是政策后的虚拟冲击检验结果，因变量分别为柴油价格波动率、柴油价格波动和柴油价格水平。从回归结果来看，政策影响并不显著。这也在一定程度上证明了虚拟的政策冲击对两国的柴油价格波动没有产生实质性影响。

表 7 – 16 为石油特别收益金政策对汽油市场的虚拟冲击检验结果。模型 (7 – 68) ~ 模型 (7 – 70) 是政策前的虚拟冲击检验结果，模型 (7 – 71) ~ 模型 (7 – 73) 是政策后的虚拟冲击检验结果，因变量分别为柴油价格波动率、柴油价格波动和柴油价格水平。从回归结果来看，与柴油市场的虚拟结果较为一致：政策前假设的虚拟冲击支持了基准回归中石油收益金政策对波动影响显著降低的结果，且说明在政策推出后，政策影响带来的波动降低甚至足以扭转由固有时间趋势决定的波动增加的效果。政策后假设的虚拟政策冲击对两国的汽油价格波动没有产生实质性影响。

表 7 - 15　石油特别收益金政策对柴油市场价格波动共同趋势检验

变量	政策前虚拟结果			政策后虚拟结果		
	模型（7-62）	模型（7-63）	模型（7-64）	模型（7-65）	模型（7-66）	模型（7-67）
	价格波动率	价格波动	价格水平	价格波动率	价格波动	价格水平
After（虚拟）	- 0.0545 ***	- 2.532 ***	2.532 ***	- 0.0325 ***	- 1.286 ***	1.286 ***
	(0.005 72)	(0.279)	(0.279)	(0.009 53)	(0.341)	(0.341)
Treat	0.174 ***	10.01 ***	- 10.01 ***	- 0.0119	- 1.002 ***	1.002 ***
	(0.0216)	(1.073)	(1.073)	(0.008 30)	(0.346)	(0.346)
Treat × After	0.0908 ***	4.681 ***	- 4.681 ***	0.0159	0.865 *	- 0.865 *
	(0.004 94)	(0.275)	(0.275)	(0.0110)	(0.449)	(0.449)
原油溢价	0.281 ***	14.27 ***	- 14.27 ***	0.0989 ***	8.179 ***	- 8.179 ***
	(0.0113)	(0.704)	(0.704)	(0.0102)	(0.388)	(0.388)
进口原油占比	0.169 ***	7.556 ***	- 7.556 ***	- 0.196 ***	- 16.04 ***	16.04 ***
	(0.0610)	(2.878)	(2.878)	(0.0443)	(1.664)	(1.664)
国际油价波动率	0.513 ***	24.47 ***	- 24.47 ***	0.451 ***	26.82 ***	- 26.82 ***
	(0.0263)	(1.320)	(1.320)	(0.0217)	(0.785)	(0.785)
柴油价格	0.007 69 ***	0.373 ***	0.627 ***	0.003 21 ***	0.288 ***	0.712 ***
	(0.000 356)	(0.0190)	(0.0190)	(0.000 223)	(0.007 95)	(0.007 95)
PPI 同比	0.001 64 **	0.0449	- 0.0449	2.12×10^{-5}	0.190 ***	- 0.190 ***
	(0.000 680)	(0.0362)	(0.0362)	(0.000 424)	(0.0157)	(0.0157)
M2 同比	- 0.000 627	- 0.172 ***	0.172 ***	- 0.000 640	0.001 40	- 0.001 40
	(0.000 821)	(0.0407)	(0.0407)	(0.000 505)	(0.0224)	(0.0224)
常数	- 0.698 ***	- 33.16 ***	33.16 ***	- 0.137 ***	- 14.07 ***	14.07 ***
	(0.0380)	(1.929)	(1.929)	(0.0299)	(1.366)	(1.366)
观测值	280	280	280	1324	1324	1324
R^2	0.889	0.880	0.986	0.778	0.929	0.927

注：括号内为标准误差值；* 表示在 10% 水平下显著；** 表示在 5% 水平下显著；*** 表示在 1% 水平下显著。

表 7 – 16 　石油特别收益金政策对汽油市场价格波动共同趋势检验

变量	政策前虚拟结果			政策后虚拟结果		
	模型 (7 – 68)	模型 (7 – 69)	模型 (7 – 70)	模型 (7 – 71)	模型 (7 – 72)	模型 (7 – 73)
	价格波动率	价格波动	价格水平	价格波动率	价格波动	价格水平
After （虚拟）	− 0.0301 ***	− 1.309 ***	1.309 ***	− 0.0476 ***	− 2.206 ***	2.206 ***
	(0.002 91)	(0.153)	(0.153)	(0.007 86)	(0.450)	(0.450)
Treat	0.0841 ***	4.621 ***	− 4.621 ***	− 0.119 ***	− 5.575 ***	5.575 ***
	(0.009 20)	(0.529)	(0.529)	(0.008 22)	(0.492)	(0.492)
Treat × After	0.0396 ***	1.807 ***	− 1.807 ***	0.01 07	0.006 68	− 0.006 68
	(0.002 54)	(0.144)	(0.144)	(0.0102)	(0.599)	(0.599)
进口原油占比	0.004 19	1.000	− 1.000	− 0.298 ***	− 18.06 ***	18.06 ***
	(0.0278)	(1.604)	(1.604)	(0.0380)	(2.239)	(2.239)
国际油价波动率	0.401 ***	18.44 ***	− 18.44 ***	0.526 ***	27.79 ***	− 27.79 ***
	(0.0112)	(0.727)	(0.727)	(0.0183)	(1.054)	(1.054)
PPI 同比	0.001 97 ***	0.0488 **	− 0.0488 **	0.001 40 ***	0.0486 **	− 0.0486 **
	(0.000 454)	(0.0217)	(0.0217)	(0.000 348)	(0.0208)	(0.0208)
M2 同比	− 0.002 56 ***	− 0.171 ***	0.171 ***	0.000 199	− 0.118 ***	0.118 ***
	(0.000 414)	(0.0213)	(0.0213)	(0.000 415)	(0.0257)	(0.0257)
原油溢价	0.219 ***	10.08 ***	− 10.08 ***	0.150 ***	7.468 ***	− 7.468 ***
	(0.004 81)	(0.357)	(0.357)	(0.007 13)	(0.427)	(0.427)
汽油价格	0.0120 ***	0.554 ***	0.446 ***	0.003 40 ***	0.253 ***	0.747 ***
	(0.000 199)	(0.0122)	(0.0122)	(0.000 183)	(0.0104)	(0.0104)
常数	− 0.743 ***	− 34.17 ***	34.17 ***	− 0.0996 ***	− 6.932 ***	6.932 ***
	(0.0183)	(1.172)	(1.172)	(0.0289)	(1.697)	(1.697)
观测值	280	280	280	1324	1324	1324
R^2	0.977	0.963	0.987	0.862	0.868	0.941

注：括号内为标准误差值；* 表示在 10% 水平下显著；** 表示在 5% 水平下显著；*** 表示在 1% 水平下显著。

7.4.2　稳健性分析

本章以美国作为中国的政策对照组进行分析，考虑中美两个经济体在各方面的差异比较大，相关处置效应可能受到政策冲击以外其他因素的影响，因此有必要开展进一步的检验。具体来说，使用两种方式开展进一步的检验：一是在数据可得的情况下，选择相关经济体作为控制组，再次进行基准回归；如果相关经济体与中国成品油价格波动情况存在显著的差异，那么也可以在一定程度上显示出模型的稳健性。二是将处理组进行更换，以进行证伪检验，即假设其他国家有同样的政策冲击，将美国作为对照组进行双重差分检验；如果相关交互项回归系数不显著或者与预期相反，则可以证明中美之间的政策差异有效。

1. 更换控制组检验

表 7 - 17 和表 7 - 19 是以价格波动率为因变量，更换控制组后的双重差分回归结果，其中表 7 - 17 为柴油市场回归结果，表 7 - 19 是汽油市场回归结果。从交互项 Treat × After 的系数来看，将控制组更换为德国、法国、加拿大、西班牙、意大利、英国、俄罗斯后，仍然显著为负。这进一步说明了中国的"暴利税"政策对汽柴油价格波动率有显著的负向影响，且具有一定的稳健性。

从影响幅度的相关数据来看，柴油波动率的影响幅度范围在 6.8% ~ 12.6%，汽油波动率的影响幅度在 8.9% ~ 15.7%，与美国（柴油 8.26%，汽油 13.6%）作为控制组相比，影响幅度差异不大。

表 7 - 18 和表 7 - 20 是以价格水平为因变量的双重差分回归结果，其中表 7 - 18 为柴油市场回归结果，表 7 - 20 是汽油市场回归结果。相关模型中交互项回归系数显著为正，也就是说将控制组更换为德国、法国、加拿大、西班牙、意大利、英国、俄罗斯等经济体后，政策效应仍然显著为正。这也进一步佐证了中国"暴利税"政策对汽柴油价格水平的正向作用。

从影响幅度的相关数据来看，柴油价格水平提升的影响幅度为 4.89 ~ 11.68 美元/桶，与美国（4.09 美元/桶）作为控制组相比，影响幅度略高。汽油价格水平提升的影响幅度为 6.40 ~ 13.75 美元/桶，与美国（7.10 美元/桶）作为控制组相比，影响幅度差异不大。

2. 更换处理组检验

为了证明政策效果的排他性，需要进行实验后测和谬误检验排除其他政策实验的影响。为了检验中国的政策效果而不是同时期的其他因素，对价格波动率及价格水平产生了影响。笔者将模型的处理组进行更换，并假设相关国家也同样出台了"暴利税"政策，分别与美国进行对比分析，以观测虚拟的政策效果。

表7-17 柴油价格波动率更换控制组回归结果

变量	模型(7-74)中国—德国	模型(7-75)中国—法国	模型(7-76)中国—加拿大	模型(7-77)中国—西班牙	模型(7-78)中国—意大利	模型(7-79)中国—英国	模型(7-80)中国—俄罗斯
After	0.0670***	0.0195***	0	0.0109***	0.0183***	0.0758***	0.0309***
	(0.003 55)	(0.003 25)	(0)	(0.002 88)	(0.002 68)	(0.004 47)	(0.004 75)
Treat	0.444***	0.506***	0.337***	0.484***	0.539***	0.576***	0.376***
	(0.0167)	(0.0158)	(0.0118)	(0.0168)	(0.0150)	(0.0170)	(0.0143)
Treat × After	-0.120***	-0.0858***	-0.0677***	-0.0850***	-0.0931***	-0.126***	-0.0975***
	(0.006 98)	(0.007 65)	(0.007 38)	(0.006 61)	(0.007 49)	(0.008 63)	(0.007 96)
原油溢价	0.0874***	0.0818***	0.164***	0.118***	0.0826***	0.0595***	0.251***
	(0.004 37)	(0.002 90)	(0.008 55)	(0.005 13)	(0.003 46)	(0.002 25)	(0.008 56)
进口原油占比	-0.213***	-0.299***	-0.418***	-0.314***	-0.186***	-0.239***	-0.665***
	(0.0311)	(0.0299)	(0.0294)	(0.0325)	(0.0306)	(0.0305)	(0.0315)
国际油价波动率	0.505***	0.436***	0.534***	0.486***	0.431***	0.409***	0.627***
	(0.0112)	(0.009 66)	(0.0162)	(0.0102)	(0.0101)	(0.0102)	(0.0101)
柴油价格	0.002 25***	0.003 53***	0.003 81***	0.003 73***	0.003 46***	0.002 70***	0.004 10***
	(8.84×10^{-5})	(9.96×10^{-5})	(0.000 111)	(0.000 103)	(8.87×10^{-5})	(8.32×10^{-5})	(0.000 125)
PPI同比	-0.000 226	0.001 09***	0.002 39***	0.001 57***	0.002 26***	0.000 959***	2.65×10^{-5}
	(0.000 275)	(0.000 273)	(0.000 286)	(0.000 243)	(0.000 277)	(0.000 313)	(0.000 197)
M2同比	-0.000 179	-0.001 85***	0.000 455	-0.000 193	0.000 510*	-0.002 17***	0.000 315***
	(0.000 272)	(0.000 281)	(0.000 419)	(0.000 266)	(0.000 274)	(0.000 200)	(8.02×10^{-5})
常数	-0.478***	-0.526***	-0.411***	-0.556***	-0.649***	-0.572***	-0.395***
	(0.0179)	(0.0154)	(0.0157)	(0.0169)	(0.0180)	(0.0164)	(0.0103)
观测值	1476	1552	1165	1476	1476	1552	1528
R^2	0.876	0.896	0.903	0.910	0.902	0.868	0.908

注：括号内为标准误差值；*表示在10%水平下显著；**表示在5%水平下显著；***表示在1%水平下显著。

表 7-18 柴油价格水平更换控制组回归结果

变量	模型 (7-81) 中国—德国	模型 (7-82) 中国—法国	模型 (7-83) 中国—加拿大	模型 (7-84) 中国—西班牙	模型 (7-85) 中国—意大利	模型 (7-86) 中国—英国	模型 (7-87) 中国—俄罗斯
After	-3.788***	0.527	0	0.269	-0.275	-3.620***	-0.652***
	(0.427)	(0.363)	(0)	(0.296)	(0.370)	(0.512)	(0.217)
Treat	-27.88***	-35.56***	-20.03***	-32.54***	-54.08***	-55.68***	-19.23***
	(1.901)	(1.705)	(0.664)	(1.495)	(1.748)	(1.864)	(0.771)
Treat × After	11.68***	7.730***	4.888***	8.644***	10.61***	10.98***	5.163***
	(0.684)	(0.715)	(0.421)	(0.585)	(0.720)	(0.816)	(0.410)
原油溢价	-4.552***	-5.216***	-7.835***	-7.265***	-6.274***	-3.882***	-12.83***
	(0.525)	(0.347)	(0.434)	(0.470)	(0.421)	(0.242)	(0.460)
进口原油占比	-5.647**	9.184***	22.60***	7.953***	9.460***	18.40***	34.42***
	(2.867)	(2.469)	(1.668)	(2.720)	(2.762)	(2.266)	(1.732)
国际油价波动率	-36.45***	-31.43***	-28.05***	-32.31***	-30.32***	-29.80***	-32.22***
	(1.292)	(1.012)	(0.853)	(0.965)	(1.084)	(1.085)	(0.533)
柴油价格	0.760***	0.654***	0.731***	0.644***	0.559***	0.657***	0.736***
	(0.0114)	(0.0119)	(0.00635)	(0.0111)	(0.0114)	(0.0112)	(0.00683)
PPI 同比	-0.00567	-0.113***	-0.145***	-0.162***	-0.233***	-0.0162	-0.00956
	(0.0315)	(0.0298)	(0.0175)	(0.0258)	(0.0341)	(0.0380)	(0.0107)
M2 同比	-0.305***	-0.0774***	0.0636***	-0.152***	-0.116***	0.301***	0.00320
	(0.0371)	(0.0298)	(0.0244)	(0.0274)	(0.0351)	(0.0296)	(0.00470)
常数	46.01***	48.59***	24.20***	49.09***	72.23***	57.18***	21.65***
	(2.373)	(2.075)	(0.846)	(1.858)	(2.399)	(2.300)	(0.543)
观测值	1476	1552	1165	1476	1476	1552	1528
R^2	0.983	0.983	0.977	0.982	0.987	0.989	0.961

注: 括号内为标准误差值; * 表示在 10% 水平下显著; ** 表示在 5% 水平下显著; *** 表示在 1% 水平下显著。

表 7-19 汽油价格波动率更换控制组回归结果

变量	模型 (7-88) 中国—德国	模型 (7-89) 中国—法国	模型 (7-90) 中国—加拿大	模型 (7-91) 中国—西班牙	模型 (7-92) 中国—意大利	模型 (7-93) 中国—英国	模型 (7-94) 中国—俄罗斯
After	0.0636***	0.0394***	0	0.00739**	0.00636*	0.0754***	0.0600***
	(0.004 15)	(0.004 08)	(0)	(0.003 71)	(0.003 42)	(0.004 92)	(0.004 69)
Treat	0.454***	0.487***	0.267***	0.434***	0.494***	0.546***	0.318***
	(0.0159)	(0.0164)	(0.0138)	(0.0179)	(0.0185)	(0.0175)	(0.0148)
Treat × After	-0.134***	-0.116***	-0.0893***	-0.0934***	-0.0988***	-0.157***	-0.121***
	(0.007 54)	(0.008 26)	(0.008 82)	(0.007 12)	(0.008 19)	(0.009 00)	(0.008 38)
进口原油占比	-0.220***	-0.258***	-0.330***	-0.293***	-0.165***	-0.232***	-0.571***
	(0.0355)	(0.0353)	(0.0363)	(0.0384)	(0.0368)	(0.0364)	(0.0339)
国际油价波动率	0.439***	0.400***	0.455***	0.435***	0.385***	0.373***	0.570***
	(0.0152)	(0.0140)	(0.0220)	(0.0148)	(0.0145)	(0.0144)	(0.0136)
PPI 同比	-0.002 32***	-0.000 767**	0.001 50***	0.000 416	0.000 737**	-0.000 609*	-0.000 434**
	(0.000 315)	(0.000 312)	(0.000 377)	(0.000 306)	(0.000 359)	(0.000 344)	(0.000 207)
M2 同比	-0.001 06***	-0.001 31***	6.26×10^{-5}	-0.000 127	0.000 551*	-0.001 61***	6.72×10^{-5}
	(0.000 304)	(0.000 298)	(0.000 490)	(0.000 311)	(0.000 307)	(0.000 225)	(0.000 103)
原油溢价	0.0655***	0.0623***	0.110***	0.0898***	0.0647***	0.0571***	0.180***
	(0.003 68)	(0.002 69)	(0.006 80)	(0.005 07)	(0.003 77)	(0.002 49)	(0.007 24)
汽油价格	0.002 20***	0.002 90***	0.003 67***	0.003 39***	0.003 22***	0.002 98***	0.003 11***
	(9.84×10^{-5})	(0.000 109)	(0.000 152)	(0.000 130)	(0.000 123)	(0.000 108)	(0.000 123)
常数	-0.467***	-0.515***	-0.371***	-0.516***	-0.614***	-0.580***	-0.349***
	(0.0204)	(0.0179)	(0.0158)	(0.0202)	(0.0242)	(0.0177)	(0.009 95)
观测值	1476	1552	1165	1476	1476	1552	1528
R^2	0.805	0.826	0.813	0.848	0.834	0.823	0.846

注：括号内为标准误差值；* 表示在 10% 水平下显著；** 表示在 5% 水平下显著；*** 表示在 1% 水平下显著。

表7-20 汽油价格水平更换控制组回归结果

变量	模型 (7-95) 中国—德国	模型 (7-96) 中国—法国	模型 (7-97) 中国—加拿大	模型 (7-98) 中国—西班牙	模型 (7-99) 中国—意大利	模型 (7-100) 中国—英国	模型 (7-101) 中国—俄罗斯
After	-4.573***	-1.840***	0	0.00966	-0.101	-5.089***	-2.594***
	(0.542)	(0.439)	(0)	(0.361)	(0.464)	(0.475)	(0.251)
Treat	-31.98***	-37.05***	-18.42***	-31.22***	-46.04***	-52.48***	-17.59***
	(1.664)	(1.531)	(0.862)	(1.452)	(1.792)	(1.794)	(0.879)
Treat × After	12.68***	9.993***	6.398***	8.870***	10.33***	13.75***	6.978***
	(0.749)	(0.741)	(0.553)	(0.613)	(0.794)	(0.788)	(0.470)
进口原油占比	2.665	11.24***	21.26***	11.67***	8.737***	20.12***	31.72***
	(2.971)	(2.776)	(2.255)	(3.048)	(3.017)	(2.668)	(2.018)
国际油价波动率	-35.52***	-33.45***	-26.97***	-32.93***	-31.65***	-30.79***	-31.24***
	(1.349)	(1.234)	(1.282)	(1.163)	(1.283)	(1.218)	(0.776)
PPI同比	0.241***	0.0475	-0.0983***	-0.0583*	-0.0867**	0.0525	0.00499
	(0.0387)	(0.0340)	(0.0262)	(0.0302)	(0.0385)	(0.0387)	(0.0125)
M2同比	-0.0927***	-0.0488	0.0830**	-0.101***	-0.112***	0.235***	0.0179***
	(0.0346)	(0.0316)	(0.0322)	(0.0278)	(0.0359)	(0.0303)	(0.00636)
原油溢价	-3.281***	-4.164***	-6.018***	-5.782***	-4.437***	-4.328***	-9.571***
	(0.375)	(0.252)	(0.400)	(0.399)	(0.373)	(0.239)	(0.435)
汽油价格	0.778***	0.711***	0.719***	0.681***	0.631***	0.660***	0.775***
	(0.0105)	(0.0102)	(0.00970)	(0.0112)	(0.0120)	(0.0109)	(0.00732)
常数	42.36***	47.66***	24.78***	45.71***	62.97***	56.91***	20.94***
	(2.287)	(1.888)	(1.031)	(1.794)	(2.522)	(1.982)	(0.605)
观测值	1476	1552	1165	1476	1476	1552	1528
R^2	0.985	0.985	0.956	0.980	0.987	0.985	0.957

注：括号内为标准误差值；* 表示在10%水平下显著；** 表示在5%水平下显著；*** 表示在1%水平下显著。

表7-21和表7-23是价格波动率作为因变量的回归结果,其中表7-21是柴油市场模型,表7-23是汽油市场模型。从模型(7-102)~模型(7-108)的结果来看,相关国家与美国进行对比分析后,交互项估计系数显著为正,也就是说虚拟政策对价格波动率的影响显著为正,虚拟政策冲击增大了相关国家的柴油市场价格波动。这与中国的实际政策情况相反,与预期一致。汽油市场结果与柴油市场略有差异,德国、法国、英国、加拿大作为虚拟处理组,交互项估计系数显著为正,虚拟政策对价格波动率的影响显著为正,虚拟政策冲击增大了相关国家的柴油市场价格波动;西班牙、意大利、俄罗斯作为虚拟处理组,交互项的估计系数并不显著,说明虚拟政策对价格波动没有影响。整体来看,汽油波动率结果符合预期。

表7-22和表7-24是以价格水平作为因变量的回归结果,其中表7-22是柴油市场虚拟,表7-24是汽油市场虚拟。根据模型(7-109)~模型(7-115)中的结果,替换后处理组与美国的双重差分结果交互项估计系数显著为负,即虚拟的政策对处理组国家的柴油价格水平有负向作用,与中国的政策情况正好相反,与预期一致。同样,根据模型(7-123)~模型(7-129),除了俄罗斯不显著外,替换后处理组与美国的双重差分结果交互项估计系数显著为负,即虚拟的政策对处理组国家的汽油价格水平有负向作用,与中国的政策情况正好相反,与预期一致。

整体来看,由于其他国家没有受政策的影响,该政策效果应该不显著或者与中国的情况相反,分析结果支持了该结果,因此证实了"暴利税"政策产生的实际影响只对中国效果明显。

7.4.3 模型设定检验

考虑数据的可得性并结合共同趋势假设未能严格满足的实际情况,本章尝试采用某些学者(Gardeazabal et al., 2003)提出的合成控制法来验证石油特别收益金政策的实施对国内油价的影响。在准自然实验中,通章很难为处理组找到完美的对照组,合成控制法是对多个对照组进行加权,从而合成一个更适合的虚拟对照组,而不是为处理组寻找单一的对照组,多个对照组加权能够达到更好的政策评估效果。

例如,虽然无法找到以中国为处理组的完美的对照组,但是可以将能找到的相似的所有经济体进行加权组合,形成一个与中国各个辅助指标相近的

表 7-21 柴油价格波动率更换处理组回归结果

变量	模型 (7-102) 德国—美国	模型 (7-103) 法国—美国	模型 (7-104) 加拿大—美国#	模型 (7-105) 西班牙—美国	模型 (7-106) 意大利—美国	模型 (7-107) 英国—美国	模型 (7-108) 俄罗斯—美国
After	0.002 62 (0.004 63)	-0.0324 *** (0.004 66)	-0.0226 *** (0.003 23)	-0.0390 *** (0.003 81)	-0.0310 *** (0.004 27)	-0.0115 ** (0.005 12)	-0.0221 *** (0.002 98)
Treat	-0.397 *** (0.0189)	-0.474 *** (0.0183)	-0.107 *** (0.005 31)	-0.424 *** (0.0142)	-0.549 *** (0.0160)	-0.526 *** (0.0201)	0.142 *** (0.0117)
Treat × After	0.0770 *** (0.005 44)	0.0585 *** (0.005 50)	0.001 61 (0.003 17)	0.0304 *** (0.003 79)	0.0529 *** (0.004 29)	0.105 *** (0.007 56)	0.0292 *** (0.004 28)
原油溢价	0.120 *** (0.005 66)	0.108 *** (0.003 87)	0.217 *** (0.009 21)	0.138 *** (0.005 22)	0.0977 *** (0.003 76)	0.0749 *** (0.002 66)	0.275 *** (0.007 41)
进口原油占比	0.101 *** (0.0184)	-0.0643 *** (0.0146)	0.143 *** (0.0131)	-0.0654 *** (0.0121)	-0.104 *** (0.0160)	-0.0633 *** (0.0181)	0.144 *** (0.0140)
国际油价波动率	0.604 *** (0.009 70)	0.489 *** (0.008 39)	0.597 *** (0.007 15)	0.497 *** (0.006 71)	0.461 *** (0.008 31)	0.470 *** (0.0105)	0.614 *** (0.007 05)
柴油价格	0.002 53 *** (0.000 133)	0.004 39 *** (0.000 159)	0.005 90 *** (0.000 134)	0.004 94 *** (0.000 144)	0.004 01 *** (0.000 116)	0.002 93 *** (0.000 114)	0.005 97 *** (0.000 119)
PPI同比	0.000 107 (0.000 276)	0.001 42 *** (0.000 228)	-0.000 172 (0.000 171)	0.001 96 *** (0.000 182)	0.003 55 *** (0.000 239)	0.003 12 *** (0.000 309)	-0.000 286 ** (0.000 128)
M2同比	-0.002 47 *** (0.000 397)	-0.004 22 *** (0.000 341)	-0.003 20 *** (0.000 349)	0.000 453 (0.000 289)	0.002 55 *** (0.000 350)	-0.001 81 *** (0.000 209)	9.89×10^{-5} (6.65×10^{-5})
常数	-0.283 *** (0.0162)	-0.250 *** (0.0130)	-0.554 *** (0.0180)	-0.329 *** (0.0128)	-0.246 *** (0.0127)	-0.178 *** (0.0128)	-0.620 *** (0.0159)
观测值	1476	1552	1165	1476	1476	1552	1528
R^2	0.928	0.947	0.975	0.963	0.951	0.916	0.966

注：括号内为标准误差值；* 表示在10%水平下显著；** 表示在5%水平下显著；*** 表示在1%水平下显著，模型使用的政策虚拟变量为 After$-t$。

#该模型进行回归时，由于数据特点，Treat × After 交互项出现共线性无法估计。

表 7 - 22 柴油价格水平更换处理组回归结果

变量	模型 (7-109) 德国—美国	模型 (7-110) 法国—美国	模型 (7-111) 加拿大—美国#	模型 (7-112) 西班牙—美国	模型 (7-113) 意大利—美国	模型 (7-114) 英国—美国	模型 (7-115) 俄罗斯—美国
After	3.802***	6.342***	2.757***	5.855***	7.522***	5.274***	2.248***
	(0.339)	(0.314)	(0.201)	(0.285)	(0.332)	(0.366)	(0.175)
Treat	30.51***	40.35***	7.753***	35.25***	58.69***	52.98***	-6.448***
	(1.683)	(1.526)	(0.310)	(1.194)	(1.516)	(1.888)	(0.730)
Treat × After	-7.834***	-5.696***	-2.778***	-4.428***	-6.550***	-10.38***	-1.799***
	(0.452)	(0.429)	(0.196)	(0.338)	(0.437)	(0.590)	(0.215)
原油溢价	-5.536***	-6.326***	-12.34***	-8.828***	-6.894***	-5.228***	-15.38***
	(0.497)	(0.357)	(0.517)	(0.426)	(0.404)	(0.233)	(0.449)
进口原油占比	-0.368	10.45***	-8.148***	6.480***	14.21***	5.434***	-5.230***
	(1.750)	(1.373)	(0.768)	(1.157)	(1.541)	(1.579)	(0.905)
国际油价波动率	-42.01***	-33.95***	-34.41***	-33.80***	-31.29***	-35.76***	-32.23***
	(1.178)	(0.908)	(0.476)	(0.797)	(1.026)	(1.171)	(0.373)
柴油价格	0.762***	0.593***	0.627***	0.565***	0.503***	0.631***	0.631***
	(0.0133)	(0.0143)	(0.00769)	(0.0126)	(0.0124)	(0.0133)	(0.00702)
PPI同比	0.119***	0.0477*	-0.0143	0.00586	-0.0335	0.126***	-0.00433
	(0.0330)	(0.0262)	(0.0107)	(0.0190)	(0.0258)	(0.0306)	(0.00724)
M2同比	-0.399***	-0.104**	-0.00363	-0.213***	-0.122***	0.350***	0.00469
	(0.0494)	(0.0439)	(0.0231)	(0.0322)	(0.0449)	(0.0264)	(0.00404)
常数	16.65***	17.10***	33.65***	24.09***	19.89***	14.83***	34.03***
	(1.473)	(1.250)	(0.982)	(1.142)	(1.285)	(1.133)	(1.046)
观测值	1476	1552	1165	1476	1476	1552	1528
R^2	0.985	0.987	0.986	0.988	0.991	0.991	0.966

注: 括号内为标准误差值; * 表示在 10% 水平下显著; ** 表示在 5% 水平下显著; *** 表示在 1% 水平下显著。模型使用的政策虚拟变量为 After - t。

#该模型进行回归时,由于数据特点, Treat × After 交互项出现共线性无法估计。

表7-23 汽油价格波动率更换处理组回归结果

变量	模型 (7-116) 德国—美国	模型 (7-117) 法国—美国	模型 (7-118) 加拿大—美国#	模型 (7-119) 西班牙—美国	模型 (7-120) 意大利—美国	模型 (7-121) 英国—美国	模型 (7-122) 俄罗斯—美国
After	0.0281***	0.006 90	-0.0136***	-0.008 49**	-0.001 77	0.007 03	0.0371***
	(0.005 19)	(0.005 19)	(0.003 58)	(0.004 01)	(0.004 77)	(0.005 31)	(0.004 13)
Treat	-0.460***	-0.518***	-0.340***	-0.538***	-0.617***	-0.560***	0.0411***
	(0.0191)	(0.0207)	(0.009 84)	(0.0219)	(0.0240)	(0.0205)	(0.0119)
Treat×After	0.0591***	0.0527***	0.0307***	-0.008 61*	0.008 28	0.0923***	-0.003 27
	(0.006 09)	(0.006 51)	(0.004 20)	(0.004 71)	(0.005 38)	(0.007 71)	(0.005 09)
进口原油占比	0.108***	-0.0422**	-0.0669***	-0.132***	-0.104***	-0.0553***	0.0711***
	(0.0192)	(0.0181)	(0.0112)	(0.0142)	(0.0179)	(0.0195)	(0.0142)
国际油价波动率	0.569***	0.483***	0.483***	0.445***	0.433***	0.445***	0.590***
	(0.009 88)	(0.008 89)	(0.006 81)	(0.007 35)	(0.008 44)	(0.009 75)	(0.008 39)
PPI同比	-0.001 01***	0.000 808***	0.000 170	0.002 04***	0.002 91***	0.001 99***	-0.000 362**
	(0.000 288)	(0.000 263)	(0.000 212)	(0.000 223)	(0.000 277)	(0.000 296)	(0.000 155)
M2同比	-0.004 23***	-0.00330***	-0.003 81***	0.001 14***	0.00 227***	-0.001 32***	-0.000 702***
	(0.000 445)	(0.000 379)	(0.000 333)	(0.000 362)	(0.000 389)	(0.000 209)	(0.000 105)
原油溢价	0.102***	0.0886***	0.197***	0.127***	0.0912***	0.0787***	0.244***
	(0.003 99)	(0.003 15)	(0.007 66)	(0.006 53)	(0.004 64)	(0.002 76)	(0.008 78)
汽油价格	0.002 58***	0.003 63***	0.008 07***	0.005 56***	0.004 31***	0.003 54***	0.005 68***
	(0.000 112)	(0.000 137)	(0.000 127)	(0.000 201)	(0.000 155)	(0.000 119)	(0.000 176)
常数	-0.264***	-0.219***	-0.499***	-0.315***	-0.254***	-0.215***	-0.539***
	(0.0154)	(0.0140)	(0.0123)	(0.0159)	(0.0152)	(0.0138)	(0.0184)
观测值	1476	1552	1165	1476	1476	1552	1528
R^2	0.891	0.903	0.969	0.936	0.917	0.894	0.939

注：括号内为标准误差值；* 表示在10%水平下显著；** 表示在5%水平下显著；*** 表示在1%水平下显著。

\# 该模型进行回归时，由于数据特点，Treat×After交互项出现共线性无法估计，模型使用的政策虚拟变量为 After − t_0。

表 7-24　汽油价格水平更换处理组回归结果

变量	模型 (7-123) 德国—美国	模型 (7-124) 法国—美国	模型 (7-125) 加拿大—美国#	模型 (7-126) 西班牙—美国	模型 (7-127) 意大利—美国	模型 (7-128) 英国—美国	模型 (7-129) 俄罗斯—美国
After	1.941***	3.489***	2.238***	3.740***	4.728***	3.417***	-1.504***
	(0.336)	(0.288)	(0.225)	(0.231)	(0.284)	(0.309)	(0.192)
Treat	33.66***	43.87***	22.22***	42.40***	60.62***	56.90***	-0.397
	(1.777)	(1.659)	(0.548)	(1.554)	(2.017)	(2.016)	(0.643)
Treat × After	-6.818***	-4.877***	-4.984***	-1.526***	-2.726***	-9.092***	-0.227
	(0.509)	(0.419)	(0.237)	(0.330)	(0.451)	(0.491)	(0.251)
进口原油占比	-4.328**	8.468***	3.758***	11.45***	15.45***	7.288***	-1.642**
	(1.860)	(1.486)	(0.561)	(1.254)	(1.568)	(1.461)	(0.753)
国际油价波动率	-39.61***	-33.65***	-26.06***	-29.17***	-28.72***	-31.29***	-31.00***
	(1.192)	(1.036)	(0.376)	(0.836)	(1.050)	(1.060)	(0.453)
PPI 同比	0.306***	0.146***	-0.00462	0.0276	0.0186	0.168***	-0.00376
	(0.0362)	(0.0279)	(0.0122)	(0.0219)	(0.0277)	(0.0287)	(0.00915)
M2 同比	0.00394	-0.0703	0.125***	-0.229***	-0.135***	0.291***	0.0369***
	(0.0531)	(0.0439)	(0.0206)	(0.0350)	(0.0449)	(0.0269)	(0.00691)
原油溢价	-4.177***	-4.732***	-11.14***	-7.142***	-5.205***	-5.466***	-13.56***
	(0.326)	(0.248)	(0.476)	(0.444)	(0.378)	(0.249)	(0.508)
汽油价格	0.759***	0.641***	0.482***	0.525***	0.513***	0.572***	0.660***
	(0.0125)	(0.0127)	(0.00693)	(0.0146)	(0.0146)	(0.0154)	(0.0105)
常数	15.39***	14.48***	31.00***	21.77***	17.41***	17.21***	29.44***
	(1.287)	(1.099)	(0.683)	(1.145)	(1.190)	(1.039)	(1.068)
观测值	1476	1552	1165	1476	1476	1552	1528
R^2	0.990	0.991	0.989	0.990	0.993	0.992	0.943

注：括号内为标准误差值； * 表示在 10% 水平下显著； ** 表示在 5% 水平下显著； *** 表示在 1% 水平下显著。

#该模型进行回归时，由于数据特点，Treat × After 交互项出现共线性无法估计，模型使用的政策虚拟变量为 $After - t$。

虚拟对照组，例如经济环境、原油进口等，这不仅能够为处理组"中国"找到完美的对照组，还能保证处理组"中国"与其对照组有相类似的时间趋势，剥离时间因素对指标变量的影响，从而考察"暴利税"实施前后，各个评价指标中真实处理组与虚拟构造的合成经济体的区别。该方法的基本原理是：选取特定的预测变量，通过对控制组各样本的预测变量进行加权，拟合一个"反事实"合成组，该合成组与处理组拥有相同的特质，政策影响是通过比较合成组与处理组之间在政策实施后所产生的长期差异来进行评估的。相比于双重差分法，合成控制法主要是比较单位组合，合成控制法的加权平均处理对数据透明度也有一定的保障，不需要事后组，样本量需求小，对时间趋势的要求也相对比较宽松。具体到本研究，受限于数据的可得性，可以用于合成控制的经济体数量和控制变量数量均有限，因此，只在现有数据基础上将合成控制方法作为一种检验手段，用以验证政策效果。

本章使用德国、法国、英国、西班牙、俄罗斯、意大利、美国七个经济体的数据进行合成控制，形成"虚拟中国"经济体，相关的控制变量与本章使用的控制变量一致。由于合成控制法对数据要求较为严格，不允许有空值，因此笔者使用七个国家在 2005 年第 3 周 ~ 2008 年第 46 周共 200 组数据，其中政策发生作用的时间点是 2006 年第 15 周。以除中国和加拿大（数据缺失较严重）之外的七个经济体为控制组，以相同的五个特征协变量和政策前第 64 周的因变量为合成协变量，通过数据驱动过程（Abadie et al.，2010），分别得到七个国家与中国的相似权重。以柴油价格波动率为例，合成的权数中，西班牙最高，为 37.7%，俄罗斯次之，为 31.8%，然后是美国 17.6% 和德国 12.9%，其余国家的权重均为 0。图 7 - 16 展示合成控制法的估计结果，政策出台后，与合成控制组相比，处理组的柴油波动率下降明显。这表明政策对于柴油价格波动率有降低的效果，与基准回归的估计结果一致，验证了假说 7 - 2，政策出台对柴油市场价格波动率有负向作用。同样，对于汽油价格波动率、柴油价格波动、汽油价格波动的合成控制法结果如图 7 - 17 ~ 图 7 - 19 所示（图中竖线表示相关政策实施的时间点）。考虑用于合成的参照国家数量太少，无法对价格水平进行精确的合成控制，本章没有对价格水平为因变量的模型进行合成控制方法的检验。

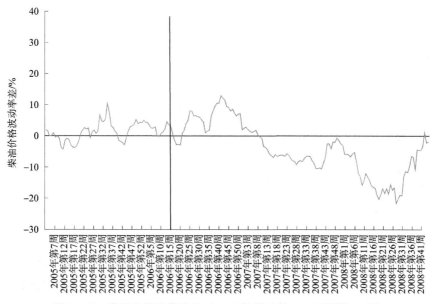

图 7 – 16　柴油价格波动率差（2005 年第 3 周—2008 年第 46 周）

数据来源：合成控制法计算

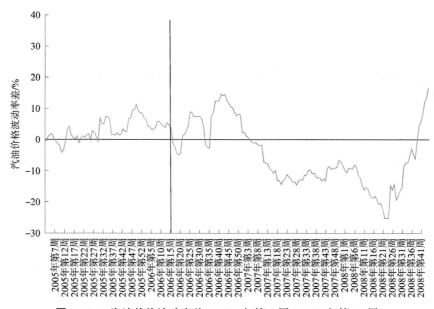

图 7 – 17　汽油价格波动率差（2005 年第 3 周—2008 年第 46 周）

数据来源：合成控制法计算

图 7-18 柴油价格波动幅度差（2005 年第 3 周—2008 年第 46 周）

数据来源：合成控制法计算

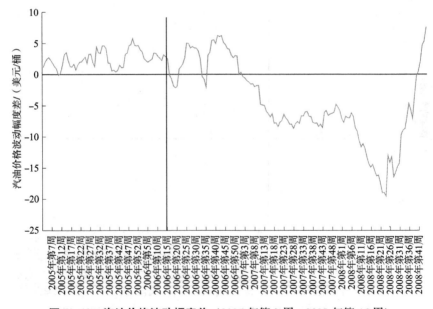

图 7-19 汽油价格波动幅度差（2005 年第 3 周—2008 年第 46 周）

数据来源：合成控制法计算

同时，为了保证合成控制方法的准确性，要完成进一步的安慰剂检验。

使用合成控制法所估计的政策效应，是否完全由偶然因素所驱动？换言之，如果从相关控制组随机抽取一个国家（中国除外）进行合成控制估计，能否得到类似的效应？为此，笔者参考阿巴迪等（Abadie et al.，2010）的"安慰剂"检验进一步验证。

笔者以柴油价格波动率为例，检验分为三步：第一步，测算各国的与拟合组的均方预测误差MSPE，具体结果见表7-25。可以看出，除美国外，各国的MSPE值均没有超过中国的两倍，考虑美国本身是重要的参考，笔者将7国数据均进行了分析。

表7-25 均方预测误差 MSPE

模型	法国	德国	英国	西班牙	俄罗斯	意大利	美国	中国
柴油价格波动率	0.0184	0.0152	0.0130	0.0268	0.0584	0.0190	0.0772	0.0327
汽油价格波动率	0.0251	0.0158	0.0158	0.0146	0.0511	0.0224	0.0749	0.0458
柴油价格波动	1.9493	1.7033	1.7891	2.2978	2.6658	2.0287	4.2106	1.7813
汽油价格波动	3.0754	2.4639	1.8483	1.4275	2.8427	2.7953	3.1394	2.8119

第二步，依次将每个国家作为假想的处理地区（假设在2006年第15周出台"暴利税"政策），而将中国作为控制国家对待，然后使用合成控制法估计其"政策效应"，也称"安慰剂效应"。具体的模型合成权数见表7-26。通过一系列的安慰剂检验，可得到安慰剂效应的分布。

表7-26 合成控制权数   单位:%

变量	国家	法国	德国	英国	西班牙	俄罗斯	意大利	美国	中国
柴油价格波动率	法国		25.3	0	72.3	0	38.5	0	0
	德国	22.1		37.8	0	0	0	0	12.9
	英国	0	47.8		0	0	61.5	0	0
	西班牙	29.8	0	5.9		0	0	0	37.7
	俄罗斯	0	2.4	0.9	0		0	7.2	31.8
	意大利	47.3	5.1	48.1	4.2	21.7		9.4	0
	美国	0.8	0	0	0	4.1	0		17.6
	中国	0	19.4	7.3	23.5	74.1	0	83.3	

续表

变量	国家	法国	德国	英国	西班牙	俄罗斯	意大利	美国	中国
汽油价格波动率	法国		0	19.1	21.6	0	18.2	0	0
	德国	0		19.7	19.8	27.8	0	38.2	0
	英国	41.0	31.1		0	54.5	59.4	0	0
	西班牙	34.1	48.4	0		0	22.4	38.2	70.9
	俄罗斯	0	16.0	16.4	0		0	4.4	23.7
	意大利	24.1	0.2	41.1	30.9	0		0	0
	美国	0.7	4.3	0.9	8.2	1.2	0		5.4
	中国	0	0	2.9	19.6	16.5	0	19.2	
柴油价格波动	法国		20.1	0	53.2	0	32.1	6.9	0
	德国	21.2		36.4	0	0	0	0	0
	英国	3.2	39.6		0	0	67.9	14.5	0
	西班牙	33.2	0	0		0	0	0	33.3
	俄罗斯	0	2.1	0	0		0	10.4	55.3
	意大利	42.4	7.3	61.5	3.9	7.9		0	0
	美国	0	0	2.1	0	2.4	0		11.4
	中国	0	30.9	0	42.9	89.7	0	68.2	
汽油价格波动	法国		0	16.0	14.4	0	20.5	0	0
	德国	0		31.6	17.6	0	0	36.4	0
	英国	41.4	52.8		0	31.5	57.8	0	0
	西班牙	33.8	32.6	0		0	21.7	29.7	35.6
	俄罗斯	0	0	14.8	0		0	0.7	59.8
	意大利	24.9	0	36.1	23.4	0		0	0
	美国	0	14.6	1.5	18.0	0	0		4.6
	中国	0	0	0	26.7	68.5	0	33.2	

第三步，将安慰剂检验结果做图。柴油价格波动率的结果对比如图 7 - 20

所示 (图中竖线表示相关政策实施的时间点)。实线表示中国的处理效应 (即
中国与虚拟中国的柴油价格波动率之差),而虚线表示其他七个控制国家的安
慰剂效应 (即这些国家与其相应虚拟经济体的柴油价格波动率之差)。显然,
与其他国家的安慰剂效应相比,中国的 (负) 处理效应明显。这就在一定程
度上说明,中国的石油特别收益金政策对柴油价格波动有着较为显著的负向
影响。

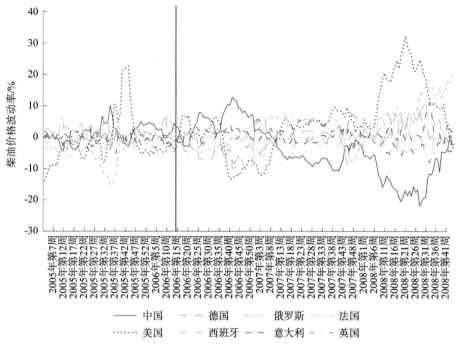

图 7 - 20　柴油价格波动率对比 (2005 年第 3 周—2008 年第 46 周)
数据来源:合成控制法计算

同样,汽油价格波动率、柴油价格波动、汽油价格波动三个自变量的安
慰剂检验效果也支持合成控制法的基本结论 (图 7 - 21 ~ 图 7 - 23,图中竖线
表示相关政策实施的时间点)。进一步证明了本章提出的假说 7 - 2,即石油特
别收益金政策的出台,降低了成品油市场品平均价格的波动率;考虑没有对
价格水平进行分析,对政策效果 "抬高了成品油市场的平均价格水平" 的假
说 7 - 1 没有论证。

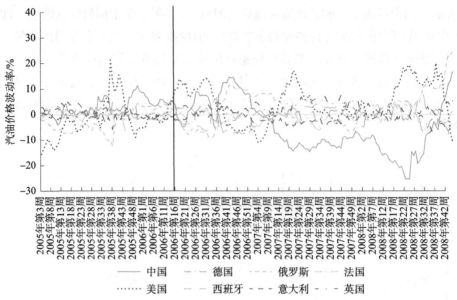

图 7 – 21　汽油价格波动率对比（2005 年第 3 周—2008 年第 46 周）

数据来源：合成控制法计算

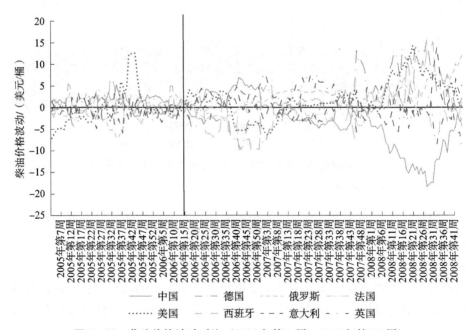

图 7 – 22　柴油价格波动对比（2005 年第 3 周—2008 年第 46 周）

数据来源：合成控制法计算

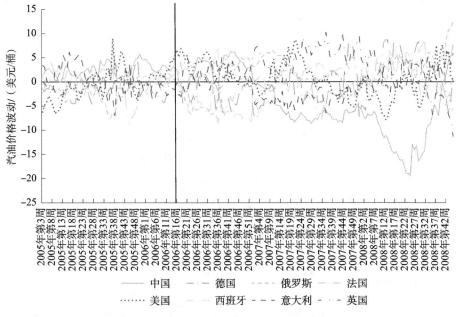

图 7-23 汽油价格波动对比（2005 年第 3 周—2008 年第 46 周）

数据来源：合成控制法计算

7.4.4 其他检验

双重差分法的理论框架建立在"自然实验"的基础上，但是具体在经济研究中，对于环境的控制并不能够完全实现。因此，双重差分方法的使用需要有五个必要的前提（陈林，伍海军，2015）：一是随机分组；二是随机事件，保证实验发生时间的随机性；三是控制组不受政策影响；四是同质性，处理组与控制组样本是统计意义上的同质个体；五是实验处理（政策实施）的唯一性，实验期间应保证政策事件只出现一次。在此基础上，石华军和楚尔鸣（2017）总结了两大前提假设：一是同质性，二是随机性。为了进一步确定模型的有效性，本章进行了必要的检验。具体检验过程和检验结果如下。

1. 政策内生性检验

分组不当是导致政策内生性的主要原因，一般是指随机分组和随机抽样条件没有满足，导致平行趋势假定的前提没有实现，进而影响平均处置效应的结果。

从样本选择的随机性来看，成品油价格波动率以及成品油价格水平，与是否推出"暴利税"政策无关。因为"暴利税"的初衷在于对国内原油销售的超额利润进行征收，以保证资源配置的平衡。因此，从样本的选择来看，可以视为"随机性"。进一步，本章参考郑新业等（2011）的方法，使用Logit方法对是否推出"暴利税"进行回归，结果见表7-27。柴油价格波动率和汽油价格波动率对是否推出政策并无实质性影响；由于国家本身的异质性，汽柴油价格水平差异是一定的，需要进一步检验两者的平行趋势。

表7-27 二元选择回归模型结果

变量	模型（7-130）	模型（7-131）	模型（7-132）	模型（7-133）
柴油价格波动率	0.679			
	(2.323)			
国际油价波动率	0.837	0.958	1.120	1.045
	(1.928)	(1.939)	(1.895)	(1.776)
PPI同比	-0.436***	-0.437***	-0.147**	-0.381***
	(0.0602)	(0.0603)	(0.0744)	(0.0674)
汽油价格波动率		0.144		
		(2.017)		
柴油价格水平			-0.206***	
			(0.0271)	
汽油价格水平				-0.0546*
				(0.0298)
常数项	2.506***	2.507***	8.925***	4.542***
	(0.396)	(0.396)	(1.036)	(1.254)
观测值	280	280	280	280

注：括号内为标准误差值；* 表示在10%水平下显著；** 表示在5%水平下显著；*** 表示在1%水平下显著。

本章主要针对中国的政策进行效果分析，处理组和控制组都没有选择余地，因此需要进行较为严格的平行趋势检验，以降低政策内生性。这也是对同质性假设检验的重要方式。一般来说，检验异方差是保证同质性的重要手段，因此，除了前文安慰剂检验中提到的政策前虚拟检验外，笔者使用异方差检验方法来确认平行趋势。设置回归模型的因变量差分作为新的被解释变量, 即柴油价格波动率、汽油价格波动率、柴油价格水平、汽油价格水平四个变量的差分值; 解释变量为中国对应的柴油价格波动率、汽油价格波动率、柴油价格水平、汽油价格水平四个变量, 具体检验结果见表 7 - 28。从 White 检验和 BP 检验结果来看, 都强烈拒绝同方差假设。进一步通过加权最小二乘法回归, 可以看到相关系数的情况。从系数来看, 两组因变量的差值中, 柴油价格波动率差为正向的相关, 价格水平为负向相关, 即中美两国成品油价格波动率之差随中国成品油价格波动率增长而增长, 价格水平随中国成品油价格水平提升而下降。这与政策前虚拟得到的结果是一致的, 在政策实施后的影响正好扭转了该趋势, 也可以说明政策对价格波动率和价格水平有较强的作用。

表 7 - 28 异方差检验结果 (P 值)

检验方法	White 检验	BP 检验	WLS 检验	结论
柴油价格波动率	0.0004	0.0098	0.4484***	拒绝同方差假设
汽油价格波动率	0.0004	0.0038	0.1450	拒绝同方差假设
柴油价格水平	0	0.0011	- 0.9863***	拒绝同方差假设
汽油价格水平	0	0.0005	- 0.9644***	拒绝同方差假设

注: 括号内为标准误差值; * 表示在 10% 水平下显著; ** 表示在 5% 水平下显著; *** 表示在 1% 水平下显著。

2. 选择性偏误检验

为了证明自然实验效果的排他性, 需要进行实验后测和谬误检验排除其他政策的影响。除了前文使用的虚拟政策冲击以及更换控制组、更换处理组等方法外, 可以比较 OLS 估计和固定效应面板模型估计的结果, 如果二者回归系数差异不大, 则可以保证样本分组有一定的随机性。表 7 - 29 是固定面板模型的回归结果, 从交互项 Treat × After 的系数来看, 虽然显著性略有下降, 但是其数值与 OLS 结果的差异不大, 进一步验证了模型的稳健性。

表 7 - 29 固定效应面板模型回归结果

变量	柴油价格波动率 模型 (7 - 134)	汽油价格波动率 模型 (7 - 135)	柴油价格水平 模型 (7 - 136)	汽油价格水平 模型 (7 - 137)
After	0.0334	0.0765	- 0.678	- 3.037
	(0.0370)	(0.0288)	(1.661)	(1.391)

续表

变量	柴油价格波动率 模型 (7-134)	汽油价格波动率 模型 (7-135)	柴油价格水平 模型 (7-136)	汽油价格水平 模型 (7-137)
Treat × After	-0.0937 **	-0.143 *	4.697 *	7.472 *
	(0.002 04)	(0.0166)	(0.440)	(0.986)
柴油 - 原油溢价	0.218 **		-12.11 **	
	(0.008 80)		(0.840)	
进口原油占比	-0.230 *	-0.244	15.00 *	16.87 *
	(0.0312)	(0.0388)	(1.304)	(1.606)
国际油价波动率	0.579 **	0.558 **	-31.71 ***	-30.21 *
	(0.0372)	(0.0282)	(0.478)	(2.715)
柴油价格	0.004 29		0.718 *	
	(0.001 37)		(0.0710)	
PPI 同比	0.002 28 *	0.002 14	-0.135 *	-0.0796
	(0.000 210)	(0.000 462)	(0.0194)	(0.0544)
M2 同比	-0.000 118	0.000 441	0.0518	0.100
	(0.000 180)	(0.000 387)	(0.104)	(0.0943)
时间趋势	-0.000 164	-0.000 148	0.008 98	0.008 56
	(3.53×10^{-5})	(3.34×10^{-5})	(0.001 51)	(0.002 26)
汽油 - 原油溢价		0.188 **		-9.840 **
		(0.003 30)		(0.662)
汽油价格		0.003 78		0.734 *
		(0.001 46)		(0.0716)
常数	0.158	0.129	-8.542	-9.506
	(0.118)	(0.131)	(7.607)	(9.537)
观测值	1604	1604	1604	1604
R^2	0.938	0.887	0.973	0.959

注：括号内为标准误差值；* 表示在 10% 水平下显著；** 表示在 5% 水平下显著；*** 表示在 1% 水平下显著。

7.5 本章小结

本章对我国石油特别收益金政策的效果进行了研究，在明确成品油市场竞争方式的基础上提出并证明了该政策的实施对成品油价格波动存在影响。使用了 2003—2018 年共 802 周的数据，将价格周期项与固有趋势的偏差定义为波动，将美国作为对照对象，研究石油特别收益金政策对波动的影响，并控制了国际油价及其波动、原油进口量占比、成品油价格水平以及相对国际油价的溢价等变量。从实证结果来看，可以较好地支持理论模型提出的假说：石油特别收益金政策的提出对国内成品油价格波动有负向影响，降低了其与固有趋势的偏离；对汽柴油价格水平有正向影响，抬高了市场价格的平均水平。中国石油市场中，特有的"国际原油和国产原油共存，企业原油来源差异"情况决定了企业的具体市场策略行为，而政策改变了中石油、中石化等纵向一体化企业的竞争行为，进一步影响了市场价格的波动和价格水平。这也是中国"暴利税"政策的"附属效应"。

进一步，石油特别收益金政策提高了上游企业的生产成本，在国际原油价格较高的情况下有利于第三方企业（如地方炼厂等）参与市场竞争，提升行业效率。在成品油最高限价以外，石油特别收益金政策也对价格波动产生影响，进一步熨平价格波动，保证了市场运行的稳定性。综合来看，该政策不仅是解决国际国内原油价格差异的主要途径，也对成品油市场价格稳定起到了一定作用。

第 8 章

结论和政策建议

　　我国油气体制的演进经历了国家计划经济（改革开放前）、有计划的市场经济（1978—1998 年）和局部市场经济（1998 年至今）三个阶段。受油贫气少的资源禀赋制约，我国油气资源长期保持在市场供给无法满足需求的窘境中。改革开放前，油气缺乏进口来源，资源短缺明显；随着 20 世纪 70 年代末我国全面推行改革开放政策，社会经济快速发展，对资源的需求全面增长，油气资源供不应求成为常态。而随着我国石油产量的增速逐年下降，在没有明显技术进步（特别是海上油田开发技术）的前提下，我国石油产量增长无法满足社会经济快速发展的需求，只能通过进口的方式补足石油需求的缺口，过去我国近 50% 的石油需求都需要通过进口满足，目前这一数字已增长至70%。在此情况下，通过进一步的油气体制改革，提升油气行业生产经营效率对我国经济发展、能源战略等方面都具有重要意义。

　　成品油市场作为石油产业链的终端市场，市场主体的行为受到行业特性、政策体制、资源禀赋等多种因素的影响，有着较为明显的特点。近年来，产业组织理论和实证产业组织方法在各行业的广泛研究和丰富的成果，为开展针对性的行业研究提供了坚实的方法和理论基础。本书系统地梳理了国内外相关研究成果（第 2 章），包括非竞争性市场中的厂商策略、政府管制与市场化、政策效果影响机制三个方面。其中，对非竞争市场中厂商策略行为的研究主要集中在对垄断行为、寡头行为的分析以及厂商之间、厂商与政府之间的博弈分析等方面。对政府管制与市场化的研究，主要集中在对管制原因、管制效果、管制与市场化的对比等方面。对能源政策效果的研究主要集中在政策风险、政策效果评估、国际经验借鉴、国内政策改进等方面。也有大量文献对石油价格波动原理、石油价格传导机制进行了讨论。从实证分析来看，企业策略行为分析、边际成本估计、博弈理论分析、产业组织实证等，都讨论了具体的行业发展和竞争策略行为。此外，实证产业组织在实际解决具体的行业问题时，在理论与实际结合方面有较明显的改进。对于政策效果评估，也在双重差分、合成控制、断点回归等方面有更深入的认识、发展和应用。

　　中国石油产业在世界范围内都具有非常重要的地位。本书从油品生产、油品消费、油品进出口、油品炼化、成品油价格、石油市场主体等方面翔实地阐述了中国产业链及石油市场的发展现状，并梳理了引导其未来发展的主要能源政策（第 3 章）。中国的石油产业链具有较为明显的特征：一是原油生产"内外并行"，一部分通过国内勘探开采，一部分通过国际贸易进口；二是炼化环节产能过剩，成品油市场资源供大于求；三是销售环节批发、零售市场相对独立，同时相互影响；四是进出口环节以管制为主，包括原油进出口和成品油进出口两个方面；五是市场主体构成多元，既包括中石油、中石化等纵向一体化企业，也包括地方炼厂、连锁加油站等单环节企业；六是区域特点明显，资源分布与需求分布不一致，且市场竞争特点各不相同。综合来看，中国的油品市场具有"内外环境复杂、多种政策影响、市场竞争特殊"等特点，这也是研究的难点所在。

本书以实证分析为主，讨论了我国成品油市场的企业策略行为，以及企业行为对政策效果的影响。以柴油市场为例，从宏观理论的角度构建结构模型，通过价格需求弹性、边际成本的估计与计算，对企业的竞争模式进行了量化识别。通过对全国各地柴油市场行为参数的测算，发现主要企业的策略为伯川德价格竞争（第 4 章）。考虑成品油行业利润偏高，进一步尝试对"伯川德悖论"进行解释，使用产能约束导致的"两步竞争"进行了实证分析，验证了相关假说。即成品油市场中的企业在竞争过程中，会考虑其炼化产能对本企业在市场中的约束，虽然终端竞争以价格为主要表现形式，但是实际上以上游的炼化产能作为企业的主要决策依据，最终的市场均衡更接近"古诺均衡"（第 5 章）。

作为中国特色社会主义市场经济中的典型行业，政策对成品油行业的干预偏多，也会对市场中厂商的策略行为产生影响，进而影响政策效果。基于成品油厂商的行为特点，本书对影响成品油市场的主要政策"最高限价"政策和"石油特别收益金"政策进行了分析评价。对 16 个典型城市 2009—2015 年的面板数据进行了分析，发现市场结构对成品油最高限价与实际市场价格之间的差异有较为显著的影响。也就是说，形成于特定时期、出于特定目标而实施的成品油最高限价政策，已经不再完全适应国内成品油市场结构的动态变化（第 6 章）。使用 2003—2018 年共 802 周的数据，研究石油特别收益金政策对国内成品油价格波动的影响，发现：石油特别收益金政策的提出对国内成品油价格波动有负向影响，降低了其与固有趋势的偏离；石油特别收益金政策的提出对汽柴油价格水平有正向影响，其平均水平有所上升；在成品油最高限价以外，石油特别收益金政策也进一步熨平了价格波动，保证了市场运行的稳定性（第 7 章）。最后，基于研究结果，得出了一些结论，并根据所得到的结论提出了相关的政策建议，指出了研究的不足（第 8 章）。

8.1 主要发现

8.1.1 成品油市场的竞争现象与实质

近年来，国内成品油价格市场化趋势明显，国有石油公司、地方炼厂、贸易商等各类市场主体的竞争日益白热化，各类市场主体通过各种力度和形式的价格策略获取竞争优势。一方面，地方炼厂已经主导批发市场的价格，批发市场的竞争已经逐步升级；另一方面，受终端网络的影响，中石油、中石化两大集团仍然能够在零售市场保持优势，但行业竞争激烈程度也逐步上升。

1. 市场集中程度下降是竞争加强的主要原因

市场集中度能体现出市场的竞争和垄断程度，可以用来测度市场的运行效率，主要通过行业中企业的相对数目和规模来测度。成品油市场的集中度能够判断行业的竞争程度和垄断程度，其变化趋势也能够反映成品油行业的竞争程度趋势和垄断程度趋势。❶

从指标变化情况来看，CR2 和 HHI 指数一直呈现下降趋势，2016 年 CR2 为 87.6%，较 2010 年低 4.8 个百分点；2016 年 HHI 指数为 4056，较 2010 年低 297。其中，柴油的市场集中度指标下降更快，CR2 从 2010 年的 91.4% 下降到 2016 年的 85.6%，HHI 指数从 4258 下降到 3919。汽油 2016 年的 CR2 为 89.7%，较 2010 年下降 4.5 个百分点；HHI 指数为 4219，较 2010 年下降 359。

竞争在成品油批发市场一直较为激烈。从竞争主体来看，自 2007 年商务部开始审批颁布成品油批发资质以来，成品油批发市场逐步打破原有的"中

---

❶ 目前有两类比较流行的市场集中度测度指标，一是产业内最大的前 n 位企业产出累计数与整个产业产出量之比，即行业集中度指数（CRn）。或用产业内最大的前 n 位企业的销售额累计数比整个产业的销售额，这里的指标除了产出、销售额，还可以是其他指标。二是赫芬达尔指数（HHI），赫芬达尔指数是对行业内所有企业市场份额求平方和，然后对平方和扩大 10 000 倍，赫芬达尔指数的优点是能够确切反映整个市场的企业规模之间的差距，对市场份额排名靠前的企业的市场变化比较敏感。

石油""中石化"为主的局面，竞争主体进一步多元化。截至 2018 年年底，多达 441 家成品油企业具有批发经营资质，其中，央企如中石化、中石油、中海油、中航油、中化等的下属企业总数达 92 家，占所有成品油批发企业的 21%；其他国有及民营企业 318 家，占比约为 72%；合资及外商企业 31 家，占比为 7% 左右。

成品油零售的主要载体是加油站，加油站的经营者自然就成为成品油零售市场的竞争主体。从经营主体来看，我国的成品油零售市场由民营企业、外资公司（或合资）、中石化、中石油、其他国有企业（延长石油、中海油）等企业组成。2013 年以前，我国的加油站数量呈逐年递增态势，2013 年已经接近 11 万座，此后呈稳定态势，波动不大。从结构来看，国有企业之外的非国有企业如民营企业、中外合资企业等的加油站数量所占比例呈逐年递增态势，从 2011 年的 50% 上升到 2018 年的 55%。

2. 价格市场化将成为成品油市场的长期趋势

价格市场化是指市场供需和竞争情况决定价格形成。从我国价格改革的历程来看，大部分商品已经完成了从计划价格到市场化价格的转变，截至 2019 年，只有 7 类 20 项由国家发展与改革委员会或者行业主管部门定价，其中成品油（含供军队及专项用户用油）价格暂按《国家发展改革委关于进一步完善成品油价格形成机制的通知》（发改价格〔2013〕624 号）管理，视体制改革进程适时放开。我国成品油价格目前由政府根据成本加成方法确定最高限价，目的是防止垄断形成掠夺性价格，提高市场竞争效率。但是，近年来成品油市场的实际价格与最高限价之间出现了明显的偏离，且市场价格与最高限价之间的差额越来越大。2016 年，93#（92#）汽油的实际价格较最高限价低 871 元/吨，占最高限价的比例为 11%，较 2011 年高出 7 个百分点；0#柴油的实际价格较最高限价低 1116 元/吨，占最高限价的比例为 17%，较 2011 年高出 12 个百分点。

由于批发市场和零售市场的竞争程度存在差异，成品油批零价差出现了逐步扩大的趋势。零售市场的价格与批发市场的实际价格之间的差距也在逐渐扩大，2018 年93#（92#）汽油批零价差为 1025 元/吨，较 2012 年高出 687 元/吨；0#柴油批零价差为 727 元/吨，较 2012 年高出 431 元吨（图 8-1）。

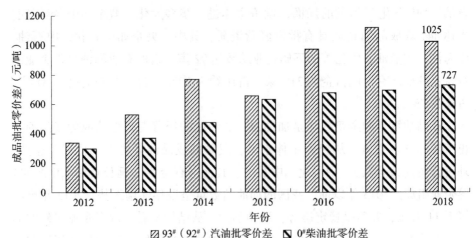

图 8 - 1　成品油市场批零价差变化情况（2012—2018 年）

数据来源：商务部

2017 年 5 月，中共中央、国务院印发了《关于深化改革石油天然气体制改革的若干意见》，意见强调要对油气产品的定价机制进行改革，对竞争环节的市场活力进行有效释放。此后，2018 年放开外资加油站的合作限制要求❶；2019 年将加油站零售审批资质下放至地市，并放开批发资质的限制。❷

3. 价格是成品油市场的主要竞争手段

资源导向、利润导向、竞争导向和价格波动导向是发达国家成品油市场发展经历的四个阶段，见表 8 - 1。具体来看，第一，资源导向阶段是根据油品的本身属性，在供给不足的情况下，为了平衡资源配置，由少量企业或政府进行市场资源供给，从而达到国民经济平稳运行的目的，这一阶段会存在"有价无市"的情况。第二，利润导向阶段，参与资源配置的市场主体较少，导致结构性供给不足，资源在市场中存在供小于求的情况。同时市场集中度高，企业想获得较高的销售利润，只能提高油品的销售价格。在这种情况下政府一般会对价格或者竞争进行管制，以防止定价过高造成对消费者剩余的掠夺和资源配置失衡；保持高位稳定依然是售价的常态。第三，竞争导向阶

---

❶　2018 年 6 月 28 日，国家发展和改革委员会、商务部发布《外商投资准入特别管理措施（负面清单）（2018 年版）》，其中对于外资加油站建设、经营的数量与股比限制内容被去除。

❷　2019 年 8 月 27 日，国务院办公厅发布的《关于加快发展流通促进商业消费的意见》指出，要扩大成品油市场准入。"取消石油成品油批发仓储经营资格审批，下放成品油零售经营资格审批。"

段是一个过渡阶段，具有动态化的特点。由于第二阶段利润导向阶段行业利润本身偏高，在资源比较容易获得的情况下，有更多的竞争者进入行业，市场供给大于需求；随着竞争主体数量的增加，市场集中度下降，新进入企业通过降低价格的手段获取市场份额，各竞争主体之间难免会打价格战，导致行业利润整体下降，这一阶段价格波动程度相对较大。第四阶段是价格波动导向阶段，市场中竞争主体相对偏多，但是行业价格水平偏低、行业"微利化"明显，价格波动幅度不大但频率较高，甚至在加油站会出现一天之内价格多次变动的情况，市场基本保持稳定。

表 8 – 1　成品油市场发展及其主要特点

序号	发展阶段	资源情况	利润情况	竞争主体	价格情况[①]
1	资源导向	供给 < 需求		很少	
2	利润导向	供给 ≤ 需求	高利润	较少	高价，稳定
3	竞争导向	供给 > 需求	高利润→低利润	较多	低价，不稳定
4	价格波动导向	供给 > 需求	微利润	很多	低价，稳定

①此时的"高价""低价"表示与成本水平相比，相对的价格水平，不代表绝对价格水平。

结合发达国家成品油发展的四个阶段特点，我国成品油市场目前处于竞争导向阶段，厂商的主要竞争手段是价格。一方面，传统的石油企业如中石化、中石油等在品牌、资源、网络方面具有优势；另一方面，民营企业、外资企业等新兴市场主体也凭借成本优势不断进入成品油销售市场。现阶段市场竞争的特点主要有以下三个方面：一是竞争格局多样性。理论上看，竞争格局有四类，分别是垄断、多寡头、双寡头以及完全竞争，而且在理论分析时，通常会对分析过程进行简化，只分析单一的产量竞争或者价格竞争，很少利用复合因子去分析。但在现实中，企业的竞争格局往往比较复杂，很少能完全符合理论上的垄断、多寡头、双寡头以及完全竞争四种格局中的任何一种。如一个企业在上游市场具有很强的市场竞争能力，但是在下游市场却面临残酷的竞争，其竞争对手可能在成本方面具有优势，可能在规模方面具有优势，也可能在产能或者其他方面具有优势，甚至其竞争对手同时具有多个优势，而且竞争对手不止一家，可能是多家。二是企业定价策略多样性。传统经济分析中，所有企业对于不同的购买量都会收取同样的单价，定价策略是线性的。但是现在大量非线性定价行为出现在我国成品油市场竞争中，如"油非互动""会员折扣""储值返利""加满赠送"等，导致价格随着购买量的变化而变化，而不是固定不变的，通常可能的情况是购买量越多，单价越低。这些非线性的定价策略与传统的线性定价策略不仅形式不同，通常还具有一些额外的作用如提升定价效率、锁定客户等。三是消费者需求多样性。在传统经济分析中，需求曲线是极其重要的，在分析竞争问题时，利用需求曲线能够从消费者"整体"层面进行分析，从而避免了分析大量具有差异化的消费者时所带来的复杂性。但是目前的市场中由于不同消费者对企业的忠诚度不同，对企业的贡献能力也具有相当大的差异。总而言之，价格竞争仍然包括较多的技术细节，并最终体现在厂商的量价策略上。

本书使用"推测变分"量化分析了中国不同地区的市场竞争模式以及历年变化，证明了企业以伯川德竞争模式为主的价格竞争。具体来看，包括两个方面：从市场而言，就同一企业，零售市场中属于伯川德竞争模式的地区多于批发市场；中石油总的市场均属于伯川德竞争；而中石化企业中，海南、宁夏、甘肃在三种市场类型下均介于伯川德竞争与古诺竞争之间。从市场竞争模式的变动而言，不同类型的市场均有大量地区呈现出由古诺竞争向伯川德竞争转变的特征，而发生变化的年份集中在2015年；而石油零售市场中江西，中石化零售市场中甘肃，中石油批发市场中广东、福建、湖南、贵州，中石化批发市场中内蒙古、四川、重庆、青海、吉林等地均呈现出由卡特尔竞争到古诺竞争再到伯川德竞争的转变，发生变化的年份分别为2013年和2015年。

4. 成品油市场的产能约束对市场竞争产生实质影响

实际上，我国成品油市场的价格竞争一定程度上受炼化产能的约束。从理论上来看，进入厂商在成品油市场的决策需要经历两个竞争阶段：第一阶段是在产能方面与在位者竞争；第二阶段是在价格方面与在位者竞争。因此，单纯地从第二阶段来看，价格竞争是参与成品油市场竞争的主要策略；但是实际上企业在该市场中的产能约束决定了其价格"武器"的范围，即成本对价格的影响。

从市场角度来看，在位企业产能基本能够满足当地的市场需求，主要原因是该市场中有企业炼厂布局或者离炼厂距离较近，是炼厂的主要辐射区域。在此基础上，新进入市场的企业在油品来源方面受到一定的限制：一方面，从本企业的炼厂运输油品成本较高，存在竞争劣势；另一方面，市场接受度有限，需要通过价格、优惠、折扣等手段开拓市场。因此，新进入市场的企业在短期内不可能在总量上完全满足市场需求，可以将其定义为"产能约束"。同时，新进入市场的企业有可能使用成本更低的上游资源，以此获得成本优势，着力扩大市场份额并获得消费者认同。

中国的区域结构特点为本研究提供了研究样本。基于历史数据，按照产能是否约束以及中石油、中石化的市场定位，可以量化分析产能约束对企业实际决策的影响。从模型结果来看，本研究从一定角度上证明了产能约束对成品油市场的影响：在产能约束不起作用的市场中，寡头企业进行伯川德价格竞争，其价格或者利润与产能不相关；在存在产能约束的市场中，如果进入企业的产能受限而在位企业的产能不受限，则进入者会影响在位者的价格或者利润，两个企业的产能约束会影响进入者的利益；在存在产能约束的市场中，如果两个寡头企业的产能均受到限制，那么企业的价格或者利润受到两者的产能约束。

需要说明的是，市场中实际的产能约束并不严格。在行业利润较高的情况下，产能约束在一定程度上是可以消除的。总的来说，过剩的成品油产能在中国并没有引起产能约束。但是在区域市场中，短期内存在一定的"约束"，这一约束影响了区域市场竞争主体的行为。这也解释了价格竞争的寡头市场存在高行业利润的伯川德悖论。未来随着炼化产能的升级优化、市场竞争的差异化、地方炼厂的规模化、管理水平和技术创新提升以及终端市场竞争的多元化，成品油市场的产能约束可能逐步降低并消失，最终实现成品油市场的伯川德竞争。

8.1.2　成品油价格监管政策效果

改革开放 40 多年来，我国的价格改革也在不断深入推进，截至 2019 年只有 7 类 20 项商品由国家发展与改革委员会或者行业主管部门定价。其中，石油产业的价格管理政策主要包括：成品油最高限价管理政策；调整成品油最高限价的政策，简称"天花板价"政策；成品油下限政策，简称"地板价"政策；针对石油市场征收特别收益金的政策，简称"暴利税"等。党的十八届三中全会提出，"凡是能由市场形成价格的都交给市场，政府不进行不当干预"，特别强调要放开竞争环节，推动石油、天然气价格改革。在全球化继续深入、石油市场竞争加强的情况下，判断相关政策对市场影响的效果非常重要，也是下一步价格改革需要考虑的方向。本书重点量化分析了成品油最高限价政策、石油特别收益金政策对成品油市场的作用和影响。

1. 成品油最高限价在一定程度上已经"失效"

本书从近年来我国成品油批发市场实际价格日渐偏离政府最高限价的现象切入，提出并证明了成品油市场结构变动是导致政府最高限价政策失灵的重要原因，认为市场已经具备了决定成品油价格的条件。具体来看，采用2009—2015 年 16 个典型城市的面板数据研究厂商策略行为对价格偏离的影响。实证结果显示：两大寡头企业的市场份额对成品油批发价格的偏离度有显著的负向影响；在特定的市场结构下，国际油价下降对不同企业的成本冲击不同，导致成品油价格偏离在国际油价偏低情况下偏大。这表明，形成于特定时期、出于特定目标而实施的成品油最高限价政策，已经不再适应国内成品油市场结构的动态变化。在中国成品油市场逐步走向有序竞争的过程中，区域性市场结构已经是推动成品油价格形成机制改革的重要因素。

在此基础上，今后要进一步研究成品油定价机制变化对社会福利的影响，作为评估政府最高限价政策实施效率的重要依据。由于企业成本差异是导致实际市场价格偏离最高限价的重要因素，加强企业价格的监管和引导，是今后促进成品油价格形成机制改革的政策着力点。成品油销售市场的竞争性正在逐渐增强，在当下讨论价格管制的有效性能够为行业价格改革提供参考。同时，成品油行业作为典型的从寡头向竞争转化的市场，对价格以及相关政策的建议能够为其他行业，特别是自然垄断行业的价格改革提供思路。

2. "暴利税"政策对成品油价格波动和价格水平有显著影响

"暴利税"对成品油市场价格波动的影响，是下一步成品油价格改革需要考虑的重要政策因素。本书针对我国石油特别收益金政策的效果进行了研究，由于我国油品市场结构以及中石油、中石化特殊的成本结构，导致企业的竞争决策在一定程度上受政策影响。具体来看，本书使用了 2003—2018 年共802 周的数据，将价格周期项与固有趋势的偏差定义为波动，使用双重差分方法研究石油特别收益金政策在中国的影响效果。实证结果验证了理论假说：①石油特别收益金政策的提出对国内汽柴油价格水平有正向影响，推高了市场均衡价格；②该政策出台对汽柴油价格波动有负向影响，在国际油价增长时降低了国内油价与固有趋势的偏离。

中国的油气开采禀赋条件决定了国内原油生产的成本与中东国家存在较

大差异。同时，企业发展历史也对其原油生产构成有着重要的影响，即原油来源在中石油主要依靠国内生产，在中石化主要依靠国际进口。因此，当国际原油价格与国内原油生产成本存在差异时，两家企业的成本也存在差异，且随着国际油价与国内原油生产成本的价差发生变化。当国际原油价格高于国内开采成本时，中石油的整体生产边际成本相对中石化偏低，在市场竞争中更具优势，更有动力扩大其成品油市场份额，有动力维持原有价格水平甚至降低价格水平销售终端油品；反之，当国际原油价格低于国内开采成本时，中石油出现成本劣势，中石化反而有动机降价销售扩大成品油市场份额。不管符不符合征收条件，石油特别收益金政策一旦提出，都相当于增加了国内原油生产的成本，企业对由国际油价变化所引起的成本变化的反应就会"钝化"，表现在市场价格上，即其整体的波动性降低。具体的影响机制如下：一方面，没有政策的情况下，中石油有动力降价销售成品油，使国内油价平均水平下降。但是该政策的实施提高了中石油的成本，企业不会有动力降价，那么市场上的成品油均价会保持较高水平。另一方面，没有政策的情况下，国内原油开采企业具有成本优势，有动力降价销售以获得更高利润；但是由于该政策的存在，其成本优势被抵消，降价动机消失，成品油市场价格的波动幅度较无政策情况下降低。也就是说，石油特别收益金政策的实施，使实际的成品油价格波动幅度小于既有趋势，政策出台降低了成品油市场价格波动的幅度。

从政策作用的角度来看，"暴利税"政策出台的初衷在于解决国际油价处于高位时"各行业利益分配不平衡"问题，并"对各方面利益关系进行妥善处理，推进石油价格形成机制改革"。但是在具体实施过程中，受到国内石油市场特有的"原油国际生产和国内生产共存，不同的企业原油来源差异"特点影响，政策改变了企业的决策行为，进一步影响了成品油市场价格的波动和价格水平。这也是中国"暴利税"政策的"附属效应"。未来成品油市场竞争程度逐步加强，市场主体趋于多元化，该政策的"附属效应"可能会对市场产生进一步的影响，如以进口原油为主的第三方企业更具竞争优势，从而加剧市场竞争。

8.2 政策建议

8.2.1 成品油市场监管

目前成品油市场集中度明显下降、批零价格逐步市场化、竞争主体多元化，价格竞争已经成为企业决策的主要手段。成品油市场也存在一些重要的特点，如产品同质化强、产量控制无效、资源供过于求、刚性需求大、成品油最高限价作用有限、市场实际价格系统性偏离等。对于企业，未来成品油市场的竞争，是对企业在市场分析、终端布局、博弈决策等方面的挑战；同时，作为石油产业链终端的成品油零售行业也受到替代能源、信息技术发展以及经济政策的影响，应在资源配置方面更有效，在管理方面更规范，在服务方面更规范。

由于企业成本差异是导致实际市场价格偏离最高限价的重要因素，加强企业价格的监管和引导，是促进成品油价格形成机制改革的政策着力点。一是建议加强对油品质量的监督，避免出现"劣币驱逐良币"现象。企业缺少技术创新和服务优化的动力，反而偏向于降低油品质量、降低服务标准，会给市场秩序和国家税收、环境治理造成负面影响。二是适当放开中上游环节，通过市场竞争引导全产业链效率提升（Bello，Cavero，2008），降低"X 非效率"。纵向来看，成品油上中下游一体化的经营机制在一定程度上限制了市场竞争，油品来源掌握在部分企业手中，且通过一体化产业链完成油品勘探生产、集输储运、炼化销售的生命周期，中游和下游竞争受限，市场价格无法反映各环节的供需情况。横向来看，垄断企业存在明显的"A–J 效应"，在市场需求不足时仍然出现过度投资的情况，导致产能利用率不足。因此，在考虑战略、调控等因素的条件下，适当引入竞争主体，放开销售以上环节如炼化、原油进口等方面的限制，提升全产业链的效率。

由于成品油市场供求结构显著影响实际价格，建议建立成品油库存调节机制，防止极端的供需失衡情况出现，打乱市场秩序。随着中国石油产量的增速逐年下降，在没有明显技术进步（特别是海上油田开发技术）的前提下，国内石油产量增速将进一步落后于经济发展需求的增速，只能通过进口来弥补石油需求的大量缺口，一旦出现极端的供需情况（特别是供不应求），将对经济发展和社会稳定造成严重影响。改革进程中应考虑成品油战略或者调控储备，在特殊情况下维持市场整体的平稳运行。

8.2.2 成品油价格改革

目前，成品油最高限价并不能完全反映我国成品油市场的供需情况。一是国际油价的变化规律虽然在一定程度上反映了进口原油产品的价格，但是无法充分体现市场中成品油的供需情况；二是最高限价没有包含成品油生产过程中的勘探成本、环境成本，忽略了我国的地理环境和资源禀赋特征；三是市场实际运行价格与指导价差异逐步扩大，批发、零售价格等通过折扣、促销等方式体现，价格不能真实反映市场供需变化，信号功能缺失。因此，成品油价格改革具有一定的必要性。整体来看，价格改革具有如下三个有利条件。

一是市场资源过剩。当市场整体供小于求时，设置价格上限可防止成品油价格过高引起资源配置效率问题；当市场整体供大于求时，企业会根据市场情况对产量和价格进行调整，最终形成的均衡价格有可能小于设置的最高价格，在这种情况下，最高价格设置的意义不大，可以进行适当的变化或者取消。

二是竞争性市场体制已经形成。在我国成品油市场上，厂商竞争进一步加强，"炼厂成本、流通费用、合理利润"基础上形成的最高限价与市场竞争性加强情况下形成的实际价格会出现较大偏差，从而导致"最高限价"失灵。成品油竞争性市场在我国已经基本形成：一方面，上游环节已经放开，原油进口权逐步向民营企业开放，国内外两个市场连通，把行业的国际竞争因素纳入国内价格形成过程中，实际价格能够体现生产成本。另一方面，下游环节竞争主体增加，市场集中度下降。在此情况下，市场的竞争属性增强，市场实际形成的价格更能够反映企业成本。

三是国际油价偏低。我国具有较高的石油进口集中度，且依靠海运进口的石油高达 90%。这些通道一旦爆发冲突，线路被封锁，会对中国的石油运输产生重大破坏。在这种情况下，一旦出现极端的供需情况（特别是供不应求）将对经济发展和社会稳定造成严重影响。在国际油价整体偏低的情况下，油品市场供应出现极端情况的风险较小，是进行成品油价格市场化的有利时机。

价格改革是我国当前能源行业改革的重点，也是我国当前价格机制改革的重点，《关于推进价格机制改革的若干意见》指出，加快推进能源价格市场化：总体思路是"放开两头，管住中间"，推动价格改革在电力、天然气等能源方面的推进，促进实现多元化的市场竞争主体，对交叉补贴进行稳妥处理并对其进行逐步减少，对能源的商品属性进行还原。关于成品油价格改革，应对联动机制进行完善，联动国际国内的成品油价格，避免政府对成品油价格的干预和调整。由于地区成品油市场结构对实际价格的确定具有重要影响，建议以省（自治区、直辖市）为单位构建竞争性成品油市场，逐步放开政府指导价，允许企业自行定价。因此，在一定范围内不设置政府指导价格，让价格反映真实的市场供需及成本情况，由企业来自主定价，选择具有多元化竞争主体、较好监督环境的地区逐步展开试点。在试点进行过程中，监测分析研究市场实际价格的降低是否明显受到上限价格放开政策的影响。

8.2.3 炼化产能管理

在世界炼油总能力中，中国炼油产量 7.72 亿吨，占比 15.8%；规模仅次于美国，排名全球第二。2017 年，产能过剩已经成为我国炼油产业的常态，过剩量达 0.63 亿吨；"十三五"期间产能过剩状况将进一步加剧，随着民营企业新建项目及国有企业扩能的陆续投产，炼油能力达 8.82 亿吨，过剩量达 1.23 亿吨。而需求侧，成品油需求的增速在逐步回落，"十三五"期间增速约为 2.3%，其中汽柴油的消费增速在变缓，且柴油消费已经呈现明显的下滑趋势。整体来看，针对我国石油炼化产业产能过剩的情况，建议从"源"和"流"两个方面开展做好监督管理工作。

一方面，加快供给侧结构改革，严格控制炼化产能扩张，鼓励新技术、高质量的炼化产业发展。具体来看，一是提高投资门槛，在环保、技术、质量等方面进一步提高要求，引导产业转型升级，进一步提高规模化效益和竞争力，向园区化、一体化、智能化、大型化、绿色化、方向发展。二是优化炼化产业的区域布局，针对我国炼厂分布与需求分布存在差异的特点，引导企业在供需存在缺口的区域或者市场投资。

另一方面，针对国际市场情况，结合成品油贸易政策，适时扩大出口；同时，逐步对国内落后的产能进行淘汰，对产业结构进行优化。一是结合

"一带一路"倡议，积极开拓国际市场，针对性地扩大成品油及化工产品出口，推动我国炼化业务国际化。二是对过剩的落后的高耗能，低效率，高污染的产能进行淘汰。三是从大量生产成品油转向具有高附加值并且多产的化工和油品原料，拓宽炼化行业发展空间，加快原有的燃料型炼厂转型，推进炼化一体化，逐步转向燃料—化工型炼厂。四是根据市场需求，调整产品结构，如增加高等级汽油和石化产品生产、降低柴油产量、开发满足市场需求的高端化工产品等。

8.2.4　油品贸易管理

在全球化视角下，作为石油生产大国和石油消费大国，中国的油品贸易政策对内外两个市场的联通至关重要。具体到对企业的影响，既包括对"三桶油"等国有企业决策行为的影响，也包括对地方炼厂、民营和外资加油站等企业决策行为的影响。

我国的原油进口贸易，根据企业所有制情况，可以分为国有企业和非国有企业。2015 年以前，大部分原油进口由中海油、中化、中石油、中石化等企业控制。2015 年国家发展和改革委员会出台的《国家发展改革委关于进口原油使用管理有关问题的通知》（发改运行〔2015〕253 号）以及商务部发布的《关于原油加工企业申请非国营贸易进口资格有关工作的通知》，使"进口原油使用权放开"和"原油进口权放开"政策对市场产生了重要的影响。从政策角度来看，第一，继续有序放开第三方原油进口，保证了上下游的协同竞争。地方炼油厂的成品油市场占比随着原油进口权和使用资质的放开得到了有效增加，价格明显回落，能更准确地反映真实成本，其市场调节功能得到了有效发挥。因此，为了保证市场的有效竞争，在考虑战略储备等因素的基础上，应进一步有效放开第三方原油进口。第二，加强了对进口企业的设备、资质审核，一方面防止由于炼化环节设备设施不合格引起环境污染等问题；另一方面防止了炼化产能的持续扩张，引起产能过剩。

成品油贸易方面，汽油和柴油属于国家战略性资源，同时又是市场运行中的重要商品，其进出口政策的变化与国内经济运行情况紧密相关。总体来看，汽柴油进出口政策变化的原因主要包括两个方面：一是保证国内成品油市场的稳定运行，通过税率或者相关企业资质门槛的约束来调整国内供需。二是外交因素，特别是我国在加入世界贸易组织之后在税收方面有一些变化，对成品油行业存在影响。在成品油进出口方面的政策变化，根据时间可以分为两个阶段：第一阶段，以鼓励成品油进口为主❶，时间大概是 2001—2014 年。2001 年以后，一方面，我国加入世界贸易组织后，在成品油关税方面遵守相关承诺，逐步降低税率；另一方面，我国国民经济增长速度逐年加快，成品油供需产生较大缺口，需要从进口方面有所鼓励。第二阶段，以鼓励成品油出口为主❷，原因在于经济结构调整过程中需求增速有所下降，同时国内炼化产业产能过剩，导致成品油资源整体供给大于需求，2014 年以后政策导向较为明显。❸ 目前，在国内整体炼化产能过剩，成品油贸易管制较为严格的情况下，本书从政策角度提出三点建议：一是适度放开成品油进出口贸易，在现有配额的基础上，鼓励非国有企业参与贸易，进一步消化国内过剩产能；对成品油的生产和出口要依法监督，防止出现内部竞争。二是对法律体系进行完善，如与成品油出口相关的国际标准、世界贸易组织规则、反倾销等方面的解读、条例等。完善贸易壁垒的预警机制，充分发挥政府的宏观调控职能，做好监管以及国际法律引导。三是改进基础设施建设，如物流体系等，在罐容、码头、单船出口货量、靠泊计划等方面进行优化，指导炼厂的油品质量根据出口市场进行调整，在物流体系、设施设备、质量管理等方面给予充分支持。

8.2.5 区域成品油监管

1. 不同地区的市场竞争态势存在差异

考虑成品油市场中，企业进出市场的周期较长，本章以零售市场为主进行分析。根据我国市场上成品油零售情况，按照三大运营主体分析竞争态势：中石油、中石化、外资、民营及其他（第三方）。当前情况下，成品油零售市场已经进入市场增长率趋缓、零售网络基本成型的阶段，可以以市场份额作

❶ 参见《财政部国家税务总局关于调整出口货物退税率的通知》财税〔2003〕222 号；《财政部国家税务总局关于暂停汽油、石脑油出口退税的通知》财税〔2005〕33 号；《财政部国家税务总局关于暂停汽油、石脑油出口退税的通知》财税〔2006〕42 号。

❷ 2015 年 11 月，商务部、国家发展与改革委员会、海关总署联合下发《关于暂时允许符合条件的炼油企业开展进口原油加工复出口成品油业务有关问题的通知》。

❸ 中华人民共和国商务部. 成品油加工贸易出口配额增加 [EB/OL]. (2019 - 05 - 28) [2019 - 07 - 15]. http：//www. mofcom. gov. cn/article/difang/201905/20190502867272. shtml.

为衡量市场势力的直观指标。参考"兰查斯特战略模式"❶ 给出的参考标准，以 73.9%、41.7% 和 26.1% 为界限进行简单判断。

从竞争态势来看 2018 年成品油零售市场中，中石化的市场占有率是 50%，中石油的市场占有率是 34%，外资及社会加油站的市场占有率是 16%。整体来看中国成品油零售市场处于绝对垄断状态，中石化市场占有率超过 41.6%，但小于中石油的 1.7 倍❷，两者竞争比较激烈。从统计情况来看，甘肃、西藏、宁夏、江西、江苏处于完全垄断状态；大部分地区处于绝对垄断态势，其中陕西、山西、重庆的第三方市场占有率超过了 26.1%，对目前的垄断态势有所冲击。从相对市场地位情况来看，黑龙江、内蒙古、辽宁、四川、新疆、青海、吉林等地，中石油市场份额大于 41.7%，且超过中石化的 1.7 倍，处于领先并具有完全垄断的可能，同时重庆、陕西中石油的市场地位受到民营加油站及社会的威胁；且这些市场中中石化受到的压力较大。湖北、浙江、上海、海南、湖南、云南、广西、天津、北京、河南、贵州、福建、广东、安徽、河北、山东等地中石化领先地位明显；山西市场中石化受到第三方势力威胁较为严重；云南、河北中石化地位受到中石油威胁；安徽、广东、山东中石化地位受到中石油和社会势力的威胁。

成品油零售市场占有率从 2014 年以来整体变化不大，2014 年中石化的市场占有率是 48%，中石油的市场占有率是 38%，第三方的市场占有率是 14%。但是，受到原油进口权放开等相关政策的影响，一些地区成品油零售行业的竞争态势发生了较大变化，能够明显看出第三方的市场份额发生了剧烈变动。市场占有率变动较为明显的有陕西、重庆、黑龙江、山西等，市场占有率增幅大于 15%；而浙江、江苏、河北等地的第三方市场占有率降幅大于 10%，中石油市场份额下降较快的是宁夏、重庆、陕西、黑龙江；中石化市场份额下降较快的是山西、山东、广东。

---

❶ 著名的"兰查斯特法"提出，品牌的市场占有率有三个支点，分别是品牌独占点（73.9%），品牌安全点（41.7%），品牌立足点（26.1%）。即只有当一个品牌的市场占有率超过 26.1% 时，该品牌才有可能从众多强敌环视中脱颖而出，成为未来市场的领导品牌。

❷ 根据兰查斯特战略模式的射程理论，可知：在局部地区，有特定两家企业成为一对一的竞争情形时，只要有一家市场占有率是另一家的 3 倍以上时，对方便无法击败它；相反地，若不满 3 倍，则弱者有反败为胜的可能。当区域比较大，有许多家企业参与竞争而变成综合战时，只要有一家市场占有率大于其余企业的 1.7 倍以上，其他对手就无法赢它；相反，若不满 1.7 倍，其他对手就有可能反败为胜。

2. 不同地区的成品油管理政策建议

目前，成品油零售市场的竞争有如下特点：一是汽柴油市场整体仍然处于绝对垄断状态，中石油和中石化的市场地位较为稳固；二是柴油市场的垄断状态转化较快，部分地区已经进入相对垄断；三是部分地区社会（民营、外资或者其他）加油站的柴油市场份额增长较快，已经成为相应地区的优质品牌，中石油中石化的品牌优势有所下降；四是中石油、中石化在部分地区具有资源等优势，在一定程度上巩固了市场占有情况，特别是汽油市场，控制能力有所增强。结合市场主体的市场占有率情况和炼化产能的分布情况，本书尝试给出针对性的监管政策建议。

对于中石油或者中石化一方处于绝对垄断地位的地区，要重点做好价格监管，适当引入市场竞争。中石油或者中石化在甘肃、江西等地，一家公司的市场占有率达到70%以上，其市场势力较为强劲；同时，在该类地区或者附近地区一般有对应企业的炼厂，其产能能够全面满足当地市场的需求，这就进一步加强了企业在当地市场的竞争能力。故政府监管需要重点关注两个问题：一是企业是否通过大规模降价或者其他不正当方式设置进入壁垒，以巩固其市场垄断地位。二是企业是否在当地市场蓄意抬高价格，或者针对性地进行价格歧视。在这种情况下，一方面要做好与企业的沟通协商，在成品油最高限价的基础上适当加强对价格的监管；另一方面，在质量合格、监管到位的基础上，应适当引入其他企业与现有企业开展竞争，以提高市场运行效率。

对于中石油、中石化占有率差距不大，类似双寡头竞争的地区，如云南、广西、湖北等，政府监管的重点是油品质量、安全等内容，要注意做好企业之间的平衡，防止企业合谋抬价。该类市场中的博弈内容较为复杂，既包括寡头企业之间的博弈、寡头企业与第三方企业之间的博弈，也包括企业与政府之间的博弈。在这种情况下，一方面要对企业的油品质量、安全、税务等做好监管，保证公平竞争；另一方面，应适度引导第三方企业进入市场，防止在位企业合谋抬价、损害消费者利益。同时，对于加油站审批、高速公路服务区站点招标等涉及站点的内容严格把关，适度平衡市场势力。

对于第三方市场占有率高，竞争激烈的地区，要重点做好质量监管，引导企业公平竞争。一方面，政府应该做好重点监管，对企业合理竞争进行引导，发挥市场机制这只"看不见的手"的作用。举例来看，山东是典型的独立炼厂资源丰富的省份，广东等是典型的外资企业聚集的省份，这类地区的民营企业、外资企业、合资企业、地方国企等都具有较强的资源、品牌、管理等优势，与中石油、中石化等央企形成差异化的竞争，在同质化的成品油市场竞争中较为激烈。另一方面，以政府监管为主，规范市场秩序，以创建良好的竞争环境为主要目的进行管理。以山西、河北等地为例，第三方企业市场占有率的增长以"低价"冲击市场为主，这就对市场监管提出了更高要求，在油品质量、设施设备安全、税务监管、计量准确等方面应加强加管，防止出现"劣币驱逐良币"现象。同时，对于不符合安全规定的加油站、油库、油罐车、加油车等加强监管，防止安全事故发生。

8.3　研究的局限和展望

尽管本书从产业组织角度对我国成品油市场及其厂商的行为策略，以及由厂商行为引起的政策效果变化做了较为系统分析和论证。但也存在着一定的局限性，需要在今后的研究中继续深入和完善。

其一，对厂商在成品油市场中的行为分析。本书基于文献的回顾和市场理解，对目前成品油市场中厂商的生产、决策、销售等行为进行了梳理。基本的前提假设是利润最大化或成本最小化，具体包括：成品油销售企业进行批发和零售，企业之间展开博弈探讨，中石油、中石化在具有成本差异的情况下制定具有差异化的策略。但是，本书的研究仍然是从现象着手，缺少将中国国情背景转化为理论模型或者相关因素的过程，对于中石油、中石化等央企是否以"利润最大化"为目标导向、是否存在其他行为决策准则等方面的探讨不足。因此，在未来的研究中，应考虑在多目标导向情况下讨论企业行为；或者在相关模型中增加制度、体制因素，建立针对性更强的产业组织分析体系。

其二，对油品市场相关政策的理解。本书在文献总结的基础上，系统梳理了中国油品市场的特点，对原油产业链从勘探、生产、炼化、进口、销售等环节都进行了细致分析。在此基础上，对"成品油最高限价""石油特别收益金""原油进口权""成品油批发和零售资质"等相关政策进行了分析。但是，石油行业本身的属性较为复杂，既有商品属性，又有战略属性和政治属性，不同政策涉及的内容较为广泛。本书的研究对经济安全、能源安全、管制必要性等方面的探讨不足，缺乏对政策分析的全面性。在今后的研究中，应进一步加深对行业的理解，进而能够从多个角度评估政策的效果。

其三，对博弈理论、产业组织理论的应用。针对国内市场的产业组织理论分析、市场博弈分析近年来有所发展，但大多停留在定性分析和理论推导层面，实际的量化分析较少。考虑中国石油行业的寡头市场特征，较多地使用了产业组织和博弈理论的分析方法和思路，且得到了一定的分析结论。但是，受限于数据的可得性，缺少对微观企业行为的进一步分析，如无法获得中石油、中石化、中海油等企业的准确量价数据，进而对企业的决策机制研究不明朗；对加油站的量价数据统计不完全，且缺少对站点博弈的实证模拟；缺乏对成品油市场实际价格的准确统计，无法准确估算汽油、柴油价格的需求弹性。缺少对消费行为的准确调查数据，进而无法对企业的差异化服务、促销折价行为等进行量化分析……中国的油品市场正处于"从管制到市场"的变化阶段，该市场中的企业、政府、消费者都面临着较大的变化，这也为未来的研究提供了很好的机会。应该加强对相关数据的整理，将较为成熟的理论与中国油品市场结合起来，继续深入研究。

在方法上，本书对市场现象进行了论证，通过推测变分模型、面板数据分析、双重差分模型等对相关假说进行了详细的阐述和论证。在具体的研究过程中，提出了"成品油终端市场价格竞争表现""成品油市场产能竞争实质""成品油最高限价失效"以及"'暴利税'影响成品油价格波动"等假说，并通过相关模型一一进行实证分析和论证。但仍然存在四个方面的局限：一是受限于数据来源，对样本的估计不全，研究结果有待进一步验证；相关数据的周期不理想，如以年份为单位研究偏离，对市场变化的及时性估计不足；对市场集中度、市场份额、需求价格弹性等指标的测算进行了变化，对完整的市场描述存在一定的局限性。二是使用双重差分方法的前提假设需要加强论证，巩固"同质性假设"和"随机性假设"方面的检验。以美国等单个国家作为对照组进行分析，可能存在不足，主要是经济体之间的差异较大，除了直接的可以观测到的经济变量以外，还存在文化、地理、生活习惯等多方面差异，也可能涉及能源、消费等其他政策的影响，现有的模型无法穷尽所有的控制变量。三是使用的计量分析方法可以进一步优化，如在加强数据搜集的前提下使用完善合成控制方法进行对照组分析，或者使用其他计量方法完善现有模型。四是对政策作用的影响时间、持续效果等没有进一步探讨。在未来的研究中，应该在加强数据整理的基础上，考虑用多种经验研究的方法加强量化分析，进一步验证本书结论。

参考文献

白俊，连立帅，2014. 国企过度投资溯因：政府干预抑或管理层自利？[J]. 会计研究，(02)：41 – 48 + 95.

白让让，2005. 双重寡头垄断下的"多角联盟"策略分析——以中国轿车产业为 [J]. 产业经济研究，(2)：39 – 48.

包群，唐诗，刘碧，2017. 地方竞争、主导产业雷同与国内产能过剩 [J]. 世界经济，40 (10)：144 – 169.

曹静，胡文皓，2018. 中国城镇家庭汽油需求弹性估计 [J]. 清华大学学报（自然科学版），58（5）：489 – 493.

曹静，谢阳，2011. 1999 年至 2007 年期间中国人均柴油需求弹性 [J]. 清华大学学报（自然科学版），51（2）：241 – 244.

曹兴，王寒玉，马慧，2016. 市场结构影响新兴技术企业创新策略选择的博弈 [J]. 系统工程，34（5）：23 – 29.

陈建荣，王凌，钱兴坤，2012. 对进一步完善我国石油特别收益金政策的建议 [J]. 国际石油经济，20（11）：9 – 16，108.

陈林，伍海军，2015. 国内双重差分法的研究现状与潜在问题 [J]. 数量经济技术经济研究，32（07）：133 – 148.

陈明艺，2007. 进入限制、价格管制与黑车泛滥——来自北京、上海出租车市场的经验分析 [J]. 山西财经大学学报，(11)：61 – 67.

陈强，2014. 高级计量经济学及 stata 应用 [M] 北京：高等教育出版社.

仇玄，邢治河，葛雁冰，2017. 经济新常态下中国成品油市场特点 [J]. 国际石油经济，25（9）：91 – 94.

刁新军，杨德礼，胡润波，2008. 基于 Stackelberg 博弈均衡的双寡头企业竞争策略 [J]. 运筹与管理，17（6）：20 – 25.

丁少恒，魏卓群，2018. 加油站外资准入对中国成品油零售行业的影响及建议 [J]. 国际石油经济，26（8）：79 – 83.

董大敏，2006. 政府价格管制及其定价模型探析［J］. 工业技术经济， （3）：120 - 121，154.

董秀成，2005. 国内成品油价格改革现状、问题和思路［J］. 中国能源，（9）：5 - 10.

范林凯，李晓萍，应珊珊，2015. 渐进式改革背景下产能过剩的现实基础与形成机理［J］. 中国工业经济，（1）：19 - 31.

冯科，胡涛，2014. 市场均衡与价格管制的福利对比分析［J］. 经济学动态，（10）：40 - 46.

冯晓丽，杨雪儿，胡东欧，2019. 外资准入对中国成品油零售市场的影响研究——兼析中国成品油价格将进一步市场化［J］. 价格理论与实践，（3）：159 - 162.

干春晖，邹俊，王健，2015. 地方官员任期、企业资源获取与产能过剩［J］. 中国工业经济，（3）：44 - 56.

高新伟，江兆龙，纪瑶，2015. 国际油价波动与中国石油进口影响关系分析［J］. 中国石油大学学报（社会科学版），31（05）：1 - 5.

高宇，马喜立，李虹含，2016. 成品油消费税对经济影响［J］. 中国人口·资源与环境，26（S2）：396 - 399.

葛万生，2012. 国内外石油特别收益金征缴的对比分析［J］. 商业时代，（15）：111 - 112.

耿强，江飞涛，傅坦，2011. 政策性补贴 - 产能过剩与中国的经济波动 - 引入产能利用率RBC 模型的实证检验［J］. 中国工业经济，5（278）：27 - 36.

巩永华，李帮义，2010. 不同博弈构式下三寡头差异化竞争和歧视定价策略［J］. 系统工程，28（4）：59 - 63.

韩国高，高铁梅，王立国，等，2011. 中国制造业产能过剩的测度、波动及成因研究［J］. 经济研究，（12）：18 - 31.

韩国高，王立国，2013. 行业投资增长过快现象会因过剩产能的存在趋缓吗？——基于1999—2010 年我国产能过剩行业数据的分析［J］. 投资研究，32（8）：65 - 76.

何彬，2008. 基于窖藏行为的产能过剩形成机理及其波动性特征研究［D］. 吉林：吉林大学.

何立华，崔艳艳，2019. 中国省际炼化产业产能过剩测度及影响因素分析［J］. 工业技术经济，38（1）：133 - 140.

黄春元，2017. 成品油消费税经济效应的实证研究［J］. 税务研究，（7）：101 - 106.

黄健柏，江飞涛，陈伟刚，2007. 我国原油、成品油进口行为特征的实证研究［J］. 系统工程，（6）：84 - 88.

惠晓峰，陈阵，2006. 我国自然垄断行业价格管制规避 A - J 效应的对策［J］. 价格理论与实践，（6）：25 - 26.

霍忻，刘黎明，2019. 跨国公司国际转移定价问题研究——基于古诺博弈模型的策略分析［J］. 数理统计与管理，38（1）：154 - 171.

纪瑶，高新伟，2014. 我国成品油定价机制研究综述与展望［J］. 经济体制改革，（6）：

139 - 143.

贾帅帅，徐滇庆，2016. 产能过剩悖论与中国投资扩张之谜———个新的解释 [J]. 经济
学家，(11)：71 - 82.

姜付秀，伊志宏，苏飞，等，2009. 管理者背景特征与企业过度投资行为 [J]. 管理世界，
(1)：130 - 139.

郎岩松，侯永新，2018. 中国炼油行业现状及发展对策建议 [J]. 国际石油经济，26
(11)：43 - 49.

雷震，彭欢，2009. 我国银行业改革与存贷款市场结构分析——基于推测变分的结构模型
[J]. 管理世界，(6)：29 - 39.

李永波，2010. 价格管制、放松管制与我国成品油市场均衡 [J]. 产业经济研究，(2)：
31 - 36.

李瑞琴，2005. 自然垄断行业政府实施价格管制的福利分析 [J]. 中国物价，(8)：30 - 35.

李军，张丰胜，2016. 中国成品油出口贸易发展现状及展望 [J]. 国际石油经济，24 (8)：
72 - 77，86.

李鹏，胡金辉，谭忠富，2019. 新电改背景下的售电市场竞争策略博弈模型研究 [J]. 华
北电力大学学报（自然科学版），46 (3)：103 - 110.

李姝，2008. 中国石油价格管制难题与化解 [J]. 东北财经大学学报，(5)：28 - 31.

李旭颖，2009. 资源类产品价格管制的经济学研究—以天然气为例 [D]. 北京：北京交通
大学.

李永波，2010. 基于古诺模型的我国成品油定价机制与市场均衡 [J]. 商业研究，(1)：
198 - 200.

李振光，袁建团，2015. 中国柴油需求趋势分析 [J]. 国际石油经济，23 (9)：88 - 93.

李铮，陈旭，2012. 考虑产能约束的制造商定价和零售商订货策略研究 [J]. 运筹与管理，
21 (5)：154 - 161.

梁君业，2017. 论影响中国啤酒产业发展的因素及未来趋势 [D]. 南京：南京大学.

林仁方，陈志俊，2006. 寡头联盟、外部效应与最优进入策略 [J]. 世界经济，(8)：88 -
94，96.

林毅夫，2007. 潮涌现象与发展中国家宏观经济理论的重新构建 [J]. 经济研究，(1)：
126 - 131.

林毅夫，巫和懋，邢亦青，2010. 潮涌现象与产能过剩的形成机制 [J]. 经济研究，(10)：
4 - 19.

刘颖，2012. 20 世纪 70 年代美国政府对石油价格的管制 [J]. 经济问题探索，(4)：179 -
182.

刘鹤，金凤君，刘毅，2012. 中国石化产业空间组织的演进历程与机制 [J]. 地理研究，
31 (11)：2031 - 2043.

刘鹤，金凤君，刘毅，等，2011. 中国石化产业空间组织的评价与优化 [J]. 地理学报，66 (10): 1332 – 1342.

刘甲炎，范子英，2013. 中国房产税试点的效果评估：基于合成控制法的研究 [J]. 世界经济，36 (11): 117 – 135.

刘峻峰，2016. 中国石化产业产能过剩影响因素的量化研究——以石油加工、炼焦和核燃料加工业为例 [J]. 资源开发与市场，32 (11): 1302 – 1307.

刘乃全，吴友，2017. 长三角扩容能促进区域经济共同增长吗 [J]. 中国工业经济，(6): 79 – 97.

刘树杰，1996. 价格管制：我国与发达国家的比较研究 [J]. 中国物价，(2): 3 – 10.

刘伟，唐小我，马永开，2005. 基于价格上限管制下上下游垄断企业的福利分析 [J]. 系统工程理论与实践，(6): 100 – 106.

刘小鲁，2014. 价格上限管制、总额预付制与医疗保险下的金融风险 [J]. 世界经济，37 (11): 146 – 167.

刘小玄，1998. 竞争市场上的国有企业行为——关于微利企业的案例研究报告 [J]. 管理世界，(1): 176 – 185.

刘小玄，杜君，2018. 国有企业的扩张行为：动机及效应 [J]. 南方经济，(12): 1 – 16.

刘迎秋，1993. 论国有企业和私人企业行为特征及企业产权制度选择 [J]. 管理世界，(6): 33 – 40.

刘张立，吴建南，2019. 中央环保督察改善空气质量了吗？——基于双重差分模型的实证研究 [J]. 公共行政评论，12 (2): 23 – 42, 193 – 194.

刘长玉，于涛，马英红，2019. 基于产品质量监管视角的政府、企业与消费者博弈策略研究 [J]. 中国管理科学，27 (04): 127 – 135.

卢步韬，唐要家，2015. 不对称寡头竞争与后发企业的创新策略逻辑 [J]. 产业经济评论，(5): 20 – 28.

卢盛峰，吴一平，谢潇，2018. 历史名片的经济价值——来自中国城市更名的证据 [J]. 经济学（季刊），17 (3): 1055 – 1078.

罗佐县，2011. 我国石油行业特别收益金政策改革趋势分析 [J]. 中外能源，16 (6): 17 – 21.

罗知，李浩然，2018. "大气十条" 政策的实施对空气质量的影响 [J]. 中国工业经济，(9): 136 – 154.

吕阳，郎福宽，2008. 我国能源类矿产资源价格管制问题研究 [J]. 财政研究，(12): 26 – 28.

马建堂，1992. 我国国有企业行为目标的实证分析 [J]. 经济研究，(7): 20 – 26, 19.

茅铭晨，2007. 政府管制理论研究综述 [J]. 管理世界，(2): 137 – 150.

倪得兵，唐小我，2006. 生产能力约束下的价格竞争与柔性进入决策研究 [J]. 系统工程理论与实践，（12）：25－32．

牛晓帆，2004．西方产业组织理论的演化与新发展［J］．经济研究，（3）：116－123．

庞建刚，张华鑫，2016．基于博弈论的循环经济产业链上下游企业策略选择［J］．统计与
　　决策，（16）：178－181．

沈毅，2003．价格上限管制中效率因子 X 的计算方法［J］．北京邮电大学学报（社会科学
　　版），（2）：5－8，13．

施义民，2014．成品油定价机制改革后民营石油企业的发展机遇与对策［J］．现代商业，
　　（16）：61－62．

石华军，楚尔鸣，2017．政策效果评估的双重差分方法［J］．统计与决策，（17）：80－83．

石岿然，肖条军，2004．双寡头零售市场的演化稳定策略［J］．系统工程理论与实践，
　　（12）：24－28，137．

史丹，2006．完善我国石油定价机制的政策建议［J］．天然气经济，（4）：4－6，78．

史晋川，李建琴，2008．价格管制、行政垄断及利益集团的博弈——中国转型时期蚕茧价
　　格管制的原因分析［J］．浙江社会科学，（10）：22－27，69，125－126．

宋佳瑞，2018．地方政府政策对区域品牌企业策略博弈的影响研究［D］．天津：天津
　　大学．

孙康，李婷婷，2015．中国石化产业产能过剩测度及预警［J］．财经问题研究，（5）：29－
　　34．

孙康，王昱方，肖寒，2014．石化产业集聚水平测度及实证研究［J］．财经问题研究，
　　（4）：33－39．

孙巍，何彬，武治国，2008．现阶段工业产能过剩"窖藏效应"的数理分析及其实证检验
　　［J］．吉林大学社会科学学报，（1）：68－75，159．

孙晓华，李明珊，2016．国有企业的过度投资及其效率损失［J］．中国工业经济，（10）：
　　109－125．

唐宜红，张鹏杨，2016．反倾销对我国出口的动态影响研究——基于双重差分法的实证检
　　验［J］．世界经济研究，（11）：33－46，135－136．

万玺，汪涛，李钦，2010．中国成品油市场结构与生产者行为博弈分析［J］．西南石油大
　　学学报（社会科学版），3（1）：1－4，125．

汪立，范英，魏一鸣，2007．基于 Agent 的中国成品油市场模型及其仿真研究［J］．管理科
　　学，76－82．

王健，张文，2015．我国成品油市场价格一致行为的反垄断问题［J］．法治研究，（5）：36－
　　44．

王俊豪，2000．美国和英国价格管制模型的比较及其启示［J］．价格理论与实践，（4）：23－
　　24．

王春苹，南国芳，李敏强，等，2016．寡头市场信息产品与服务的最优定价策略［J］．管

理科学学报，19（03）：92 - 106.

王德耀，2012. 成品油价格影响因素的 ISM 分析 [J]. 现代商贸工业，24（7）：117 - 118.

王帆洲，2013. 基于博弈论的寡头企业定价策略研究 [D]. 太原：太原理工大学.

王建明，李颖灏，2006. 价格上限管制的应用：理论基础、关键问题和实施对策 [J]. 经济评论，（5）：97 - 103.

王俊豪，2001a. 对我国价格管制与放松价格管制的理论思考 [J]. 价格理论与实践，（2）：11 - 12.

王俊豪，2001b. A - J 效应与自然垄断产业的价格管制模型 [J]. 中国工业经济，（10）：33 - 39.

王立国，鞠蕾，2012. 地方政府干预、企业过度投资与产能过剩：26 个行业样本 [J]. 改革，（12）：52 - 62.

王文甫，明娟，岳超云，2014. 企业规模、地方政府干预与产能过剩 [J]. 管理世界，（10）：17 - 36，46.

魏巍贤，林伯强，2007. 国内外石油价格波动性及其互动关系 [J]. 经济研究，（12）：130 - 141.

肖兴志，王建林，2011. 谁更适合发展战略性新兴产业——对国有企业与非国有企业研发行为的比较 [J]. 财经问题研究，（10）：25 - 31.

辛清泉，林斌，王彦超，2007. 政府控制、经理薪酬与资本投资 [J]. 经济研究，（8）：110 - 122.

徐朝阳，周念利，2015. 市场结构内生变迁与产能过剩治理 [J]. 经济研究，（2）：75 - 87.

杨艳，2000. 我国自然垄断产业的价格管制及其改革 [J]. 经济体制改革，（3）：109 - 112.

杨德天，王丹舟，2016. 基于中国成品油市场的税收 CGE 模型构建与应用——以成品油消费税税率上升对中国经济的影响为例 [J]. 税务与经济，（4）：88 - 95.

杨晶，刘小丽，2019. 取消加油站外资限制 我国成品油市场化改革进入新阶段 [J]. 国际石油经济，27（1）：15 - 17.

杨娟，2008. 政府价格管制的主要范围 [J]. 中国物价，（8）：6 - 7.

杨娟，2011. 收益率管制与价格上限管制方法研究 [J]. 中国物价，（3）：16 - 18，36.

杨瑞龙，王元，聂辉华，2013. "准官员"的晋升机制：来自中国央企的证据 [J]. 管理世界，（3）：23 - 33.

仰炬，耿洪洲，王新奎，等，2009. 我国成品油政府管制策略研究——兼论我国成品油定价机制改革 [J]. 财贸经济，（6）：109 - 114.

仰炬，王新奎，耿洪洲，2008. 政府管制与大宗敏感商品价格及波动性研究——以世界糖产业为例 [J]. 管理世界，（6）：40 - 49，187 - 188.

姚东旻，许艺煊，张鹏远，2019. 灾难经历、时间偏好与家庭储蓄行为 [J]. 世界经济，（1）：145 - 169.

叶传华, 2005. 双寡头市场价格博弈分析——以我国国内成品油市场竞争主体为例 [J]. 财会通讯 (学术版), (1): 20 – 25.

叶泽, 喻苗, 2006. 家电零售市场寡头企业并购策略及其效应研究——以国美电器并购中国永乐案例研究 [J]. 产业经济研究, (6): 42 – 49.

殷旅江, 杨立君, 何波, 2015. 基于主成分分析与支持向量机的汽柴油需求预测 [J]. 工业工程, 18 (2): 20 – 27, 50.

尹恒, 2017. 国有企业产能过剩的量化分析 [R].

余晓钟, 2002. 成品油价格影响因素的 ISM 分析 [J]. 石油化工技术经济, (4): 51 – 54.

余晓钟, 2003. 成品油价格影响因素系统分析 [J]. 天然气经济, (2): 31 – 33, 82.

余晓钟, 张明泉, 2001. 四川成品油价格影响因素系统分析 [J]. 西南石油学院学报, (5): 70 – 72.

詹雷, 王瑶瑶, 2013. 管理层激励、过度投资与企业价值 [J]. 南开管理评论, 16 (3): 36 – 46.

张福琴, 2016. 进口原油使用权和原油进口权调整 中国炼油行业格局渐变 [J]. 国际石油经济, 24 (1): 22 – 23.

张红宝, 唐要家, 2010. 石油价格管制的社会成本研究 [J]. 中国物价, (8): 18 – 20, 30.

张凯, 李向阳, 2009. 具有产能约束的网络型寡头垄断产业链中企业决策模型研究 [J]. 中国管理科学, 17 (1): 76 – 82.

张蕾, 2017. 原油进口权放开对成品油市场的影响 [J]. 财经问题研究, (11): 105 – 112.

张希栋, 娄峰, 张晓, 2016. 中国天然气价格管制的碳排放及经济影响——基于非完全竞争 CGE 模型的模拟研究 [J]. 中国人口·资源与环境, 26 (7): 76 – 84.

张新伟, 彭昕杰, 2018. 基于 VAR 模型的中国成品油价格影响因素实证研究 [J]. 中国石油大学学报 (社会科学版), 34 (2): 22 – 30.

张一清, 姜鑫民, 2016. 放开我国原油进口权的思考 [J]. 西南石油大学学报 (社会科学版), 18 (1): 8 – 13.

张艺, 王小芳, 2009. 由石油特别收益金引发的几点思考——美英两国开征意外利润税及其对我国的借鉴 [J]. 价格理论与实践, (5): 63 – 64.

赵德余, 顾海英, 刘晨, 2006. 双寡头垄断市场的价格竞争与产品差异化策略——一个博弈论模型及其扩展 [J]. 管理科学学报, (5): 1 – 7.

赵会茹, 赵名璐, 乞建勋, 2004. 基于 DEA 技术的输配电价格管制研究 [J]. 数量经济技术经济研究, (10): 110 – 119.

赵盛伟, 2007. 我国成品油价格形成机制评析 [J]. 中国流通经济, (2): 49 – 51.

赵帅, 李学工, 2017. 基于 ISM 方法的我国成品油价格影响因素研究 [J]. 节能, 36 (2): 16 – 19.

赵新刚，郭树东，2006. 价格上限管制与投资回报率管制——美国电信行业价格管制方法借鉴 [J]. 中国物价，(7)：51-54，38.

郑新业，王晗，赵益卓，2011. "省直管县"能促进经济增长吗？——双重差分方法 [J]. 管理世界，(8)：34-44，65.

中国石油和化学工业联合会，2016. 2016年度石化行业产能预警报告 [J]. 化工管理，(13)：29-32.

钟德强，罗定提，仲伟俊，2007. 异质产品 Cournot 寡头市场技术许可策略分析 [J]. 系统工程学报，(3)：248-255.

周红霞，2006. 外资进入我国成品油市场的应对之策研究 [J]. 石油化工技术经济，(4)：1-6.

周黎安，陈烨. 中国农村税费改革的政策效果：基于双重差分模型的估计 [J]. 经济研究，2005 (08)：44-53.

周末，谢海滨，黄雨婷，2015. 成品油价格管制能限制石油企业的垄断利润吗？[J]. 财经研究，41 (10)：109-121.

周若洪，2001. 关于石油价格形成机制的几点思考 [J]. 当代石油石化，(4)：23-26.

周仲兵，董秀成，李君臣，2010. 天然气价格管制的利与弊——美国经验及其启示 [J]. 天然气技术，4 (4)：4-6，8，77.

朱恒鹏，2011. 管制的内生性及其后果：以医药价格管制为例 [J]. 世界经济，34 (7)：64-90.

朱壮明，2018. 博弈论视角下双寡头市场中企业的品牌广告投放策略研究 [J]. 中国物价，(8)：89-91.

ABADIE A, DIAMOND A, HAINMUELLER J, 2010. Synthetic control methods for comparative case studies: estimating the effect of california's tobacco control program [J]. Journal of the American Statistical Association, 105 (49)：493-505.

ABADIE A, DIAMOND A, HAINMUELLER J, 2015. Comparative politics and the synthetic control method [J]. American Journal of Political Science, 59 (2)：495-510.

ABBOTT T A, 1995. Price regulation in the pharmaceutical industry: Prescription or placebo? [J]. Journal of Health Economics, 14 (5)：551-565.

ABEL J R, 2002. Entry into regulated monopoly markets: The development of a competitive fringe in the local telephone industry [J]. The Journal of Law & Economics, 45 (2)：289-316.

ACEMOGLU D, BIMPIKIS K, 2009. Ozdaglar A. Price and capacity competition [J]. Games and Economic Behavior, 66 (1)：1-26.

ALDERIGHI M, BAUDINO M, 2015. The pricing behavior of Italian gas stations: Some evidence from the Cuneo retail fuel market [J]. Energy Economics, 50：33-46.

ALHAJJI A F, HUETTNER D, 2000. OPEC and other commodity cartels: A comparison [J].

Energy Policy, 28: 1151 – 1164.

ALKHATHLAN K, GATELY D, JAVID M, 2014. Analysis of Saudi Arabia's behavior within OPEC and the world oil market [J]. Energy Policy, 64: 209 – 225.

ALLEY I, 2016. Oil price volatility and fiscal policies in oil – exporting countries [J]. OPEC Energy Review, 40 (2): 192 – 211.

ALMANSUR A M, MEGGINSON W L, PUGACHEV L V, 2019. Vertical integration as an input price hedge: The case of Delta Air Lines and trainer refinery [J]. Financial Management.

ALMOGUERA P A, DOUGLAS C C, HERRERA A M, 2011. Testing for the cartel in OPEC: non – cooperative collusion or just non – cooperative? [J]. Oxford Review of Economic Policy, 27 (1): 144 – 168.

ANDREOLI – VERSBACH P, FRANCK J U, 2015. Econometric evidence to target tacit collusion in oligopolistic markets [J]. Journal of Competition Law and Economics, 11 (2): 463 – 492.

ARMSTRONG M, SAPPINGTON D E M, 2006. Regulation, competition, and liberalization [J]. Journal of Economic Literature, XLIV: 325 – 366.

AROCENA P, CONTIN I, HUERTA E, 2002. Price regulation in the Spanish energy sectors: Who benefits? [J]. Energy Policy, 30: 885 – 895.

ATHEY S. , IMBENS G W, 2017. The state of applied econometrics: causality and policy evaluation [J]. Journal of Economic Perspectives, 31 (2): 3 – 32.

AYE G C, DADAM V, GUPTA R. , et al. 2014. Oil price uncertainty and manufacturing production [J]. Energy Economics, 43: 41 – 47.

BACHMEIER L J, GRIFFIN J M, 2003. New evidence on asymmetric gasoline price responses [J]. The Review of Economics and Statistics, 85 (3): 772 – 776.

BAGNAI A, MONGEAU O C A, 2015. Long – and short – run price asymmetries and hysteresis in the Italian gasoline market [J]. Energy Policy, 78: 41 – 50.

BAJO – BUENESTADO R, 2016. Evidence of asymmetric behavioral responses to changes in gasoline prices and taxes for different fuel types [J]. Energy Policy, 96: 119 – 130.

BANERJEE A V, 1992. A simple model of herd behavior [J]. The Quarterly Journal of Economics, 107 (3): 797 – 817.

BARHAM B, WARE R, 1991. A Sequential Entry Model with Strategic Use of Excess Capacity [J]. Queen's Economics Department Working Paper, No. 835.

BARRON J M, LOWENSTEIN M A, UMBECK J R, 1985. Predatory pricing: the case of the retail gasoline market [J]. Contemporary Economic Policy, 3 (3): 131 – 139.

BELLO A, CAVERO S, 2008. The Spanish retail petroleum market: New patterns of competition since the liberalization of the industry [J]. Energy Policy, 36 (2): 612 – 626.

BERNSTEIN J I, SAPPINGTON D E M, 2000. How to determine the X in RPI – X regulation:

A user's guide [J]. Telecommunications Policy, 24: 63 –68.

BERNSTEIN J I, SAPPINGTON D E M, 1999. Setting the X Factor in Price – Cap Regulation Plans [J]. Journal of Regulatory Economics, 16 (1): 5 –26.

BERRY S T, 1992. Estimation of a model of entry in the airline industry [J]. Econometrica, 60 (4): 889 –917.

BIAGI B, BRANDANO M G, PULINA M, 2017. Tourism taxation: A synthetic control method for policy evaluation [J]. International Journal of Tourism Research, 19 (5): 505 –514.

BOCCARD N, WAUTHY X Y, 2010. Equilibrium vertical differentiation in a Bertrand model with capacity precommitment [J]. International Journal of Industrial Organization, 28 (3): 288 –297.

BOLOTOVA Y, CONNOR J M, MILLER D J, 2008. The impact of collusion on price behavior: Empirical results from two recent cases [J]. International Journal of Industrial Organization, 26 (6): 1290 –1307.

BORENSTEIN S, CAMERON A C, GILBERT R, 1997. Do gasoline prices respond asymmetrically to crude oil price changes? [J]. The Quarterly Journal of Economics, 112 (1): 305 –339.

BORENSTEIN S, SHEPARD A, 2002. Sticky prices, inventories, and market power in wholesale gasoline markets [J]. The RAND Journal of Economics, 33 (1): 116 –139.

BORENSTEIN S, SHEPARD A, 1996. Dynamic pricing in retail gasoline markets [J]. The RAND Journal of Economics, 27 (3): 429 –451.

BOURI E, 2015. Oil volatility shocks and the stock markets of oil – importing MENA economies: A tale from the financial crisis [J]. Energy Economics, 51: 590 –598.

BREITMOSER Y, 2012. On the endogeneity of cournot, bertrand, and stackelberg competition in oligopolies [J]. International Journal of Industrial Organization, 30 (1): 16 –29.

BREKKE K R, GRASDAL A L, HOLMåS T H, 2009. Regulation and pricing of pharmaceuticals: Reference pricing or price cap regulation? [J]. European Economic Review, 53 (2): 170 –185.

BREKKE K R, HOLMAS T H, STRAUME O R, 2011. Reference pricing, competition, and pharmaceutical expenditures: Theory and evidence from a natural experiment [J]. Journal of Public Economics, 95 (7 –8): 624 –638.

BREWER J, NELSON D M, OVERSTREET G, 2014. The economic significance of gasoline wholesale price volatility to retailers [J]. Energy Economics, 43: 274 –283.

BRESNAHAN T F, 1989. Empirical studies of industries with market power [C] // SCHMALENSEE R, WILLING R. Handbook of Industrial Organization. Amsterdam: Elsevier, 2 (17): 1011 –1057.

BROWN S A, YÜCEL M K, 2008. Deliverability and regional pricing in U. S. natural gas markets [J]. Energy Economics, 30 (5): 2441 – 2453.

BUENESTADO B R, 2016. Evidence of asymmetric behavioral responses to changes in gasoline prices and taxes for different fuel types [J]. Energy Policy, 96: 119 – 130.

BUMPASS D, GINN V, TUTTLE M H, 2015. Retail and wholesale gasoline price adjustments in response to oil price changes [J]. Energy Economics, 52: 49 – 54.

BURGUET R, SÁKOVICS J, 2017. Bertrand and the long run [J]. International Journal of Industrial Organization, 51: 39 – 55.

BYRNE D P, ROOS N D, 2019. Learning to Coordinate: A Study in Retail Gasoline [J]. American Economic Review, 109 (2): 591 – 619.

BYRNE D P, ROOS N D, 2017. Consumer search in retail gasoline markets [J]. The Journal of Industrial Economics, 65 (1): 183 – 193.

CARLTON D W, 1979. Vertical integration in competitive markets under uncertainty [J]. The Journal of Industrial Economics, 27 (3): 189 – 209.

CARRANZA J E, CLARK R, HOUDE J F O, 2015. Price controls and market structure: evidence from gasoline retail markets [J]. The Journal of Industrial Economics, 63 (1): 152 – 198.

CHANDRA A, TAPPATA M, 2011. Consumer search and dynamic price dispersion: An application to gasoline markets [J]. The RAND Journal of Economics, 42 (4): 681 – 704.

CHEN Z, 2003. Dominant retailers and the countervailing – power hypothesis [J]. The RAND Journal of Economics, 34 (4): 612 – 625.

CHERCHYE L, DEMUYNCK T, DE ROCK B, 2013. The empirical content of Cournot competition [J]. Journal of Economic Theory, 148 (4): 1552 – 1581.

CHESNES M, 2016. Asymmetric pass – through in U. S. gasoline prices [J]. The Energy Journal, 37 (1): 153 – 180.

CHOUINARD H, PERLOFF J M, 2004. Incidence of federal and state gasoline taxes [J]. Economics Letters, 83 (1): 55 – 60.

CILIBERTO F, TAMER E, 2009. Market structure and multiple equilibria in airline markets [J]. Econometrica, 77 (6): 1791 – 1828.

CLEMENZ G, GUGLER K, 2006. Locational choice and price competition: some empirical results for the austrian retail gasoline market [J]. Empirical Economics, 31 (2): 291 – 312.

COLEMAN L, 2012. Explaining crude oil prices using fundamental measures [J]. Energy Policy, 40: 318 – 324.

COLOMA G, 1999. Product differentiation and market power in the california gasoline market [J]. Journal of Applied Economics, ii: 1 – 27.

CONTÍN I, CORRELJE A, HUERTA E, 2001. The Spanish distribution system for oil products: An obstacle to competition? [J]. Energy Policy, 29: 103 – 111.

CONTÍN I, CORRELJE A, HUERTA E, 1999. The spanish gasoline market: From ceiling regulation to open market pricing [J]. Energy Journal, 20 (4): 1 – 14.

CONTÍN – PILART I, CORRELJE' A F, PALACIOS M B, 2009. Competition, regulation, and pricing behaviour in the Spanish retail gasoline market [J]. Energy Policy, 37 (1): 219 – 228.

CORCHÓN L C, MARCOS F, 2012. Price regulation in oligopolistic markets [J]. ISRN Economics, 1 – 10.

COWLING K, WATERSON M, 1976. Price – cost margins and market structure [J]. Economica, New Series, 43 (171): 267 – 274.

DAHER W, MIRMAN L J, SANTUGINI M, 2012. Information in Cournot: Signaling with incomplete control [J]. International Journal of Industrial Organization, 30 (4): 361 – 370.

DAVIDSON R, MACKINNON J G, 1993. Estimation and Inference in Econometrics [M]. New York: Oxford University Press.

DE BORGER B, VAN DENDER K, 2006. Prices, capacities and service levels in a congestible Bertrand duopoly [J]. Journal of Urban Economics, 60 (2): 264 – 283.

DE FRUTOS M – Á, FABRA N, 2011. Endogenous capacities and price competition: The role of demand uncertainty [J]. International Journal of Industrial Organization, 29 (4): 399 – 411.

DECK C A, WILSON B J, 2008. Experimental gasoline markets [J]. Journal of Economic Behavior & Organization, 67 (1): 134 – 149.

DEFILIPPI E, 2015. X – factor regulation in a developing country: The case of Lima's airport [J]. Transport Policy, 41: 16 – 22.

DEFILIPPI E, FLOR L, 2008. Regulation in a context of limited competition: A port case [J]. Transportation Research Part A: Policy and Practice, 42 (5): 755 – 773.

DELTAS G, 2008. Retail gasoline price dynamics and local market power [J]. The Journal of Industrial Economics, 56 (3): 613 – 628.

DELTAS G, 2007. Asymmetries in retail gasoline price dynamics and local market power [J]. Social Science Electronic Publishing, 56 (3): 613 – 628.

DI GIACOMO M, PIACENZA M, SCERVINI F, et al, 2015. Should we resurrect 'TIPP flottante' if oil price booms again? Specific taxes as fuel consumer price stabilizers [J]. Energy Economics, 51: 544 – 552.

DING Y, 2016. Why did China do this? An analysis on China's new gasoline "Price Floor" policy [J]. Working paper.

DOLGUI A, PROTH J – M, 2010. Pricing strategies and models [J]. Annual Reviews in

Control, 34 (1): 101 – 110.

DU L, HE Y, 2015. Extreme risk spillovers between crude oil and stock markets [J]. Energy Economics, 51: 455 – 465.

DUBOIS P, LASIO L, 2012. The effects of price regulation of pharmaceutical industry margins: A structural estimation for anti – ulcer drugs in France. [J]. Health Econometrics & Data Group Working Papers.

DUFFY – DENO K T, 1996. Retail price asymmetries in local gasoline markets [J]. Energy Economics, 18 (1): 81 – 92.

ECKERT A, 2013. Empirical studies of gasoline retailing: A guide to the literature [J]. Journal of Economic Surveys, 27 (1): 140 – 166.

ECKERT A, 2003. Retail price cycles and the presence of small firms [J]. International Journal of Industrial Organization, 21: 151 – 170.

ECKERT A, WEST D S, 2005. Price uniformity and competition in a retail gasoline market [J]. Journal of Economic Behavior & Organization, 56 (2): 219 – 237.

ELLICKSON P B, GRIECO P L E, KHVASTUNOV O, 2016. Measuring Competition in Spatial Retail [J]. Social Science Electronic Publishing.

ENGELMANN D, MÜLLER W, 2011. Collusion through price ceilings? In search of a focal – point effect [J]. Journal of Economic Behavior & Organization, 79 (3): 291 – 302.

ESPOSITO F F, ESPOSITO L, 1974. Excess capacity and market structure [J]. The Review of Economics and Statistics, 56 (2): 188 – 194.

FABER R P, 2015. More new evidence on asymmetric gasoline price responses [J]. The Energy Journal, 36 (3): 772 – 776.

FARKAS R, YONTCHEVA B, 2019. Price transmission in the presence of a vertically integrated dominant firm: Evidence from the gasoline market [J]. Energy Policy, 126: 223 – 237.

FATTOUH B, OLIVEIRA C S D, SEN A, 2015. Gasoline and diesel pricing reforms in the BRIC countries: A comparison of policy and outcomes [J]. Oxford Institute for Energy Studies.

FERREIRA J L, 2014. Capacity precommitment, price competition and forward markets [J]. Economics Letters, 122 (2): 362 – 364.

FIRGO M, PENNERSTORFER D, WEISS C R, 2015. Centrality and pricing in spatially differentiated markets: The case of gasoline [J]. International Journal of Industrial Organization, 40: 81 – 90.

FLORES D, 2005. Price cap regulation in the Mexican telephone industry [J]. Information Economics and Policy, 17 (2): 231 – 246.

FREZAL S, 2006. On optimal cartel deterrence policies [J]. International Journal of Industrial

Organization, 24 (6): 1231 – 1240.

FRUTOS D, FABRA N, 2011. Endogenous capacities and price competition: The role of demand uncertainty [J]. International Journal of Industrial Organization, 29 (4): 399 – 411.

FULLERTON T M, JIMÉNEZ A A, WALKE A G, 2015. An econometric analysis of retail gasoline prices in a border metropolitan economy [J]. The North American Journal of Economics and Finance, 34: 450 – 461.

GAGNÉ R, NORDEN S V, VERSAEVEL B, 2007. Testing optimal punishment mechanisms under price regulation: The case of the retail market for gasoline [J]. Social Science Electronic Publishing, 31 (2): 85 – 96.

GARCÍA J P, 2010. Dynamic pricing in the spanish gasoline market: A tacit collusion equilibrium [J]. Energy Policy, 38 (4): 1931 – 1937.

GENAKOS C, KOUTROUMPIS P, PAGLIERO M, 2015. The impact of maximum markup regulation on prices [J]. Carlo Alberto Notebooks.

GIACOMO D M, PIACENZA M, SCERVINI F et al., 2015. Should we resurrect 'TIPP flottante' if oil price booms again? Specific taxes as fuel consumer price stabilizers [J]. Energy Economics, 51: 544 – 552.

GILLINGHAM K, JENN A, INÊSM L AZEVEDO, 2015. Heterogeneity in the response to gasoline prices: Evidence from Pennsylvania and implications for the rebound effect [J]. Energy Economics, 52: S41 – S52.

GOODWIN D, MESTELMAN S, 2010. A note comparing the capacity setting performance of the Kreps – Scheinkman duopoly model with the Cournot duopoly model in a laboratory setting [J]. International Journal of Industrial Organization, 28 (5): 522 – 525.

GOTO U, IIZUKA T, 2016. Cartel sustainability in retail markets: Evidence from a health service sector [J]. International Journal of Industrial Organization, 49: 36 – 58.

GOTO U, MCKENZIE C R, 2002. Price collusion and deregulation in the Japanese retail gasoline market [J]. Mathematics and Computers in Simulation, 59 (1): 187 – 195.

GRIFFIN J M, XIONG W, 1997. The incentive to cheat: an empirical analysis of OPEC [J]. The Journal of Law & Economics, 40 (2): 289 – 316.

GRILO I, MERTENS J F, 2009. Cournot equilibrium without apology: Existence and the Cournot inverse demand function [J]. Games and Economic Behavior, 65 (1): 142 – 175.

GUO J, ZHENG X, CHEN Z M, 2016. How does coal price drive up inflation? Reexamining the relationship between coal price and general price level in China [J]. Energy Economics, 57: 265 – 276.

GÜNTNER J H F, 2014. How do oil producers respond to oil demand shocks? [J]. Energy Economics, 44: 1 – 13.

HALTIWANGER J, JOSEPH E, HARRINGTON J, 1991. The impact of cyclical demand movements on collusive behavior [J]. The RAND Journal of Economics, 22 (1): 89 – 106.

HASKEL J, MARTIN C, 1994. Capacity and competition: empirical evidence on UK panel data [J]. The Journal of Industrial Economics, 42 (1): 23 – 44.

HASTINGS J S, GILBERT R J, 2005. Market power, vertical integration and the wholesale price of gasoline [J]. The Journal of Industrial Economics, 53 (4): 469 – 492.

HELM D, THOMPSON D, 1991. Privatised transport infrastructure and incentives to invest [J]. Journal of Transport Economics and Policy, 25 (3): 231 – 246.

HERK L F, 1993. Consumer Choice and Cournot Behavior in Capacity – Constrained Duopoly Competition [J]. The RAND Journal of Economics, 24 (3): 399 – 417

HEUN M K, DE WIT M, 2012. Energy return on (energy) invested (EROI), oil prices, and energy transitions [J]. Energy Policy, 40: 147 – 158.

HINLOOPEN J, 2006. Internal cartel stability with time – dependent detection probabilities [J]. International Journal of Industrial Organization, 24 (6): 1213 – 1229.

HINLOOPEN J, MARTIN S, 2006. The economics of cartels, cartel policy, and collusion: Introduction to the special issue [J]. International Journal of Industrial Organization, 24 (6): 1079 – 1082.

HOCHMAN G, ZILBERMAN D, 2015. The political economy of OPEC [J]. Energy Economics, 48: 203 – 216.

HOLMES M J, OTERO J, PANAGIOTIDIS T, 2013. On the dynamics of gasoline market integration in the United States: Evidence from a pair – wise approach [J]. Energy Economics, 36: 503 – 510.

HONG G H, LI N, 2017. Market structure and cost pass – through in retail [J]. Review of Economics and Statistics, 99 (1): 151 – 166.

HOUDE J F, 2012. Spatial Differentiation and Vertical Mergers in Retail Markets for Gasoline [J]. American Economic Review, 102 (5): 2147 – 2182.

HOUDE J F, 2012. Spatial differentiation and vertical mergers in retail markets for gasoline [J]. American Economic Review, 102 (5): 2147 – 2182.

HUPPMANN D, HOLZ F, 2012. Crude oil market power & mdash; a shift in recent years? [J]. The Energy Journal, 33 (4).

HÜSCHELRATH K, VEITH T, 2015. Cartelization, cartel breakdown, and price behavior: evidence from the German cement industry [J]. Journal of Industry, Competition andTrade, 16 (1): 81 – 100.

IWAYEMI D A, SKRINER E, 1988. Gasoline imports into the United States: analysis of the post – control era 1981 – 85 [J]. OPEC Review, 12 (2): 165 – 175.

JENNIFER B, JUSTINE H, 2008. Reformulating competition? Gasoline content regulation and wholesale gasoline prices [J]. Journal of Environmental Economics and Management, 55 (1): 1 – 19.

JU K, SU B, ZHOU D, et al., 2017. Does energy – price regulation benefit China's economy and environment? Evidence from energy – price distortions [J]. Energy Policy, 105: 108 – 119.

KANG L, ZARNIKAU J, 2009. Did the expiration of retail price caps affect prices in the restructured Texas electricity market? [J]. Energy Policy, 37 (5): 1713 – 1717.

KAUFMANN R K, BRADFORD A, BELANGER L H, et al., 2008. Determinants of OPEC production: Implications for OPEC behavior [J]. Energy Economics, 30 (2): 333 – 351.

KEARNEY C, FAVOTTO I, 1994. Regulating natural monopoly: Are price caps an alternative to rate of return targets? [J]. The Economic and Labour Relations Review, 5 (2): 102 – 120.

KENDIX M, WALLS W D, 2010. Oil industry consolidation and refined product prices: Evidence from US wholesale gasoline terminals [J]. Energy Policy, 38 (7): 3498 – 3507.

KNITTEL C R, 2003. Market structure and the pricing of electricity and natural gas [J]. The Journal of Industrial Economics, 51 (2): 167 – 191.

KNITTEL C R, STANGO V, 2003. Price ceilings as focal points for tacit collusion: Evidence from credit cards [J]. American Economic Review, 93 (5): 1703 – 1729.

KOHL W L, 2002. OPEC behavior, 1998 – 2001 [J]. The Quarterly Review of Economics and Finance, 42: 209 – 233.

KREPS D M, SCHEINKMAN J A, 1983. Quantity precommitment and bertrand competition yield Cournot outcomes [J]. The Bell Journal of Economics, 14 (2): 326 – 337.

KVERNDOKK S, ROSENDAHL K E, 2013. Effects of transport regulation on the oil market: Does market power matter? [J]. The Scandinavian Journal of Economics, 115 (3): 662 – 694.

LAYE J, LAYE M, 2008. Uniqueness and characterization of capacity constrained Cournot – Nash equilibrium [J]. Operations Research Letters, 36 (2): 168 – 172.

LAZZARI S, 2006. The Crude Oil Windfall Profit Tax of the 1980s: Implications for Current Energy Policy [M] //Congress L O. Congressional Research Service Reports.

LE T – H, CHANG Y, 2015. Effects of oil price shocks on the stock market performance: Do nature of shocks and economies matter? [J]. Energy Economics, 51: 261 – 274.

LEPORE J J, 2008. Cournot and Bertrand – Edgeworth competition when rivals' costs are unknown [J]. Economics Letters, 101 (3): 237 – 240.

LEVENSTEIN M C, SUSLOW V Y, 2006. What determines Cartel success? [J]. Journal of Economic Literature, 44 (1): 43 – 95.

LEWIS M S, 2012. Price leadership and coordination in retail gasoline markets with price cycles [J]. International Journal of Industrial Organization, 30 (4): 342 – 351.

LI J, LI Z, SUN P, 2018. Does the razor's edge exist? New evidence of the law of one price in China (1997 – 2012) [J]. The World Economy, 41 (12): 3442 – 3466.

LIN C, Y. C, 2009. An empirical dynamic model of OPEC and non – OPEC [J]. Working Paper.

LU Y, PODDAR S, 2006. The choice of capacity in mixed duopoly under demand uncertainty [J]. The Manchester School, 74 (3): 266 – 272.

MA H, OXLEY L, 2012. The emergence and evolution of regional convergence clusters in China's energy markets [J]. Energy Economics, 34 (1): 82 – 94.

MA H, OXLEY L, 2011. Are China's energy markets cointegrated? [J]. China Economic Review, 22 (3): 398 – 407.

MA H, OXLEY L, 2010. The integration of major fuel source markets in China: Evidence from panel cointegration tests [J]. Energy Economics, 32 (5): 1139 – 1146.

MA H, OXLEY L, GIBSON J, 2009. Gradual reforms and the emergence of energy market in China: Evidence from tests for convergence of energy prices [J]. Energy Policy, 37 (11): 4834 – 4850.

MA T C, 2012. Testing oligopolistic behaviors: Conduct and cost in taiwan's flour market [J]. Agribusiness, 28 (1): 1 – 14.

MA T C, 2007. Import quotas, price ceilings, and pricing behavior in Taiwan's flour industry [J]. Agribusiness, 23 (1): 1 – 15.

MA T C, 2005. The collusive equilibrium in a quantity – setting supergame: An application to taiwan's flour industry [J]. Review of Industrial Organization, 27 (2): 107 – 124.

MANUSZAK M D. 2010. Predicting the impact of upstream mergers on downstream markets with an application to the retail gasoline industry [J]. International journal of industrial organization, 28 (1): 99 – 111

MARMER V, SHAPIRO D, MACAVOY P, 2007. Bottlenecks in regional markets for natural gas transmission services [J]. Energy Economics, 29 (1): 37 – 45.

MARQUEZ R, 1997. A note on Bertrand competition with asymmetric fixed costs [J]. Economics Letters, 57 87 – 96.

MARTIN S, 2019. Kreps & Scheinkman with Product Differentiation [J]. Front Econ China, 14 (2): 203 – 219.

MASKIN E, TIROLE J, 1988. A theory of dynamic oligopoly, II: Price competition, kinked demand curves, and edgeworth cycles [J]. Econometrica, 56 (3): 571 – 599.

MASSON R T, SHAANAN J, 1986. Excess capacity and limit pricing: An empirical test [J].

Economica, New Series, 53 (211): 365 – 378.

MATHIS S, KOSCIANSKI J, 1996. Excess capacity as a barrier to entry in the US titanium industry [J]. International Journal of Industrial Organization, 15 263 – 281.

MAZIOTIS A, SAAL D S, THANASSOULIS E, et al, 2016. Price – cap regulation in the English and Welsh water industry: A proposal for measuring productivity performance [J]. Utilities Policy, 41: 22 – 30.

MICHELIS L, PAPADOPOULOS A P, PAPANIKOS G T, 2004. Regional convergence in Greece in the 1980s: An econometric investigation [J]. Applied Economics, 36 (8): 881 – 888.

MIRALDO M, 2009. Reference pricing and firms' pricing strategies [J]. J Health Econ, 28 (1): 176 – 197.

MORENO D, UBEDA L, 2006. Capacity precommitment and price competition yield the Cournot outcome [J]. Games and Economic Behavior, 56 (2): 323 – 332.

NAKAIZUMI T, 2016. Hold – up problem in price cap regulation with limited ability of commitment in high inflation [J]. Pakistan Development Review, 55 (4): 947 – 953.

NISHIMORI A, OGAWA H, 2004. Do firms always choose excess capacity? [J]. Economics Bulletin, 12 (2): 1 – 7.

NOEL M D, 2007. Edgeworth price cycles, cost – based pricing, and sticky pricing in retail gasoline markets [J]. The Review of Economics and Statistics, 89 (2): 324 – 334.

NOEL M D, 2016. Pricing strategies and litigation risks: An economic analysis of the downstream petroleum industry [J]. Journal of Competition Law and Economics.

NOEL M D, CHU L, 2015. Forecasting gasoline prices in the presence of edgeworth price cycles [J]. Energy Economics, 51: 204 – 214.

OBRADOVITS M, 2014. Austrian – style gasoline price regulation: How it may backfire [J]. International Journal of Industrial Organization, 32: 33 – 45.

OLADUNJOYE O, 2008. Market structure and price adjustment in the U. S. wholesale gasoline markets [J]. Energy Economics, 30 (3): 937 – 961.

OLIVER M E, 2015. Economies of scale and scope in expansion of the U. S. natural gas pipeline network [J]. Energy Economics, 52: 265 – 276.

OLIVER M E, MASON C F, FINNOFF D, 2014. Pipeline congestion and basis differentials [J]. Journal of Regulatory Economics, 46 (3): 261 – 291.

OLSEN R J, 1984. Price controls, price discrimination and the market for petroleum [J]. Policy Studies Journal, 13 (1): 55 – 66.

OSBORNE M J, PITCHIK C, 1986. Price competition in a capacity – constrained duopoly [J]. Journal of Economic Theory, 38 (2): 238 – 260.

OUM T H, ZHANG A, ZHANG Y, 1993. Inter – firm rivalry and firm – specific price elasticities in deregulated airline markets [J]. Journal of Transport Economics and Policy, 27 (2): 171 – 192.

PARASKEVOPOULOS D, KARAKITSOS E, RUSTEM B, 1991, Robust capacity planning under uncertainty [J]. Management Science, 37 (7): 787 – 800.

PAREDES A, PAZ M, 2004. The timing of capacity expansions as barriers to mobility in the United Kingdom's petroleum refining industry between 1948 and 1998 [J]. MPRA Paper, No. 32231.

PARKER D, KIRKPATRICK C, 2012. The economic impact of regulatory policy: A literature review of quantitative evidence [R].

PARSONS C R, VANSSAY X D, 2013. Detecting market competition in the japanese beer industry [J]. Journal of Industry, Competition and Trade, 14 (1): 123 – 143.

PAZO M C, JAUMANDREU J, 1999. An empirical oligopoly model of a regulated market [J]. International Journal of Industrial Organization, 17: 25 – 57.

PENG M W, BRUTON G D, STAN C V, et al. , 2016. Theories of the (state – owned) firm [J]. Asia Pacific Journal of Management, 33 (2): 293 – 317.

PERRY M K, 1982. Oligopoly and Consistent Conjectural Variations [J]. The Bell Journal of Economics, 13 (1) : 197 – 205.

PICHLER E, BÖHEIM M H, 2013. Excise taxes on gasoline and suppliers' market power: A note [J]. Economics Letters, 118 (1): 110 – 112.

PINDYCK R S, 1980. Energy price increases and macroeconomic policy [J]. The Energy Journal, 1 (4): 1 – 20.

POLEMIS M L, TSIONAS M G, 2016. Asymmetric price adjustment in the us gasoline industry: Evidence from Bayesian threshold dynamic panel data models [J]. International Journal of the Economics of Business, 24 (1): 91 – 128.

PORCHER S, 2014. The determinants of margins in French retail gasoline markets [J]. Applied Economics Letters, 21 (15): 1050 – 1053.

PRASAD BAL D, NARAYAN RATH B, 2015. Nonlinear causality between crude oil price and exchange rate: A comparative study of China and India [J]. Energy Economics, 51: 149 – 156.

QIN X, ZHOU C, WU C, 2016. Revisiting asymmetric price transmission in the U. S. oil – gasoline markets: A multiple threshold error – correction analysis [J]. Economic Modelling, 52: 583 – 591.

QUADEN G, 1981. Price control policy in Belgium [J]. Annals of Public and Cooperative Economic, 52 (4): 465 – 476.

RADCHENKO S, TSURUMI H, 2006. Limited information Bayesian analysis of a simultaneous

equation with an autocorrelated error term and its application to the U. S. gasoline market [J].
Journal of Econometrics, 133 (1): 31 – 49.

RATTI R. A, VESPIGNANI J L, 2015. OPEC and non – OPEC oil production and the global
economy [J]. Energy Economics, 50: 364 – 378.

RESENDE M, FAÇANHA L S O, 2005. Price – cap regulation and service – quality in
telecommunications: An empirical study [J]. Information Economics and Policy, 17 (1):
1 – 12.

RITZ R A, 2014. Price discrimination and limits to arbitrage: An analysis of global LNG markets
[J]. Energy Economics, 45: 324 – 332.

ROCHET J C, TIROLE J, 2003. Platform competition in two – sided markets [J]. Journal of the
European Economic Association, 1 (4): 990 – 1029.

ROOS N D, 2006. Examining models of collusion: The market for lysine [J]. International
Journal of Industrial Organization, 24 (6): 1083 – 1107.

ROTEMBERG J J, SALONER G, 1986. A supergame – theoretic model of price wars during
booms [J]. The American Economic Review, 76 (3): 390 – 407.

ROY CHOWDHURY P, 2009. Bertrand competition with non – rigid capacity constraints [J].
Economics Letters, 103 (1): 55 – 58.

ROZANOVA, OLGA, 2016. Wholesale prices and cournot – bertrand competition [J]. Bulletin
of Economic Research.

SAKELLARIS K, 2010. Modeling electricity markets as two – stage capacity constrained price
competition games under uncertainty [M]. 2010 7th International Conference on the European
Energy Market: 1 – 7.

SALANT S W, 1976. Exhaustible resources and industrial structure: A Nash – Cournot approach
to the world oil market [J]. The Journal of Political Economy, 84 (5): 1079 – 1093.

SALLEE J M, WEST S E, FAN W, 2016. Do consumers recognize the value of fuel economy?
Evidence from used car prices and gasoline price fluctuations [J]. Journal of Public Economics,
135: 61 – 73.

SAPPINGTON D E M, SIBLEY D, 1992. Strategic nonlinear pricing under price – cap regulation
[J]. The RAND Journal of Economics, 23 (1): 1 – 19.

SAUNDERS J, LUNDBERG R, BRAGA A A, et al. , 2014. A synthetic control approach to
evaluating place – based crime interventions [J]. Journal of Quantitative Criminology, 31
(3): 413 – 434.

SCHINKEL M P, TUINSTRA J, 2006. Imperfect competition law enforcement [J]. International
Journal of Industrial Organization, 24 (6): 1267 – 1297.

SEN A, CLEMENTE A, JONKER L, 2011. Retail gasoline price ceilings and regulatory capture: Evidence from Canada [J]. American Law and Economics Review, 13 (2): 532 – 564.

SHAJARIZADEH, HOLLIS, 2015. Price – cap regulation, uncertainty and the price evolution of new pharmaceuticals [J]. Health Econ, 24 (8): 966 – 977.

SHI X, SUN S, 2017. Energy price, regulatory price distortion and economic growth: A case study of China [J]. Energy Economics, 63: 261 – 271.

SLADE M E, 1998. Strategic motives for vertical separation: Evidence from retail gasoline markets [J]. Journal of Law, Economics, and Organization, 14 (1): 84 – 113.

SPENCE A M, 1997. Entry, capacity, investment and oligopolistic pricing [J]. The Bell Journal of Economics, 8 (2): 534 – 544.

STIGLER G J, 1972. Economic competition and political competition [J]. Public Choice, 13.

SUN Q, XU L, YIN H, 2016. Energy pricing reform and energy efficiency in China: Evidence from the automobile market [J]. Resource and Energy Economics, 44: 39 – 51.

SUN Z, HONG J, XU X, 2013. Price effect of domestic oil tax under vertically related market structure: evidence from the [J]. OPEC Energy Review, 37 (1): 81 – 104.

SUVANKULOV F, LAU M C K, OGUCU F, 2012. Price regulation and relative price convergence: Evidence from the retail gasoline market in Canada [J]. Energy Policy, 40: 325 – 334.

TABAGHDEHI S. A. H, 2018 Market collusion and regime analysis in the US gasoline market [J]. Journal of Economic Structures, 7 (1).

TAPPATA M, 2009. Rockets and feathers: Understanding asymmetric pricing [J]. The RAND Journal of Economics, 40 (4): 673 – 687.

TAYLOR J E, 2002. The qutput effects of government sponsored Cartels during the new deal [J]. The Journal of Industrial Economics, 50 (1): 1 – 10.

TREMBLAY C H, TREMBLAY V J, 2011. The Cournot – Bertrand model and the degree of product differentiation [J]. Economics Letters, 111 (3): 233 – 235.

VAN DEN BERG A, BOS I, HERINGS P J J, PETERS H, 2012. Dynamic Cournot duopoly with intertemporal capacity constraints [J]. International Journal of Industrial Organization, 30 (2): 174 – 192.

VARGAS M, 2016. Tacit collusion in housing markets: the case of Santiago, Chile [J]. Applied Economics, 48 (54): 5257 – 5275.

VATTER M H, 2017. OPEC's kinked demand curve [J]. Energy Economics, 63: 272 – 287.

VERLINDA J A, 2008. Do rockets rise faster and feathers fall slower in an atmosphere of local market power evidence from the retail gasoline marke [J]. The Journal of Industrial Economics, 56 (3): 581 – 612.

VILLENA M J, ARANEDA A A, 2017. Dynamics and stability in retail competition [J]. Mathematics and Computers in Simulation, 134: 37 – 53.

WU X W, ZHU Q T, SUN L, 2012. On equivalence between Cournot competition and the Kreps – Scheinkman game [J]. International Journal of Industrial Organization, 30 (1): 116 – 125.

WANG Y, LIU L, DIAO X, WU C, 2015. Forecasting the real prices of crude oil under economic and statistical constraints [J]. Energy Economics, 51: 599 – 608.

WANG Z M, 2008. Collusive Communication and Pricing Coordination in a Retail Gasoline Market [J]. Review of Industrial Organization, 32 (1): 35 – 52.

WAUTHY X Y, GABSZEWICZ J J, 2014. Vertical product differentiation and two – sided markets [J]. Economics Letters, 123 (1): 58 – 61.

WILLEMS B, RUMIANTSEVA I, WEIGT H, 2009. Cournot versus supply functions: What does the data tell us? [J]. Energy Economics, 31 (1): 38 – 47.

XU Y, 2017. Generalized synthetic control method: causal inference with interactive fixed effects models [J]. Political Analysis, 25 (1): 57 – 76.

YANG H, YE L, 2008. Search with learning: Understanding asymmetric price adjustments [J]. The RAND Journal of Economics, 39 (2): 547 – 564.

YANG S J S, ANDERSON E J, 2014. Competition through capacity investment under asymmetric existing capacities and costs [J]. European Journal of Operational Research, 237 (1): 217 – 230.

YILMAZKUDAY D, YILMAZKUDAY H, 2016. Understanding gasoline price dispersion [J]. The Annals of Regional Science, 57 (1): 223 – 252.

YOUHANNA S J, 1994. A note on modelling Opec behavior 1983 – 1989: A test of the Cartel and Competitive Hypotheses [J]. The American Economist, 38 (2): 78 – 84.

ZAVA A, STEFAN B, 2002. Estimating Vertical Foreclosure in U. S. Gasoline Supply [Z]. University of Zurich, Socieconomic Institute Working Paper No. 0212, Available at SSRN: https: //ssrn. com/abstract = 350480 or http: //dx. doi. org/10. 2139/ssrn. 350480.

ZENG M, YANG H, WANG L, et al. , 2016. The power industry reform in China 2015: Policies, evaluations and solutions [J]. Renewable and Sustainable Energy Reviews, 57: 94 – 110.

ZHANG W, HUANG K, FENG X, et al, 2017. Market maker competition and price efficiency: Evidence from China [J]. Economic Modelling, 66: 121 – 131.

ZHANG Y J, ZHANG J L, 2018. Volatility forecasting of crude oil market: A new hybrid method

［J］. Journal of Forecasting, 37 (8): 781 –789.

ZIMMERMAN P R, CARLSON J A, 2012. Critical import supply elasticities and the "imports – as – market – discipline" hypothesis ［J］. Journal of Economic Behavior & Organization, 84 (1): 345 –354.